시장경제와 화폐금융제도

나남
nanam

나남신서 1335
시장경제와 화폐금융제도

2008년 10월 20일 발행
2013년 6월 20일 2쇄

지은이_ 안재욱
발행자_ 趙相浩
발행처_ (주) 나남
주소_ 413-120 경기도 파주시 회동길 193
전화_ (031) 955-4601 (代)
FAX_ (031) 955-4555
등록_ 제 1-71호 (1979.5.12)
홈페이지_ http://www.nanam.net
전자우편_ post@nanam.net

ISBN 978-89-300-8335-5
ISBN 978-89-300-8001-9 (세트)

책값은 뒤표지에 있습니다

나남신서 · 1335

시장경제와 화폐금융제도

안 재 욱

나남
nanam

Free Market Economy and Monetary System

by

Jaewook An

nanam

머리말

이 책의 내용은 매우 도전적일 수 있다. 왜냐하면 모든 사람들이 당연하다고 여기는 것에 대해 반론을 제기하고 있기 때문이다. 거의 모든 사람들이 지금의 중앙은행제도를 당연한 것으로 받아들이고 있으며, 중앙은행제도를 최적의 화폐금융제도라고 여기고 있다. 그러나 화폐는 본디 정부의 영역이 아니었다. 화폐는 시장에서 자생적으로 생성되었고 진화하였으며, 사람들의 경제활동에 필요한 만큼 잘 공급되었다. 그런데 어느 순간부터 정부가 화폐발행을 독점하고 중앙은행제도를 만들어 그것을 통해 화폐를 공급하고 조절하였다.

정부가 화폐공급을 독점하고 화폐금융에 대해 많은 규제를 가한 이후 시장이 교란되고 경제가 불안정해지는 일들이 비일비재하게 일어났다. 1930년대 대공황을 비롯한 대부분의 경기변동의 원인도 정부가 화폐를 잘못 다룬 데서 비롯되었으며, 1990년대 말 동아시아의 경제위기와 미국의 서브프라임 모기지 사태로 비롯된 현재의 전 세계적 인플레이션 현상의 중심에는 화폐공급을 책임지고 있는 중앙은행이 있다. 화폐가치의 불안정성이 시장교란과 경제 불안정성의 주요 원인이었다.

정부가 화폐의 공급을 독점하는 한 경제의 불안정성 문제는 근본적으로 해결되기 어렵다. 시장의 교란과 경제의 불안정성 문제를 근본적으로 해결하기 위해서는 화폐문제를 정부의 손에서 다시 민간의 손으로 돌려주는 것이 바람직할 것이다. 이것은 18세기부터 20세기 초까지 60여 개 국가에서 실시되었던 자유금융(*free banking*)을 바탕으로 한 민간화폐제도가 중앙은행제도보다 훨씬 안정적인 화폐금융제도였었다는 역사적 사실에 의해 뒷받침된다.

당장 지금의 정부가 좌지우지하는 중앙은행제도에서 민간화폐제도로 이행하려고 한다면 그에 대한 반대가 만만치 않을 것이다. 어쩌면 정부가 민간화폐제도의 도입에 대해 가장 크게 반대할 것이다. 민간화폐제도의 도입으로 화폐발행에 따른 주조차익(시뇨로지)을 잃고 통화정책에 대한 영향력을 상실하기 때문이다. 그래서 직접적으로 민간화폐제도로 개혁을 추진하는 것은 쉽지 않을 것이다.

하지만 지금 시장에서는 컴퓨터가 발달하고 인터넷이 확산됨에 따라 전자화폐가 발달하여 재화와 용역에 대한 대금지불로써 정부화폐가 점점 민간화폐로 대체되고 있다. 시장의 힘에 의해 화폐금융제도가 정부의 손에서 민간의 손으로 넘어가는 과정에 있는 것이다. 만약 정부가 시장의 힘에 의해 민간화폐제도로 이행되는 과정을 방해한다면 우리는 과거 정부가 화폐발행을 독점하며 화폐금융에 대한 규제를 강화함으로써 발생한 문제에서 벗어나지 못하는 불행한 일들을 계속해서 겪을 것이다. 한편 민간화폐제도로 완전히 이행될 때까지 정부는 중앙은행에 영향력을 행사하여 통화정책이 정치적 이해관계에 따라 운용되는 일이 없도록 해야 하며, 중앙은행은 명시적 준칙에 의해 통화정책을 수행하면서 화폐가치의 안정을 유지하는 것을 최우선시해야 할 것이다.

과거에 비해 시장경제에 대한 이해가 상당히 높아졌다. 경제가 시장경제원리대로 움직이고 정부의 간섭과 개입이 없어야 한다는 것을 대부분 동의하고 인정한다. 그러나 유독 화폐금융부문에 대해서는 정부가 개입해야 한다는 인식이 강하다. 그래서 어쩌면 화폐금융부문이 시장경제원리가 적용되기가 가장 어려운 분야일지 모르겠다.

많은 사람들이 경제학을 어렵다고들 한다. 특히 화폐금융 분야가 더욱 그렇다고 한다. 그래서 되도록 많은 사람들에게 화폐금융부문에도 시장경제원리가 적용되어야 한다는 점을 이해시키고자 책을 쓰는 내내 지나치게 학술적인 면에 치우치지 않으려고 노력하였다. 그 노력이 얼마나 성공적일지는 모르겠으나 이 책을 읽고 많은 사람들이 화폐금융제도의 중요성과 바람직한 화폐금융제도가 어떠한 것인지를 올바로 이해했으면 하는 바람이다.

이 책은 안식년 동안 경희대학교 교원교비해외연구파견으로 오하이오주립대학교(Ohio State University)에 체류했던 기간에 쓴 것이다. 이 책을 쓸 수 있는 기회를 준 경희대학교와 이 책을 쓸 수 있는 환경과 자료를 제공한 오하이오주립대학교에 먼저 감사를 표한다. 오하이오주립대학교 도서관에 있는 방대한 자료가 아니었으면 사실 이 책이 나오기 어려웠다.

그 다음으로 이 책을 쓰는 데 필요한 자료와 자신의 논문 및 저서를 제공하고, 토론에 응하며 많은 시간을 내주신 저자의 논문 지도교

수였던 McCulloch 교수께 감사를 표한다. 또한 이 책의 초고를 처음부터 끝까지 읽고 많은 비판적 조언을 해준 배상근 박사, 그리고 격려하고 교정을 봐준 나의 사랑하는 아내 이은영 박사에게도 감사를 표한다. 끝으로 이 책을 내도록 기회를 주고 독려해준 자유기업원의 김정호 원장과 최승노 실장에게 감사를 표한다.

2008년 10월

안 재 욱

나남신서 · 1335

시장경제와 화폐금융제도

차 례

제 1 장
서 론

2008년 2월 짐바브웨의 중앙은행이 공식적으로 발표한 2008년 1월의 연 인플레이션율은 2만 4천 470%였다.[1] 2007년 10월에 발표했던 인플레이션율이 약 8천%로 4개월 사이에 인플레이션율이 3배나 증가한 것이다. 앞의 2만 4천 470%는 정부가 발표한 공식통계이고, 실제로는 훨씬 높은 10만 5천%라고 추정되고 있다. 닭고기의 가격이 2007년 1월과 2008년 1월 사이 23만 6천% 이상 올라 kg당 1천 5백만 짐바브웨 달러이고, 그나마 적게 오른 설탕, 차, 기타 생필품의 가격도 15만%나 올랐다. 아이스크림 하나를 사먹기 위해 20만 짐바브웨 달러를 지불해야 한다. 빵 한 덩어리의 가격이 450만 짐바브웨 달러다. 살인적 물가상승으로 공식화폐인 짐바브웨 달러는 휴지조각이나 다름없어 사람들이 짐바브웨 달러를 보유하기보다는 이웃 남아프리카의 화폐인 랜드(*rand*)나 미국의 달러화를 보유하려고 한다. 그래서 짐바브웨 정부는 미화 1달러당 250짐바브웨 달러로 환율을 고정시켜 놨지만 암시장에서 1달러가 수십만 짐바브웨 달러와 거래된다. 이와 같은 살인적 고물가의 원인은 로버트 무가베 짐바브웨 대통

1) CNN뉴스(2008년 2월 1일). http://www.cnn.com

령이 통치에 필요한 자금을 조달하기 위해 화폐를 무작정 찍어냈기 때문이다.

과다한 통화발행으로 경제가 파탄났던 국가는 짐바브웨뿐만이 아니다. 제1차 세계대전 이후 독일, 제2차 세계대전 이후 그리스와 헝가리, 그리고 1990년대 유고슬라비아 등이 있다. 뿐만 아니라 1930년대 대공황, 1990년대 말 동아시아 국가들의 외환위기, 그리고 최근 미국에서 발생한 서브프라임 모기지 사태 등의 근본적 원인은 통화교란이었으며,[2] 그 중심에는 각국의 중앙은행이 있다. 더욱이 1972년 브레턴우즈 체제의 붕괴로 금본위체제에서 불환지폐체제로 전환된 이후 전 세계적으로 화폐가치가 급격히 감소하였다. 〈그림 1-1〉에서 보듯이 1972~1999년 기간 동안 102개의 국가들 중 화폐의 구매력이 90% 이상 감소한 국가가 60개국이나 된다. 그리고 75~90% 감소한 국가가 27개국, 50~75% 감소한 국가가 15개국이다. 절반 이상의 구매력을 유지한 국가는 102개 국가 중 하나도 없다.

이처럼 중앙은행이 화폐가치의 하락과 통화교란의 중심에 있었던 근본적 원인은 그 통화정책이 자국의 통화가치를 유지하는 데 초점을 맞추기보다는 정부의 재정지출과 인위적 경기부양책에 순응했기 때문이다. 정부가 화폐발행권을 독점하고 그 독점권을 이용하여 정부의 재정지출에 필요한 자금을 화폐발행으로 충당하였다. 인기 없는 조세를 통해 재정수입을 확보하는 대신에 손쉬운 화폐발행을 이용하는 경우가 많았다. 특히 전시에는, 정부는 세금을 부과하는 고통을

2) 서브프라임 모기지 사태의 직접적 유발요인으로 주택가격의 100% 이상으로 대출을 허용한 금융기관의 무리한 대출행태, 미국 경기 둔화에 기인한 소득이나 일자리 감소 등에 따른 채무상환능력 저하 등을 일부에서 지적하기도 한다. 서브프라임 모기지 사태에 관한 자세한 논의는 Angell and Rowley(2006), Kiff and Mills(2007), Demyanyk and van Hemert(2007), 그리고 Cecchetti(2008)를 참조하기 바란다.

〈그림 1-1〉 전 세계 중앙은행의 성과 : 화폐가치 하락(102개국)

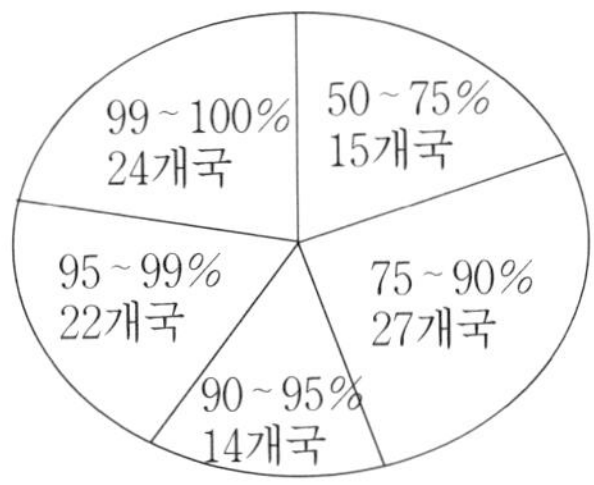

자료: Krozner(2003), 278쪽.

피하면서 지출을 충당하기 위해 화폐발행을 했다.[3] 또 정치적 이유로 화폐발행을 통해 경기를 부양시키려 했다. 실업과 정치적 중요 변수들에 영향을 미치는 방법으로 화폐발행을 통해 인플레이션을 유발한 것이다.

정부의 이러한 행위를 막을 수 있는 한 가지 방법은 중앙은행의 독립성을 확보하는 것이다.[4] 사실 정부로부터 독립적인 중앙은행이 그렇지 않은 중앙은행보다 인플레이션을 억제하는 데 더 나은 성과를 보이고 있다. 비록 중앙은행이 독립된 경우가 그렇지 않은 경우보다 낫긴 하지만 중앙은행제도는 근본적 문제를 안고 있다. 화폐를 독점적으로 발행하는 중앙은행제도에서는 통화량은 중앙은행에 의해 조절된다. 문제는 중앙은행이 화폐수요에 탄력적으로 화폐공급을 하는 데 한계가 있다는 것이다. 화폐공급을 적절하게 하기 위해서는 화폐

3) 물론 정부가 국채를 발행해서 자금을 조달할 수 있으나 전시상황에서 국채를 매입할 투자자가 거의 없기 때문에 전시 자금조달을 위해 화폐발행을 상대적으로 더 선호하게 되는 경향이 있다.

4) 독립성을 확보하는 한편 물가에 보수적인 인사를 중앙은행장에 임명하는 것 역시 중요하다.

수요를 잘 예측해야 하는데, 그에 대한 정보문제와 지식의 문제로 중앙은행은 화폐수요를 예측하는 데 어려움이 있다.[5] 따라서 화폐불균형 문제가 나타나고 화폐불균형으로 상대가격이 왜곡되어 경제적 계산을 왜곡시킴으로써 기업의 생산활동에 부정적 영향을 줄 뿐만 아니라 소득분배가 왜곡된다.

화폐는 경제의 중심이다. 사물의 중심이 흔들리면 사물 전체가 흔들리고 중심을 잃으면 사물이 쓰러지고 붕괴되듯이 경제의 중심인 화폐가치가 흔들리면 경제가 흔들린다. 화폐가 경제의 중심인 이유는 모든 거래가 화폐로 이루어지며 경제 전반에 걸쳐 교환관계가 화폐단위로 연계되어 있기 때문이다. 따라서 화폐제도가 균형을 잃으면 경제 전체가 영향을 받는다. 경제 전체의 교환과 생산의 형태가 변하고 경제조정과정이 잘 이루어지지 않는다.

경제의 중심인 화폐가 제 역할을 하기 위해서는 화폐공급이 시장원리에 따라 이루어져야 한다. 시장경제원리의 핵심은 사유재산권과 자유경쟁이다. 화폐가 공급되는 화폐금융제도 역시 사유재산권과 자유경쟁의 원리에 의해 이루어져야 한다. 다시 말하면 화폐공급에 의해 사유재산이 침해되지 말아야 하며 자유경쟁이 훼손되지 말아야 한다. 현재 대부분의 국가에서 채택하는 중앙은행제도는 시장에서 진화한 제도가 아닌 정치적 목적에 따라 만들어진 것이다. 따라서 기본적으로 중앙은행제도가 시장원리에 맞지 않는다. 화폐발행이 자유경쟁에 의해 이루어지지 않고 정부의 재량에 의해 화폐가 발행됨으로써 인플레이션이 유발되어 국민들의 재산이 손실되고, 그만큼이 정부의 수입으로 들어간다. 그래서 많은 국가에서 국민들의 사유재산이 침해되고 있으며 화폐공급이 적절하게 이루어지지 않아 시장이 지속적

5) Selgin (1994) 과 Horwitz (2000: 157~159) 참조. 이에 대한 자세한 논의는 제 6장에서 다루어진다.

으로 교란되고 경제가 불안정하다.

이러한 이유로 이 책에서는 현재 대부분의 국가에서 채택하는 중앙은행제도가 시장경제원리에 맞지 않는 화폐금융제도임을 밝혀 시장경제원리에 맞는 화폐금융제도로 개혁해야 함을 보이고, 중앙은행제도에 대한 대안을 제시하고자 한다. 지금까지의 대다수 연구들을 보면 중앙은행이 통화정책을 잘 수립하면 된다는 쪽으로 초점이 맞추어져 있다.[6] 그러나 앞에서 언급한 바와 같이 중앙은행은 근본적으로 화폐불균형 문제를 올바로 다룰 수 없다. 따라서 화폐불균형 문제를 올바로 다룰 수 있는 대체제도가 필요하다. 올바른 화폐금융제도를 확립하기 위해서는 시장경제의 원리와 화폐문제를 정확히 이해해야 하는 것이 필수다. 그래서 이 책에서는 먼저 시장경제원리를 살펴보고, 그 다음 화폐문제를 시장경제원리의 측면에서 분석한다. 그리고 그것을 바탕으로 바람직한 화폐금융제도를 제시한다.

이 책은 다음과 같이 구성되어 있다. 제 1장 "서론"에 이어 제 2장에서는 시장경제에 대한 이해를 통해 시장경제의 원리를 밝히고, 시장경제에서 화폐의 중요성과 안정적 화폐금융제도의 중요성을 다룬다. 제 3장은 역사적으로 화폐금융제도가 어떻게 변천되었는지를 고찰한다. 여기에서 화폐의 기원을 밝히고, 화폐의 형태가 어떻게 변천되었는지를 보이며, 또 정부가 화폐금융제도에 개입한 동기와 과정을 살펴본다. 제 4장은 화폐의 기본이론에 관한 것을 다룬다. 화폐의 가치를 설명하며 화폐의 수요와 공급에 대해서 논의한다. 제 5장 역시 화폐의 이론에 관한 것으로서 여기에서는 화폐의 수요와 공급이 불일치하는 화폐불균형이 경제에 어떠한 문제를 일으키는지를 검토한다. 인플레이션 문제와 화폐불균형으로 야기되는 상대가격의 왜곡

6) Woodford (2003)는 현대적 통화정책의 이론적 모형을 제시하고 있다.

문제가 다루어진다. 제6장은 현재의 중앙은행이 인플레이션과 화폐 불균형 문제를 얼마나 효과적으로 다룰 수 있는지를 살펴보며 중앙은행의 한계문제를 논의한다. 제7장은 바람직한 화폐금융제도로서 민간화폐제도가 제안되며 중앙은행제도와 비교한다. 그리고 민간화폐제도가 실시되었던 자유금융(*free banking*)의 역사를 소개한다. 제8장에서는 민간화폐제도로의 개혁방안을 제시하며, 그것의 실현가능성 문제를 고찰한다. 한편 민간화폐제도와 일부 개발도상국에서 중앙은행의 대안으로 실시되는 통화위원회와 달러화(*dollarization*)를 비교한다. 끝으로 제9장에서 요약 및 결론으로 이 책을 마무리한다.

제 2 장

시장경제에 대한 이해[1)]

1. 시장경제의 본질: 자발적 교환과 사회적 협동

우리는 된장찌개에 배추김치와 함께 저녁식사로 밥을 먹기 위해 아파트에서 메주를 띄우지 않고 배추를 기르지 않으며 벼를 심지 않는다. 사실 그럴 필요도 없다. 나의 특성과 능력을 고려하여 가장 관심 있고 잘하는 일을 선택하여 거기에서 얻는 소득으로 내가 필요로 하는 된장과 배추, 그리고 쌀을 시장에서 사서 저녁을 지어먹으면 된다. 이것이 인간사회다. 다시 말하면 인간사회는 사람들이 분업을 통해 서로 교환하며 협동하는 사회다.

인간사회가 분업을 통한 협동사회가 된 이유는 개개인의 능력과 선호, 개성이 각기 다른 데 있다. 개개인의 능력과 선호, 그리고 개성이 다른 경우 개인들이 고립하여 활동하기보다는 서로 다른 일을 하며 협력하는 것이 모두에게 이익이다. 각자 가장 잘할 수 있는 일을 하면 모두가 동일한 일을 하는 것보다 사회 전체적으로 보다 많은 것을 생산할 수 있고 각자가 향유할 수 있는 몫이 늘어난다. 만약 자급자족이

1) 시장경제에 대한 보다 자세한 설명은 안재욱(2006)을 참조하기 바란다.

더 이익이었다면 지금 우리 모두는 자기 자신에게 필요한 모든 것을 스스로 생산하여 소비하는 자급자족사회에 살고 있을 것이다.

한 사람이 사냥하면 잡을 수 없는 동물도 두 사람 이상이 협동하면 보다 쉽게 잡을 수 있었을 것이다. 한 사람은 뒤에서 몰고 다른 한 사람은 길목을 지키고 있다가 잡는다면 한 사람이 쫓아가면서 잡는 경우보다 훨씬 더 많이 사냥할 수 있었을 것이다. 이 점을 발견하고 가족 혹은 원시부족사회에서 구성원 각자가 상대적으로 가장 잘할 수 있는 일, 즉 비교우위가 있는 일에 특화하고 협동하였을 것이다. 사회구성원의 수가 커질수록 협동하여 이익을 얻는 기회가 많아졌을 것이다. 그래서 사람의 수가 늘어나고 협동이 다른 공동체로 확대됨에 따라 개인의 능력과 관심을 이용하여 특화할 기회가 더욱 늘어나고 분업이 더욱 확대되었다. 이로 인해 기술이 더욱 발전하고, 효율성이 증대되었으며, 생산이 늘고 사람들이 보다 많은 시간을 휴식, 오락, 사색에 쓸 수 있게 되어 사람들의 생활이 넉넉해지고 윤택해졌다. 협동하는 사람과 공동체의 수가 증가할수록 특화와 교환의 범위가 확대되었다.

사회협동이 인간행동의 논리적 결과라는 사실은 인류역사에 그대로 나타나 있다. 프랑스 라스코 동굴의 벽화와 약수리 고분 수렵도는 사람들이 수천 년 동안 협동해왔음을 보여준다.[2] 고대 이집트에서 나일강 주변에 있는 공동체간에 수많은 교통과 상업적 교환이 발달하였으며, 그리스와 로마인들이 지중해를 넘어 멀리 지금의 영국의 섬들까지 진출하고 물품들을 거래하였다. 로마제국 이후 교역의 범위와

2) 라스코 동굴의 벽화는 프랑스 도르도뉴 지방에 있는 구석기 시대 후기의 것이다. 1940년 9월 2일, 그 지방에 사는 한 소년에 의해 우연히 발견되었다. 약수리 고분 수렵도는 남포직할시(南浦直轄市) 강서구역(江西區域) 약수리에 있는 5세기 무렵의 고구려 벽화고분으로 1958년에 발굴되었다.

시장이 더욱 확대되었으며, 수세기에 걸쳐 국제무역이 더욱 발전하여 오늘날에는 거의 모든 국가들이 교역을 통해 서로 협동하고 있다.

시장은 사람들이 자신의 노동력과 생산물을 서로 교환하며 협동하는 과정에서 자연스럽게 형성되어 발달하였다. 따라서 자발적 교환을 통한 사회적 협동이 시장경제의 본질이며,[3] 비교우위와 특화, 그리고 시장은 인류의 생활에서 자연스럽게 나온 것이지 누가 발명해 낸 것이 아니다.[4] 우리가 구매하는 최종소비재를 보면 시장경제의 본질이 자발적 교환을 통한 협동임을 알 수 있다. 간단한 예로 연필의 경우를 보자.[5] 연필이 만들어져 우리의 손에 들어오기까지 수많은 단계를 거친다. 우선 산에서 나무를 베어 공장으로 운송하여 연필 크기로 자른다. 그리고 연필심에 필요한 흑연을 광산에서 캐서 공장으로 운송한다. 연필 크기로 자른 나무에 연필심을 넣고 겉에 색을 입힌다. 이 과정에서 각 단계마다 그에 맞는 전문인들의 노력이 들어 있다. 결국 연필은 수많은 전문인들의 협동의 산물이다. 연필만이 아니다. 우리가 사용하는 모든 재화는 연필의 경우처럼 수많은 사람들의 협동에 의해 만들어지는 것이다.

뿐만 아니라 우리 자신의 생활에서 우리는 수많은 사람들과 명시

3) 사회적 협동을 이끌어 내기 위해 국가가 개입하여 교환을 유도하고 강제하거나, 명령 혹은 지시할 수 있다. 그러나 그러한 방법은 오히려 사람들간의 협동을 파괴할 뿐만 아니라 빈곤과 불평등, 비참함을 야기한다. 그것은 사회주의 국가를 보면 알 수 있다.

4) 아담 스미스는 핀 생산과정을 18개 공정으로 구분하고 노동자를 나누어 각 공정에 전문화하게 하면 노동자의 1인당 1일 생산량이 20개에서 4천 8백개로 증가함을 발견하였다. 뉴턴이 자연에서 중력의 법칙을 발견한 것과 같이 리카르도 역시 인류의 생활에서 비교우위를 발견하고 이를 이론으로 만들어 주장한 것이다.

5) 이에 대한 자세한 내용은 Read (1996) 를 참조하기 바란다.

적, 암묵적으로 약속하고 계약하며 서로 협동하고 있다는 사실을 알 수 있다. 우리는 자신을 고용한 사람, 집주인, 식품점, 의류상, 의사, 은행 등과 계약하고 거래하며 산다. 마찬가지로, 우리가 계약을 맺고 거래하는 고용인, 집주인, 식품점, 의류상, 의사, 은행은 또 다른 고용인, 집주인, 식품점, 의류상, 의사, 은행 등과 계약하고 거래하며 산다. 이처럼 인간사회는 복합적으로 관계되어 있고 알게 모르게 서로 협동하며 살고 있다.

2. 시장경제의 작동원리

가격의 기능

시장경제의 본질인 자발적 교환과 협동은 가격에 의해서 이루어진다. 보다 구체적으로 말하면 다음과 같은 가격의 세 가지 기능에 의해 자발적 교환과 협동이 이루어진다. 첫째, 정보제공 기능이다. 가격은 개개인이 무엇을 원하는지, 얼마의 가치를 매기는지, 어떻게 생산하는 것이 최선의 방법인가 하는 정보를 제공한다.

각 개인이 원하는 것은 수없이 많다. 그러나 자원이 제한되어 있는 현실에서 인간은 원하는 모든 것을 다 성취할 수는 없다. 그래서 우선순위를 정하고 가장 우선순위가 높은 것부터 목표로 정하여 차례차례 선택하여 처리하려고 한다. 어떤 재화나 서비스에 대해 지불하고자 하는 가격은 그것을 원하는 우선순위, 즉 욕망의 정도에 따라 다르다. 어떤 것이 아주 중요하다고 생각하면 그것을 얻기 위해 높은 가격을 지불하려고 하고 그렇지 않으면 아주 낮은 가격을 지불하려고 할 것이다. 예를 들어, 어떤 것이 자신과 가족의 생계와 생활수준을 유지하는 데 아주 필요하다고 생각하면 그것을 확보하기 위해 자신이 가지고 있는 어떤 것이든 제공할 용의가 있을 것이다. 가장 원하는 것이 있다면 그것을 얻기 위해 더 많은 노력을 하고, 더 많은 것을 제공하려고 하며, 더 열심히 일을 하고, 더 적극적으로 거래하려고 할 것이다. 이와 같이 가격은 개인의 주관적 가치를 반영한다.

어떤 것에 대해 개인이 지불하고자 하는 가격은 개인의 주관적 가치뿐만 아니라 이용가능성에도 달려 있다. 일상적 환경에서 사람들은 물에 대해 지불하려는 가격은 다이아몬드에 대해서 지불하는 가격보다 낮지만 사막에서는 그 반대일 것이다. 평소에는 가치를 높게 둔 책과 가구일지라도 석탄, 기름, 가스, 전기 등이 희소한 전쟁과 같은 시기에는 책과 가구를 난방을 위해 쓸지도 모른다. 이렇듯 가격은 사람들이 무엇을 원하는지, 얼마의 가치를 매기는지를 나타낸다.

또한 가격은 제품의 생산을 결정하는 기초가 된다. 예를 들어, 오렌지 주스 캔을 만드는 데 백금을 사용할 수 있고, 알루미늄도 사용할 수 있을 것이다. 그러나 오렌지 주스 캔을 만드는 사람은 백금을 사용하지 않을 것이다. 그것은 백금의 가격이 알루미늄 가격보다 훨씬 높아 그것을 사용할 경우 이윤을 볼 수 없다고 판단하기 때문이다. 어떤 제품을 만드는 데는 노동, 원자재, 자본이 필요하다. 이것들의 가격인 임금, 원자재 가격, 이자율 등은 제품을 만들기 위해 얼마의 노동을 고용할지, 어떠한 원자재를 사용할지, 얼마의 자본을 동원할지를 결정하는 데 도움을 준다.

둘째, 유인기능이다. 예를 들어, MP3 플레이어의 가격이 상승했다고 하자. 이 가격상승은 기업들이 MP3 플레이어를 더 많이 생산하는 것이 이익이 된다는 정보를 제공하여 기업들로 하여금 MP3 플레이어를 더 많이 생산하도록 한다. MP3 플레이어 한 개당 더 높은 가격을 받기 때문에 기업들은 생산을 늘린다. 만일 이 가격상승이 일시적이 아닌 지속적인 것이라면 새로운 기업들이 MP3 플레이어 생산에 진입할 것이다. 한편 MP3 플레이어의 가격상승은 소비자들에게는 MP3 플레이어의 소비를 줄이는 유인을 준다.

셋째, 자원배분기능이다. MP3 플레이어의 가격이 상승함에 따라 MP3 플레이어를 더 생산하기 위해서는 플래시메모리와 액정, 그리고 노동이 더 필요하다. 자연히 더 많은 플래시메모리와 액정, 그리고 노동이 MP3 플레이어 생산에 투입된다. 다른 곳에 쓰일 수 있는 자원이 MP3 플레이어 생산으로 이동되는 것이다. 그 과정에서 소득분배가 자연스럽게 이루어진다. MP3 플레이어 가격이 상승하고 생산이 증가함에 따라 MP3 플레이어를 생산하는 기업의 수입과 그에 종사하는 근로자들의 소득은 증가할 것이다. 또한 MP3 플레이어를 만드는 데 필요한 플래시메모리, 액정 등과 같은 원자재의 가격도 상승할 것이다. 플래시메모리와 액정가격의 상승은 플래시메모리와 액정의 생산이 증가해야 한다는 신호를 주고, 그에 따라 플래시메모리와 액정을 제조하는 기업의 수입과 그 노동자들의 임금은 상승하게 된다.

가격과 사회적 협동

이 세 가지 기능에 의해서 자발적 교환과 협동이 어떻게 이루어지는지를 보기 위해서 단순한 수요와 공급곡선을 이용하여 보자. 〈그림 2-1〉에서 MP3 플레이어를 만들기로 결정한 사람들이 원재료와 노동의 가격을 바탕으로 MP3 플레이어를 생산하여 MP3 플레이어의 가격을 처음에 P_1로 정했다고 하자. 그 가격이 주는 가장 중요한 시사점은 공급자와 수요자들의 의사결정들이 서로 조정되어 있지 않다는 점이다. P_1가격에서 공급자들은 Q_s만큼을 공급하고자 하지만, 소

〈그림 2-1〉 수요공급과 시장과정

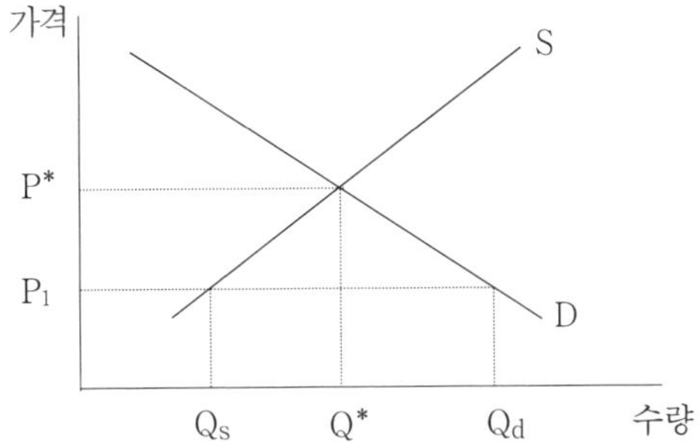

비자들은 Q_d만큼을 사고자 한다. 현재의 가격에서 원하는 MP3 플레이어를 손에 넣을 수 없는 소비자들은 실망할 것이다. 실망한 소비자들은 MP3 플레이어를 손에 넣기 위하여 가격을 높여 부르기 시작할 것이다. MP3 플레이어의 가격이 상승함에 따라 현재의 자원을 이용하여 다른 것을 생산하는 것보다 MP3 플레이어를 생산하는 것이 더 가치가 있게 된다. 따라서 소비자들은 가격을 높여 부름으로써 공급자들에게 보다 많은 자원을 투입하여 보다 많은 MP3 플레이어를 생산하도록 자신들의 의사를 전달한다. 공급자들은 MP3 플레이어의 수량을 증가시키면서 공급곡선을 따라 움직임으로써 이 정보에 반응한다.

그러나 가격의 상승은 소비자로부터 공급자에게로 정보를 전달하는 것뿐만 아니라 소비자들에게 역시 가치 있는 정보를 전달하는 기능을 한다. 소비자들은 MP3 플레이어의 가격을 높여 부르면서 서로에게 이 MP3 플레이어는 공급부족에 있다는 것을 알리며, 친지에게 선물로 주는 것을 재고해 볼 것, 현재 가지고 있는 것을 보다 더 잘 관리할 것, 대체재인 CD 플레이어를 사용할 것 등을 전달한다. 그리고 소비자들은 그들이 소비하는 MP3 플레이어의 수량을 감소시키면서 이 정보에 반응한다. 이 과정이 계속되어 MP3 가격이 P*가 되었을 때 수요량과 공급량이 일치되어 더 이상 가격을 상승시키는 압력이 없게 된다. 수요량과 공급량이 일치하는 가격을 보통 균형가격이라고 부른다.

반대로 기업이 MP3 플레이어 가격을 처음에 P*보다 높은 가격을 책정하여 시장에 내놓았다고 하자. 그런데 이 가격에서 사람들이 사고자 하는 구매량이 기업이 시장에 내놓은 수량보다 훨씬 적다고 하자. 이것은 팔리지 않는 MP3 플레이어가 많이 남아 있다는 것을 의미한다. 재고로 창고에 쌓아두느니 값을 내려 처분하는 것이 낫다고 판단하는 기업이 있을 것이다. 그러면 MP3 플레이어의 가격은 낮아지게 되고, 낮아진 가격이면 MP3 플레이어를 살 의사가 있는 소비자가 생길 것이다. CD 플레이어를 사느니 MP3 플레이어를 사는 편이 낫다고 생각하는 소비자가 있을 것이고, 낮아진 가격에서 친지들에게 선물을 해도 좋겠다는 소비자들이 나올 것이다. 그래서 가격이 낮아짐에 따라서 구매량이 증가하게 된다. 그러나 낮아진 가격에서 여전히 팔리지 않는 MP3 플레이어가 있다면 가격은 더 하락할 것이고 그에 따라 구매량은 증가할 것이다. 그 과정은 수요량과 공급량이 일치할 때까지 계속될 것이다. 그래서 가격은 P*이 될 때까지 계속 하락할 것이다.

이러한 과정은 MP3 플레이어 시장에서만 발생하는 것이 아니다. MP3 플레이어를 생산하는 데 필요한 전문가에 대한 노동시장, 플래시메모리와 액정과 같은 원자재 시장에서도 똑같은 과정이 일어난다. 뿐만 아니다. 전문가를 양성하는 교육기관, 플래시메모리와 액정을 생산하는 데 필요한 전문가와 원자재 시장에서도 동일한 과정이 일어난다. 이렇게 수많은 소비자와 생산자의 의사결정이 조정되고 교환을 통해 협동하게 하는 것이 가격이다. 각 시장에서 소비자와 생산자로서 자신들의 사적 이익을 추구하는 수많은 사람들은 다른 사람들의 관심사와 형편에 대해 알지 못할 뿐만 아니라 관심도 없다. 그들은 다만 시장가격에 내포되는 정보에 반응할 뿐이다. 그렇게 함으로써 소비자와 공급자들의 의사결정이 완전히 조정된 상태가 된다.

시장과정

앞에서 설명한 최종 균형가격은 일종의 개념적인 것일 뿐 실제 시장은 균형인 경우가 거의 없다. 왜냐하면 세상이 지속적으로 변하여 수요와 공급이 끊임없이 변동하기 때문이다. 따라서 실제 시장에서 형성된 가격은 정체된 균형가격이 아니고 균형가격을 향해 계속 진행되는 불균형가격이다.[6] 이러한 점에서 시장은 사전에(*ex ante*) 설명될 수 없는 학습과 발견의 동태적 과정(*dynamic process*)이며, 시장을 구성하는 사람들이 배우고, 성장하며, 변함에 따라 진화하고 발전한다.[7]

시장이 정태적인 것이 아니고 동태적 과정인 이유는 현실은 미래를 정확히 알 수 있는 확실성의 세계가 아닐 뿐만 아니라 그 안에 사는 인간은 완전한 지식을 가질 수 없기 때문이다. 자신의 선호에 따라 목표를 정하고 성취하려는 개인의 행동은 불완전한 지식을 이용한 미래상황의 예측과 주관적 판단에 근거한다. 각자가 완전한 지식을 가지고 있고 미래상황을 정확하게 예측한다면 시장은 소비자와 공급자

6) 개인의 행위들이 균형을 이루기 위해서는 그 행위들이 모두 동일한 시점에서, 그리고 개인이 보유한 특정 지식들을 가지고 결정되어야 한다. 한 참가자의 지식이 변하면(즉, 미래의 기대가 틀렸다는 것을 발견하면) 그러한 행위들은 더 이상 서로서로와 '균형'에 있다고 할 수 없다(Hayek, 1937: 36).

7) 이것은 Hayek(1937; 1945)의 기본적 아이디어다.

의 의사결정이 조정되는 과정이 필요 없이 단번에 균형점에 도달할 것이다.[8] 확실성의 세계라면 앞의 MP3 플레이어의 경우에서 처음부터 기업은 가격을 P*로 정해서 내놓아 수요와 공급이 불일치되는 경우가 발생하지 않을 것이다.

그러나 기업은 소비자의 선호, 이용가능한 자원, 그리고 가능한 기술 등과 같은 기본적 변수에 대한 완벽한 지식을 갖고 있지 못하고, 소비자 역시 어떤 제품의 특성과 질, 그리고 그 제품의 대체재의 존재에 대해 완벽한 지식을 가지고 있지 못하다. 그래서 판매자의 의도를 과소평가한 구매자들은 높은 가격을 제시하는 잘못을 저지를 것이다. 그리고 판매자의 의도를 과대평가한 구매자들은 높은 가격을 지불하지 않으려는 잘못을 저지를 것이다. 한편 소비자의 의도를 잘못 판단한 기업은 가격을 너무 낮게 책정하거나 높게 책정하는 잘못을 저지를 것이다. 그렇지만 시간이 지남에 따라 시장참가자들은 자신들의 의사결정 오류를 발견하고 서로 조정한다. 다시 말하면 시장참가자들이 잘못된 생산과 잘못된 구매결정의 기초가 되었던 이전 정보의 갭, 혹은 오류를 점차 발견한다. 이런 점에서 시장과정은 경험적 학습과정(*empirical learning process*)이라 할 수 있다. 가격은 수많은 사람들의 계획을 조정한다고 할 수 있다.[9]

---

8) 완전경쟁모형은 소비자가 효용을 극대화하고 생산자는 이윤을 극대화할 만큼 충분한 지식을 가지고 있다고 가정하면서 소비자와 생산자가 현실에서 실제로 시장과정에 직면해 있는 문제를 간과하고 있다. 완전경쟁모형에서는 소비자와 생산자가 완전한 정보를 가지고 있기 때문에 수요곡선과 공급곡선이 만나는 한 점만이 존재한다. 이에 대한 자세한 비판은 Kirzner(1973)의 제3~5장을 참조.

9) Hayek(1945: 45).

기업가의 역할

실제로 시장에서 지식전달과정이 어떻게 일어나는가 하는 것은 중요한 문제다. 이 역할을 하는 것이 기업가다. 기업가(*entrepreneurs*)는 시간과 장소, 그리고 이윤기회 등을 만들어내고 유포하면서 실제로 시장이 균형으로 향하도록 촉진시키는 일을 한다.[10] 앞의 예에서처럼 MP3 플레이어의 현재 생산이 너무 적으면 잠재적 소비자가 지불하려는 가장 높은 가격 이하에서 생산되고 있음을 나타내고 추가로 생산될 기회가 있음을 의미한다. 즉, 추가로 생산될 가치가 있음을 의미한다. 기업가들은 그러한 기회를 발견하고 생산을 늘리게 된다. 반면에 현재 생산이 너무 많다면 잠재적 소비자들이 지불하려는 가장 높은 가격 이상에서 생산되고 있음을 의미한다. 이러한 생산은 기업가의 실수로 인한 결과이다. 기업가는 이 손실을 발견하고 생산을 줄이게 된다. 그리하여 어떤 한 상품의 시장에서 작용하는 기업가적 힘은 지속적으로 그 시장이 균형으로 향하도록 촉진시키는 것이다.

기업가가 불균형을 인지하고 그것을 시정하려는 것은 MP3 플레이어의 시장처럼 현존하는 시장에만 국한되는 이야기가 아니다. 새로운 시장을 개척하는 것에도 적용된다. 예를 들어, 현재의 투입재들을 구입하여 투입재의 비용(시간의 암묵적 비용을 포함한 비용) 이상의 가격으로 미래에 판매할 제품을 생산하는 것이 가능하다고 하자. 이것을 발견한 기업가는 이윤을 얻을 수 있을 것이다. 이러한 상태는 주의 깊은 기업가에 의해 발견되기를 기다리는 불균형 상태이다.

이렇게 이전에 보이지 않았던 기회를 인식하는 것은 기업가의 정신이며 시장의 탐색과정이다. 빌게이츠의 마이크로소프트 OS 시스템,

10) Kirzner(1973)는 시장과정에서 지식전달과정이 실제로 발생하게 하는 데 중요한 역할을 하는 것이 기업가라고 본다.

안철수의 컴퓨터 백신프로그램, 삼성의 LCD TV, 도요타의 하이브리드 자동차 등이 그 실례들이다. 성공적 기업가는 다른 시장참가자들이 채 보지 못하는 것을 '본다'. 그 기업가는 싼 가격에 사서 비싼 가격에 팔 기회를 본다. 그러한 기회를 보는 것은 전형적으로 탁월한 상상력과 비전, 그리고 창의성에 기인한다.

달리 말하면, 기업가는 시장조정을 실제로 수행하면서 가장 필요한 곳에 자원을 보내는 사람이다. 미래를 예측하고 자신이 소유한 자원을 현명하게 배분하려고 한다. 기업가는 미래 소비자 수요의 형태를 상상하고, 그 수요를 더 잘 만족시키는 생산과정을 조직하는 방법을 생각하고, 최종재의 완성까지 생산공정을 조망하고 시장에 재화를 내놓는다. 이윤이라는 보상과 손실이라는 처벌을 통해 소비자의 수요에 따라 자원, 자본, 노동의 사용을 조정한다. 동태적으로 변하는 세계에서 새로운 이윤기회는 계속 일어나고 그러한 출현을 계속 발견하고 성취하려는 인센티브가 있다. 우리 주변에서 우리가 관찰하는 시장과정을 형성하는 것은 바로 기업가의 이윤에 대한 끊임없는 재창조와 발견이다.

경제적 계산과 가격

기업가의 활동은 경제적 계산(*economic calculation*)을 기반으로 한다. 경제적 계산은 비용과 비교해서 얻는 수익이 어떠할 것인지를 추정하는 것을 말한다. 기업가는 구입하는 투입재의 가격, 미래 산출물의 가격, 생산기간 동안에 포기되는 이자 등을 추정한다. 추정된 비용에 비해 생산으로부터 얻는 수익이 더 커서 이윤을 얻을 것으로 예상되면 생산하게 된다. 그러나 이러한 요인들이 예상치 못하게 변화하여 예측된 이윤이 손실로 바뀔 수 있다. 기업가의 모든 활동은 이러한 위험에 직면해 있다.

예를 들어, MP3 플레이어를 만든 데 인력을 얼마나 쓸지, 어떤 재료, 어떤 색깔, 어떤 디자인을 해야 할지를 결정하기 위해서 원자재와 노동에 대한 가격들을 알아야 할 것이다. 원자재와 노동의 가격들은 이러한 결정을 하는 데 도움을 준다. 또한 투입재를 결정하여 생산한 후에 MP3 플레이어에 어떤 가격을 붙여 시장에 내놓을 것이다. 그러면 MP3 플레이어가 그 가격에 팔릴 수도 있고 팔리지 않을 수도 있을 것이다. 그 결과를 놓고 책정한 MP3 플레이어 가격과 투입재에 들어간 가격과의 차이를 비교하여 MP3 플레이어를 만든 일이 잘한 것인지, 아니면 잘못한 것인지를 평가할 수 있다.

기업가의 경제적 계산과정에서 중요한 것이 가격이다. 가격은 보다 정확하게 예측하는 데 필요한 지식을 전달하는 중심역할을 한다. 또한 가격은 이윤이 나는지 손실이 나는지를 결정하여 기업가의 활동을 평가하는 가장 중요한 요인이다. 따라서 가격이 없으면 기업가가 계획을 세우고 그 결과를 인식할 기초가 없게 된다. 그래서 경제 전체적으로 자원이 어떤 용도로 사용되는 것이 더 나은지를 평가할 방법이 없다. 또한 수많은 개인의 의사결정이 조정되지 않는다.[11)]

만약 가격이 통제되거나 정부에 의해 간섭받아 왜곡된다면 가격이 정확한 정보를 전달하지 못한다. 기업가의 예측성을 높이는 데 필요한 정보전달과정이 방해받고, 그리하여 균형으로 가는 것이 방해받는다. 간섭이 커질수록 정보는 부정확해지고 경제적 조정이 되지 않으며 자원배분이 왜곡된다. 그래서 시장이 파괴되고 교환활동이 줄게 되어 경제성장이 파괴된다.

---

11) Mises (1920) 는 사회주의가 잘 작동하지 않고 붕괴될 수밖에 없는 것은 바로 시장가격의 부재 때문이라 하였다.

3. 시장경제의 근간

사유재산권

시장경제를 근본적으로 작동하게 하는 것은 사유재산권이다. 사유재산이 없으면 교환이 일어나지 않기 때문이다. 사유재산권은 어떤 자원의 소유자가 그에 대한 배타적 사용과 처분에 대해 갖는 권리를 말한다. 사람들은 각자 목표를 가지고 행동한다. 그러나 목표를 성취하는 데에는 수단(자원)이 필요하다. 필요한 수단을 통제할 수 있어야 자신의 목표를 달성할 수 있다. 따라서 사람들은 필요한 수단에 대한 통제를 원한다.

생존하기 위해서는 의식주와 같은 수단이 필요하다. 그래서 의식주와 같은 기본적 필수재화가 자기 것이기를 바라고 그것들을 마음대로 사용할 수 있기를 원한다. 그 기본적인 것들이 갖추어지면 그 다음에는 보다 더 풍요로운 생활을 원한다. 그러나 이러한 생활은 자기가 직접 생산하여 소비하는 자급자족 경제에서는 불가능하다. 그러한 목표는 다른 사람과의 교환을 통해서만 성취될 수 있다. 그런데 교환은 자기 마음대로 처분할 수 있는 재산이나 생산물이 있을 때 가능하다. 자기 마음대로 처분할 수 있는 재산이나 생산물이 없으면 다른 사람과 교환할 것이 없다. 가진 것이라곤 자신이 제공할 수 있는 노동력뿐인 사람도 노동을 제공하여 얻은 재화를 자기 마음대로 쓸 수 있다고 믿어야 노동력을 제공할 것이다. 노동력을 제공한 대가로 받은 것을 자기 마음대로 사용할 수 없다면 노동력을 제공하기보다는 차라리 노는 편이 낫다고 생각할 것이다. 따라서 사유재산은 교환의 존재에서 필수불가결한 것이다. 다시 말하면 사유재산권이 없으면 교환이 일어나지 않는다. 결국 사유재산권이 없으면 시장도 형성되지

않는다.[12)]

사유재산권제도는 인간세계에 존재하는 자원의 희소성 문제 때문에 자연스럽게 생성 발전된 것이다. 인간의 욕망에 비해 인간에게 주어진 자원은 항상 제한되어 있다. 이것은 인간에게 주어진 근본적 문제로 피할 수 없는 여건이다. 이러한 세계에서는 "정글의 법칙"이 난무하고 인간은 피비린내 나는 살벌한 경쟁 속에서 살 수밖에 없는 것처럼 생각된다. 그러나 인간은 자원의 희소성 문제, 즉 자원과 인간의 욕망 간의 간격을 감소시키는 평화로운 방법을 발견해냈다. 그것이 바로 사유재산권제도다. 사유재산을 서로 교환함으로써 자원을 효율적으로 사용하고 필요한 재화의 생산을 늘렸다. 이렇게 늘어난 생산 덕분에 인간에게 주어진 자원의 희소성으로 야기될 수 있는 경제문제는 완화될 수 있었다.

그러나 사람들 중에는 다른 사람의 재산을 강제, 혹은 폭력으로 탈취하려는 사람이 있다. 만약 자신이 열심히 일하여 얻은 생산물을 다른 사람에게 강제, 혹은 폭력으로 빼앗긴다고 생각하면 사람들은 열심히 일하지 않을 뿐만 아니라 그것을 지키는 일에 많은 시간을 쓸 것이다. 그리고 그러한 일이 빈번하게 일어나면 사회 전체적으로 생산이 줄고 교환활동이 줄어 사회 전체적 후생이 감소한다. 그래서 다른 사람의 사유재산을 강제로 탈취하는 사람을 처벌하는 사회규칙을 만들었다. 국가가 이를 집행하여 타인의 재산을 존중하지 않는 사람에게 사회규칙을 따르도록 강제력을 사용하여 처벌하고 사유재산을

---

12) 이러한 점에서 가격 역시 인간행동의 결과다. 개인은 자신의 선호에 따라 목표를 정하고 성취하려고 한다. 그것을 성취하기 위해 자신이 가지고 있는 사유재산을 다른 사람의 것과 교환하는 과정에서 가격이 발생한다. 다시 말하면 가격은 각 개인의 주관적 선택행위로부터 나온 자생적 질서(*spontaneous order*)의 결과다.

폭력적 공격으로부터 보호하도록 했다.

자신이 노력하면 재산을 얻을 수 있고 보다 더 노력하면 더 많은 재산을 축적하여 자신의 여러 가지 목표를 성취할 수 있을 것으로 기대하면 사람들은 열심히 일한다. 그리고 자신의 재산이 폭력으로부터 안전하게 지켜질 수 있다고 확신한다면 강제나 위협보다는 정직한 노력으로 재산을 축적하는 것이 이익이라 생각한다. 그래서 사유재산권이 침해받지 않도록 하는 것이 중요하다. 자신의 사유재산권뿐만 아니라 다른 사람의 사유재산권도 중요하다는 상호존중이 있어야 한다. 그래야 평화로운 개인간 협동과 교환이 이루어진다. 그렇지 않으면 개인간 협동과 교환활동이 방해받아 사람들의 이익이 줄어들게 되기 때문에 국가는 평화로운 교환활동을 유지하기 위해서 다른 사람들이 탈취하지 못하도록 사람들의 사유재산을 잘 보호해야 한다.

역사적으로 사유재산권을 잘 보호하는 국가가 잘 살았다. 이러한 사실은 실증분석의 증거뿐만 아니라 사회주의 국가들에서 확인된다.[13] 사유재산을 인정하지 않는 사회주의를 바탕으로 한 북한, 구소련, 동유럽 국가들이 빈곤을 면치 못했다. 결국 북한을 제외한 다른 국가들은 사유재산을 인정하였고, 그리고 나서야 경제가 살아났다.

자유경쟁

시장의 조정과정은 자유경쟁에 의해 이루어진다. 판매자들뿐만 아니라 구매자들도 서로 경쟁을 벌인다. 판매자들은 될 수 있으면 높은 가격을 받으려고 하고, 구매자들은 될 수 있으면 낮은 가격을 지불하려고 한다. 이렇게 서로 상충된 이해관계가 존재함에도 불구하고 가

13) 사유재산권이 잘 보장될수록 경제가 발전한다는 실증분석의 결과는 Barro (1997)와 Norton (1998)을 참조하기 바란다.

격이 형성되고 개인의 욕구들이 조정되는 것은 바로 경쟁 때문이다.

앞의 MP3 플레이어의 예에서 가격이 너무 낮게 책정되어 있으면 시장에 공급된 MP3 플레이어의 양보다 그것을 구매하고자 하는 사람들이 많게 된다. 그렇게 되면 MP3 플레이어를 구입하지 못하는 사람이 생기게 되며, 그들간에 MP3 플레이어를 손에 넣기 위해서 경쟁해야 한다. 그래서 그것을 꼭 손에 넣고 싶은 사람은 기꺼이 더 높은 가격을 지불하려고 할 것이다. 그렇게 되면 판매자들은 공급을 늘리게 된다. 이 과정이 균형을 이룰 때까지 계속된다. 반대로 가격이 높게 책정되어 있을 경우 구매자들보다는 판매자들이 더 많다. 이 경우 MP3 플레이어를 팔지 못한 판매자들은 경쟁해야 한다. 그래서 MP3 플레이어를 팔기 위해서는 가격을 낮추는 수밖에 없다. 그러면 사려는 사람이 늘어나게 된다. 이 과정 역시 균형을 이룰 때까지 계속된다. 이와 같이 경쟁이 시장의 조정과정을 이루게 한다.

새로운 소비자들을 유인하려는 시장조정과정도 모든 기업들간의 경쟁에 의해서 이루어진다. 소비자들이 원하는 것은 질 좋고, 같은 품질이면 디자인도 세련되고 값이 싼 제품이다. 이것을 만족시키기 위하여 기업은 누가 원자재와 노동력을 가장 싼값에 팔려고 하는지를 발견하여 가장 낮은 가격으로 질 좋은 물건을 생산 공급하려고 한다. 이것은 경쟁에 의해서만 가능하다. 예를 들어, MP3 플레이어를 만드는 데 A기업은 원자재와 노임 등 한 개당 3만 원, B기업은 4만 원이었다고 하자. 그리고 A기업은 MP3 플레이어 가격을 한 개당 4만 원, B기업은 5만 원에 가격을 붙여 시장에 내놓았다고 하자. 동일한 품질이고 디자인도 같다면 소비자들은 결코 B기업의 5만 원짜리 MP3 플레이어를 구입하지 않을 것이다. B기업은 시장에서 살아남지 못할 것이다. A기업의 경우도 소비자들이 MP3 플레이어를 사기 위해 기꺼이 4만 원을 지불하려고 할 경우 1만 원의 이윤을 얻을 수 있다. 만약 C기업이 보다 더 싼 원자재와 노동력을 발견하여 MP3 플레이어 한 개당 2만 원의 비용으로 가격을 3만 원에 시장에 내놓는다면 결국 소비자들의 구매는 C기업의 MP3 플레이어로 옮겨 갈 것이다. 그렇게 되면 이제 A기업이 시장에서 퇴출당하게 된다. 이것은 경쟁에 의한 시장의 창조적 파괴다. 실제로 이익을 내며 잘하는 기업들도 많고 매년 도산하는 기업들도 많다.

물론 경쟁에 의해 기업이 퇴출됨으로써 일자리나 재산을 잃어버린 사람들에게는 소비자들의 판단이 냉혹하게 느껴질 수 있을지 모르지만 경쟁에 의한 시장의 창조적 파괴는 인간사회에서 매우 중요하다. 자원의 희소성 문제 때문이다. 자원의 희소성 문제는 인간이 직면한 근본적 문제다. 따라서 인간세계에서 경쟁은 피할 수 없고 제거할 수도 없는 숙명과도 같은 것이다. 연필을 만들기 위해 나무를 원하는 사람은 가구나 종이를 만들려는 사람과 집을 지으려는 사람들과 경쟁해야만 한다. 지우개를 만들려고 고무를 원하는 사람은 자동차 타이어나 고무장갑, 공, 신발 등을 만들려는 사람들과 경쟁해야 한다. 기계를 만들기 위해 철을 원하는 사람들은 공구나 배, 자동차를 만들려는 사람들과 경쟁해야 한다.

자원의 희소성 문제가 인간세계에서 피할 수 없는 문제인 한, 사회가 지속적으로 생존 번영하기 위해서는 주어진 자원을 가장 낭비 없이 효율적으로 써야 한다. 자유경쟁은 바로 소비자에게 가장 잘 봉사하고 효율적인 기업에게 희소한 자원의 통제권을 넘기는 장치다. 예를 들어, 소비자들이 MP3 플레이어 한 개에 3만 원의 가치밖에 보지 않는다면, C기업은 1만 원의 가치를 창출한 것이고, A기업은 전혀 가치를 창출하지 못하였으며, B기업은 1만 원을 낭비한 것을 의미한다. 다시 말하면 B기업은 3만 원의 가치가 있는 훌륭한 자원들을 가지고 2만 원의 가치밖에 되지 않는 방식으로 개조한 것이 된다.

만약 이러한 기업을 계속 생존하게 한다면 우리 사회에 존재하는 매우 귀중하고 희소한 자원을 계속 낭비하여 우리의 부는 지속적으로 감소할 것이다. 따라서 이러한 기업이 우리의 희소하고 귀중한 자원을 사용하지 못하도록 해야 하는데, 시장이 그러한 기업들을 퇴출시킴으로써 자원을 사용하지 못하도록 하는 것이다.

이렇게 자유경쟁은 기업들로 하여금 소비자를 만족시키기 위해 값싸고 질 좋은 제품을 생산 공급하도록 한다. 그것을 위해 희소한 자원을 효율적으로 사용하게 하며 새로운 방식과 경영방식을 찾아내게 한다. 그 결과 새로운 일자리가 만들어지고 경제는 발전하게 된다. 따라서 자유경쟁에 의한 비효율적이고 소비자를 만족시키지 못하는 기업의 퇴출은 경제 전체를 위해 바람직한 것이다.[14]

자유경쟁에 의해 자원이 배분되지 않고 정부나 정치적 영향력을 가진 사람이 자원의 사용처를 결정하여 배분할 경우 자발적 교환에 의한 사회적 협동은 깨지고, 자원이 비효율적으로 사용되어 경제가 후퇴하게 되고 국민들의 생활수준이 떨어지게 된다. 정부가 직접 자원을 배분할 경우 무엇을 얼마나 생산할지 정확하게 알 수 없다. 물론 쌀이 얼마나 필요한지, 신발이 몇 켤레 필요한지, MP3 플레이어가 몇 개가 필요한지, 텔레비전이 몇 대가 필요한지 등을 여론조사를 통해서 알 수 있을 것이다. 그러나 시간이 지나면서 사람들의 선호와 필요는 변한다. 그래서 시간이 지남에 따라 쌀 몇 그램보다 신발 한 켤레를 더 선호하게 되는지, 플래시메모리 중 얼마만큼이 MP3 플레이어를 만드는 데 사용되고, 얼마만큼이 컴퓨터를 만드는 데 사용될 것인지를 알 방법이 없다. 그래서 소비자들이 원하는 것을 생산해 낼

14) Baumol(2002)은 자유시장경제가 경쟁적 압력을 통해 기업의 혁신과 새로운 기술개발을 유도하며, 그러한 것들을 가장 효율적으로 사용할 수 있는 다른 기업들과 공유함으로써 경제를 발전시킨다고 한다.

수가 없다. 실제로 구소련체제에서 생산된 유리의 무게를 기준으로 유리공장 경영자와 노동자의 성과를 평가하자 대다수의 유리공장에서 유리를 통해서 밖을 내다 볼 수 없을 정도로 무게가 많이 나가는 두꺼운 유리만 생산하였다. 평가기준을 면적으로 바꾸자 유리공장들은 유리를 최대한 넓게만 만들려고 했고, 그 결과 유리가 너무 얇아져서 작은 충격에도 쉽게 깨지는 문제가 생겼다.[15)]

자유경쟁에 의한 자원배분을 막으면 새로운 제품, 새로운 생산방식, 새로운 경영방식 등 혁신이 일어나지 않는다. 예를 들어, 정부가 자원을 직접 배분하면서 MP3 플레이어를 만들려고 하면 정부가 지정한 MP3 플레이어는 만들지만, 소비자들의 반응을 예상하여 녹음기능, 라디오 청취, 혹은 손목시계형 MP3 플레이어가 생산되기는 어려운 것이다. 그리고 그 MP3 플레이어를 생산하는 데 비용이 가장 적게 드는 자원의 결합방법을 찾지 못한다. 이처럼 자유경쟁이 아니라 정부에 의해 자원이 배분되면 가격에 따른 시장조정과정이 일어나지 않아 개인들의 욕구가 조정되지 않는다. 또한 새로운 소비자들을 유인하려는 시장조정과정도 발생하지 않는다. 더욱이 정부가 기업간 자유경쟁을 막으면 비효율적이고 소비자를 만족시키지 못하는 기업이 퇴출되지 못한다. 그 기업이 시장에 존속하게 되어 우리의 귀중하고 희소한 자원을 계속 사용함으로써 자원의 낭비가 발생하여 경제가 쇠퇴하게 된다.

---

15) 과트니 · 스트라웁(2004), p. 16.

안정적인 화폐제도

앞에서 살펴 본 것처럼 시장과정은 소비자와 생산자들의 가격에 기초한 경제적 계산에 의해 이루어진다. 그런데 모든 가격은 화폐로 표시된다. 따라서 사람들이 경제적 계산을 하는 가격은 모두 화폐가격이다. 교환의 매개체로서 화폐는 다른 모든 재화의 거래에서 공통분모의 역할을 하며, 그로 인해 발생하는 모든 재화의 화폐가격은 계산과정을 용이하게 만드는 것이다. 그러므로 화폐가치가 왜곡되면 재화의 가격들이 왜곡되고, 재화의 가격이 왜곡되면 시장참가자들의 경제적 계산이 왜곡되어 교환이 방해받고 시장경제가 잘 작동되지 않는다.[16)]

바로 여기에 화폐가치가 안정적으로 유지될 수 있는 화폐제도가 필요하다. 모든 재화와 용역의 가격이 수요와 공급에 의해 결정되듯이 화폐의 가치 역시 화폐의 수요와 공급에 의해 결정된다. 화폐가치가 안정적으로 유지되기 위해서는 화폐의 수요에 따라 화폐의 공급이 적절하게 이루어져야 한다. 따라서 안정적인 화폐제도란 화폐수요에 따라 화폐가 적절하게 공급되는 시스템이다. 사람들이 화폐를 보유하려는 것에 의해 화폐수요가 결정되고, 화폐의 공급은 현재 중앙은행과 시중은행에 의해서 이루어진다. 화폐의 공급이 은행과 관련이 있기 때문에 화폐제도를 화폐금융(*money and banking*)제도라고도 한다. 어떠한 화폐금융제도가 안정적인 것인지를 밝히는 것이 이 책의

---

16) 물물교환경제에서도 가격은 존재한다. 그러나 물물교환경제에서의 가격은 재화간의 교환비율로 표시되므로 하나의 재화에 대해 무수히 많은 가격이 존재한다. 가격이 많은 경우에는 각 재화간의 가치를 비교하기가 거의 불가능하여 물물교환경제에서는 합리적인 경제적 계산은 불가능하다. 따라서 합리적인 경제적 계산은 시장가격이 화폐로 구성되는 화폐사용 경제에서만 이루어질 수 있다〔Mises, 1980(1912)〕.

주제이다. 다음 장부터 현재의 화폐금융제도에 관련된 주제를 검토하고 현재의 화폐금융제도가 안정적인지를 밝히고, 개혁할 것이 있다면 바람직한 화폐금융제도가 무엇인지를 제시할 것이다.

제3장
화폐금융제도의 변천

1. 화폐의 기원

교환의 매개체

화폐는 거래에서 교환의 매개수단으로 사용되는 재화다. 교환이 없는 사회에서 화폐는 필요하지 않다. 교환에는 직접교환과 간접교환이 있다. 거래 당사자 자신들이 직접 사용하고자 하는 물품이 거래되는 것이 직접교환이다. 예를 들어, 농부와 사냥꾼이 자신들이 직접 소비하기 위해 쌀 한 되와 노루고기 한 근을 서로 교환하는 것을 말한다. 간접교환은 적어도 두 개의 물품 중 하나가 그것을 받는 사람이 직접 사용하려는 의도가 아니라 순전히 나중에 다른 것과 교환할 의도로 거래되는 경우다. 이 교환에서 나중의 교환을 위해 받아들여지는 물품이 교환을 위한 매개수단이다. 예를 들어, 사냥꾼이 농부에게 가서 노루고기 한 근과 쌀 한 되와 바꾸자고 한다고 하자. 농부가 그 제안을 거절하고 대신 삼베 한 마와는 바꿀 수 있다면 사냥꾼은 베짜는 사람에게 가서 노루고기 한 근과 삼베 한 마와 바꿀 수 있는

지를 묻는다. 베짜는 사람이 그럴 수 있다고 한다면 사냥꾼은 노루고기 한 근을 삼베 한 마와 거래하고 그 삼베를 가지고 농부에게 가서 쌀 한 되와 교환한다. 사냥꾼과 베를 짜는 사람 간의 거래에서 삼베는 사냥꾼이 직접 소비하기 위해서 받은 것이 아니라 농부와의 거래를 위해 받은 것이다. 따라서 이 거래에서 삼베는 교환의 매개체가 된다.

많은 사람들이 자신들이 가지고 있는 것을 삼베와 일단 교환하고 그 삼베를 이용하면 자신들이 원하는 것을 직접교환하는 것보다 더 쉽게 얻을 수 있다는 것을 발견하였다고 하자. 그리하면 점점 더 많은 사람들이 직접교환하는 것보다는 자신의 물건을 삼베와 교환하려고 한다. 삼베의 교환가치는 더 높아지고 모든 사람에게 훨씬 더 받아들여질 수 있게 된다. 이렇게 되어 모든 사람들이 삼베와 교환하고 싶어하면 삼베는 경제 내에서 교환의 매개체, 즉 화폐로서 적합한 것이 된다. 이러한 점에서 화폐는 "시장성이 가장 높은 상품"(*the most marketable commodity*) 이다.[1)]

위의 예에서 보듯이 직접교환이 이루어지기 위해서는 쌍방의 욕구가 일치해야 한다. 다시 말하면 내가 원하는 물건을 가지고 있는 사람이 내가 가지고 있는 물건을 원해야 교환이 이루어지는 것이다. 그렇지 않으면 두 사람간의 직접교환은 이루어지지 않는다. 따라서 직접교환에서는 거래비용이 크다. 거래비용은 교환과정에서 발생하는 금전적 및 비금전적 비용 모두를 포함하는 개념이다. 직접교환에서는 자신이 원하는 물건을 가지고 있으며 자신의 물건을 원하는 사람을 찾아야 하는데 많은 시간이 걸리고 불편이 따르는 것이다.

그러나 화폐를 통해 거래가 이루어지는 간접교환 경제에서는 궁극

---

1) 이것은 Mises(1949: 401)가 정의한 것이다.

적인 거래자들 욕망의 쌍방일치가 필요치 않다. 내가 원하는 물건을 가지고 있는 사람이 내가 가지고 있는 물건을 원하지 않더라도 화폐를 가지고 가서 구입하면 된다. 그리하여 욕망의 쌍방일치 문제와 관련된 거래상의 불편이 사라지고 시간이 절약된다. 이렇게 해서 생긴 시간을 이용하여 내가 가장 잘하는 것을 생산하는 데 사용하여 더 많은 생산을 올릴 수 있고 사회가 발전한다. 달리 표현하면 화폐는 교환에서의 거래비용을 크게 줄여 경제의 효율성을 높인다.

화폐는 인간행동의 결과로 나온 형성물이다. 그러나 화폐는 특정인이 발명한 것이 아니고 오랜 옛날부터 인류의 교환활동 과정에서 자생적으로 생성하여 발전해온 것이다. 이러한 점에서 화폐의 발달과정은 언어의 발달과정과 매우 비슷하다. 언어 역시 인간행동의 결과이긴 하지만 특정인이 고안한 것이 아니라 사람들 사이에 의사소통을 위해 사용하다 자연스럽게 통용되는 언어가 생긴 것이다. 처음에 누군가가 어떤 사물을 가리켜 특정 소리를 냈을 것이다. 예를 들어, 아침에 동쪽 하늘에 떠오르는 태양을 보고 누군가가 "해"라고 했을 것이다. 그것을 몇몇 사람이 따라서 사용했을 것이다. 그러면 다른 사람들 역시 태양을 "해"라고 하는 것이 그 사람들과 의사소통이 편하기 때문에 따라 했을 것이다. 그것이 더욱 확산되어 이제 모든 사람들이 태양을 보고 "해"라고 하게 되었을 것이다. 마찬가지로 처음에 몇 사람이 어떤 특정 물품을 사용하여 거래하였고, 그것을 사용하는 것이 편리함을 알고 점점 그 물품을 이용하여 거래하는 사람들이 많아지게 되어, 한 경제 내에서 교환의 매개체로 사용하게 되었을 것이다.

화폐의 기타 기능

▪ 계산단위

어떤 물품이 화폐로 선정되어 교환의 매개체로 사용되면 그 화폐는 자동적으로 계산단위(*a unit of account*)의 기능을 갖는다. 일단 어떤 경제에서 간접교환의 공통 매개체가 정해지면 거래되는 모든 재화는 그 매개체, 즉 화폐와 거래된다. 그러므로 재화의 가치는 자동적으로 그 화폐로 표시된다. 만일 화폐가 아닌 다른 것으로 표시하면 또 한 번의 변환이 필요하기 때문에 불편하다. 그러므로 일반적으로 통용되는 화폐단위로 가격이 매겨지고 회계장부가 작성된다.[2] 그러나 화폐의 구매력이 불확실해지면 반드시 통용되는 화폐로 가격이 매겨지는 것은 아니다. 이러한 점에서 화폐의 계산단위 기능은 화폐의 본질적 기능이 아니다. 예를 들면, 1923년 독일의 하이퍼인플레이션 동안 가치가 급격히 하락하는 라이히스마르크가 계속 화폐로서 기능하지만, 그 가치가 매우 불안정하여 상점들은 물건값을 라이히스마르크 대신에 미국 달러로 표시하였다. 물건을 살 경우 지불액은 달러표시가격에 외화시장에서 결정된 라이히스마르크의 가치를 곱하는 식으로 결정되었다. 당시 화폐로 통용되는 라이히스마르크가 계산의 단위로서 기능하지 못했다는 것을 보여주는 사례다.

---

2) 우리나라의 화폐단위는 원이다. 그것의 역사는 이렇다. 1945년 8월 15일 우리나라가 일본에서 해방된 이후에도 얼마 동안 원(圓)이 화폐단위로 사용되었다. 1953년 2월 14일에 제1차 화폐개혁(貨幣改革)을 실시하여 우리나라의 화폐단위인 환을 되찾게 되었는데, 이때 구화(舊貨)와 신화(新貨)와의 교환비율은 100 대 1이었다. 더욱이 1962년 6월 12일에 제2차 화폐개혁이 단행되었다. 이때 환단위가 지금의 원단위로 바뀌었다.

▪ 추후 지급의 기준

또 화폐는 추후 지급의 기준(*a standard of deferred payment*)으로 사용된다. 미래에도 화폐의 구매력이 비교적 일정하게 유지된다고 생각한다면 화폐단위로 대출계약을 하는 것이 좋을 것이다. 화폐가 아닌 특이한 상환방식을 쓰면 대차거래가 잘 이루어지지 않을 것이다. 돈을 빌려주는 사람뿐만 아니라 빌리는 사람도 많은 불편을 느낄 것이기 때문이다. 그러나 화폐가 반드시 추후 지급의 기준인 것은 아니다. 인플레이션을 예상하기 어려울 때는 사람들은 추후 지급이 실질 구매력의 측면에서 이루어지는 것을 선호할 것이다. 예를 들어, 쌀이나 금, 은과 같은 물품이나 어떤 물가지수에 기초하여 상환되는 계약을 할 것이다.

▪ 가치저장의 수단

화폐의 또 다른 기능은 가치저장의 수단, 즉 미래에 대한 구매력을 저장하는 수단이다. 물론 화폐는 교환의 매개로서 받은 시점으로부터 그것을 다시 지출하는 시점까지는 저절로 가치저장의 기능을 수행한다. 그러나 때때로 화폐가 장기간의 가치저장 수단으로서 사용된다는 점이다. 예금, 채권, 주식, 금, 은 등 미래의 구매력을 위해 보유할 수 있는 자산이 많음에도 불구하고 미래의 구매력을 위해 사람들은 화폐를 보유하는 것이다.

사람들은 은행이나 금융상품을 신뢰하지 않는다면 화폐를 그대로 손에 쥐고 있을 수 있다. 또한 화폐의 구매력이 비교적 안정적인 한 미래의 소비를 위해 화폐를 저장하는 것이다. 그것은 화폐가 여러 가지 재화와 직접 교환될 수 있기 때문이다. 만약 화폐 대신에 금으로 보유하고 싶다면 먼저 화폐를 금으로 바꾸어야만 한다. 그리고 나중에 재화를 구매하려고 할 때 보유하고 있던 금을 다시 화폐로 전화시켜야만 한다. 만약 그동안에 금값의 변동이 전혀 없었다 하더라도 손해를 보게 된다. 왜냐하면 이윤을 목적으로 하는 금 상인은 동일한 금에 대해 자신이 사는 값을 파는 값보다 낮게 매기기 때문이다. 그러나 화폐를 보유하면 그와 같이 중개상인의 이익으로 가는 부분이 없게 된다. 다시 말하면 비화폐적 물품은 유동화하기 위해서는 금 상인의 이익으로 가야 하는 부분과 같은 거래비용을 수반하는 반면, 화폐는 100% 유동성을 갖기 때문에 그러한 거래비용이 들지 않아 비교적 물가가 안정적인 한 화폐가 가치저장의 수단으로 사용되는 것이다.

그러나 화폐의 가치저장 수단으로서의 기능은 계산단위 기능, 추후 지급기준 기능과 마찬가지로 본원적인 것은 아니다. 급격한 인플레이션기에는 전환비용에 의한 손실이 있다 하더라도 비화폐적 물품을 보유하는 것이 현명하다. 모든 물가가 두 배로 뛴다면 화폐의 가치는 절반으로 뚝 떨어지기 때문에 그러한 시기에는 화폐는 좋은 가치저장 수단이 되지 못한다. 다시 독일의 1923년 하이퍼인플레이션기를 예로 들어보자. 제1차 세계대전 후 물가상승률이 한 달에 천% 이상 되었고 이러한 인플레이션이 끝날 무렵인 1923년에 독일의 물가수준은 2년 전인 1921년보다 무려 3백억 배 이상 뛰어올랐다. 이때 독일의 화폐가치는 급격히 하락하여 가장 기본적인 품목인 빵 한 조각을 사기 위해서 손수레로 가득 라이히스마르크를 싣고 가야 했고, 노동자들은 화폐의 가치가 더 없어지기 전에 노임을 받아쓰기 위해서 하루에도 몇 번씩 작업장을 떠났다. 어느 누구도 라이히스마르크의 보유를 원하지 않았다.

2. 물품화폐 (*commodity money*)

원시 물품화폐

인류가 처음 사용한 구체적 형태의 화폐는 물품이었으며, 인류역사에서 여러 가지 물품들이 교환의 매개로 사용되었다. 그러나 아무 물품이나 교환의 매개물로 사용된 것은 아니다. 적어도 내구성, 휴대성, 그리고 분할성의 조건을 만족하는 물품이 화폐로 사용되었다. 앞에서 설명한 바와 같이 당장 자신이 직접적으로 사용하기 위해 받는 것이 아니라 나중에 자신이 원하는 물건을 구입하기 위해 받아들이는 것이기 때문에 자신이 원하는 물건을 구입할 때까지 받아들이는 물품이 변질되지 말아야 했을 것이다. 또 교환하여 집으로 운반하든가 혹은 나중의 거래에서 다른 장소로 가지고 가야 할 필요성이 있었기 때문에 휴대하기 어려운 것은 화폐로 채택되지 않았을 것이다. 그리고 나중의 거래에서 소액의 물건을 살 수 있는데, 거래로 받은 물품이 분할되지 않아 그러한 기능을 할 수 없으면 사람들이 교환의 매개수단으로 받아들이지 않았을 것이다.

구석기 시대에는 동물의 털과 가죽이 화폐로 사용되었다.[3] 추운 지역에서 주로 사냥하면서 살았던 구석기 시대 사람들 사이에서 가장 많이 거래된 품목이 동물의 털과 가죽이었다. 추운 기후 때문에 그들은 옷에 가치를 많이 두었고, 고기보다 덜 상하기 때문에 거의 모든 사람들이 받아들였을 것이다. 구석기와 신석기 초기에는 조개껍질이 화폐로 사용된 흔적이 있다. 특히 중국에서는 거북이 등껍질과 전복껍질이 화폐로 사용되었다.

---

3) Burns(1927: 3) 참조.

역사적으로 가축이 가장 빈번하게 교환되는 물품이었다. 동물을 길들여서 식량으로 사용하였으며, 시장에 내다 팔기도 하였다. 특히 아리안인 사이에서는 소가 가치척도의 기준으로 사용되었다.[4] 청동기와 철기시대의 화살촉, 농경사회에서의 곡물, 과거 한국과 중국에서의 비단과 베, 기타 지역에서의 담배, 소금 등 인류역사상 실로 다양한 물품들이 화폐로 사용되었다. 그것들은 시대와 장소에 따라 이 세 가지 조건들을 만족시키는 것들이었다.

금속화폐

인류역사에서 다른 어떤 물품들보다 화폐로 가장 오랫동안 사용되어온 물품은 금과 은이다. 금과 은은 내구성, 휴대성, 그리고 분할성의 특성을 잘 지니고 있었기 때문이다. 가축과 같은 물품의 품질은 서로 다르고 산정하기 어려워서 교환에 어려운 점이 있었다. 이에 비하여 순금과 은은 품질이 일정하고, 치아로 깨물어 본다든가, 두들겨 소리를 들어본다든가, 시금해보는 등의 방법으로 품질을 검증하는 것이 쉬웠다. 또한 곡물과 같은 물품은 상할 수 있어서 저장하는 데 비용이 많이 드는 것에 비하여 금과 은은 변질되지 않는 내구성을 지니고 있어 저장비용이 적게 들었다. 그리고 금과 은은 쉽게 분할될 수 있어서 구매규모에 맞추어 금액이 적은 거래에는 쪼개어 지불할 수 있었다. 큰 덩어리는 작게 나누어 사용할 수 있었고, 작은 덩어리들은 큰 덩어리로 만들어 사용할 수 있었다. 끝으로 금과 은은 크기에 비해 가치가 높았기 때문에 휴대성이 있었다. 소금과 같은 물품들은 무게에 비해 가치가 낮았기 때문에 거액 거래를 위해 한 장소에서 다른 장소로 옮기기가 불편한 점이 많았지만 금과 은은 운반이 상대

4) Burns(1927: 6) 참조.

적으로 수월하였다. 뿐만 아니라 미적 특성 때문에 반지나 목걸이를 만들어 사용할 수 있어서 모든 사람들이 보유하고 싶어했다. 따라서 금과 은이 누구에게나 쉽게 받아들여져서 자연스럽게 화폐로 오랫동안 사용되었다.

3. 주화(*coins*)

주화의 발달

금속화폐의 진화된 형태가 주화다. 금과 은을 직접교환의 매개체로 쓸 경우 금속의 무게를 측정하고 순도를 평가하는 데 불편함이 있었다. 그래서 금속의 무게를 측정하고 순도를 평가해주고 사용하기 편리한 크기와 모양으로 만들어 주면 이익이 있음을 발견하고 이를 업으로 하는 사람들이 생겨났다.[5] 이윤이 존재하는 업종에 보다 많은 사람들이 들어와 영업하듯이 이 업종에 많은 사람들이 진입하였으며 서로 경쟁하였다.

경쟁하는 데에는 가격경쟁, 질 경쟁, 그리고 혁신하는 방법이 있다. 주화 주조자들이 고객에게 주화를 제작해주고 받는 요금을 낮추고, 순도를 속이지 않으며 신뢰와 명성을 쌓고, 새로운 액면과 모양

---

5) 주화를 처음 발명한 사람은 역사에 나와 있지 않다. 발견된 것 중 가장 오래된 주화는 BC 8세기의 것으로 소아시아의 리디아(지금의 터키)에서 나왔다. 자세한 것은 Cameron and Neal(2003: 36) 참조. 한편 동양에서는 기원전 3세기, 중국 진나라 시 황제가 원형방공(圓形方孔, 둥근 모양의 사각구멍)의 엽전을 만들어 유통시켰으며 그 형태는 그후 약 2천 년간 답습하면서 동아시아의 중국 문화권에 전파되었다. 한국 최초의 주화는 고려 중종16년(996)에 주조된 건원중보(996)이다.

의 주화를 만드는 혁신적 방법을 사용하면서 서로 경쟁하였다. 어떤 혁신적 방법이 성공하면 다른 주화 주조자들이 모방하여 널리 사용되어 표준화되었을 것이다. 주화를 만든 사람들은 주화에 자신의 얼굴을 새기거나 주화의 가장자리를 톱니처럼 만들기도 하였다. 그러한 주화는 깎거나 변형시키는 것이 어렵게 되어 가치가 오랫동안 유지되었기 때문에 더 선호되었다.[6] 경쟁 때문에 주화를 주조하는 데 순도와 무게를 속일 수 없었다. 순도와 무게를 속이면 쉽게 발각되어 신뢰와 명성을 잃어 영업에 지장이 있고 심지어는 그 업종에서 자연스럽게 퇴출되었다.

정부의 주화 주조권 몰수

역사적으로 정부가 화폐제도에 직접 개입하기 시작한 것은 주화단계다. 주화를 만드는 것이 이윤이 나고 명성이 날 수 있는 것임을 인식한 정치 권력자가 화폐주조를 몰수하여 국가독점으로 만들었다.[7] 화폐주조를 국가독점으로 만든 인물은 BC 7세기 소아시아 서부지방의 리디아 왕인 기게스(Gyges)로 알려져 있다. 기게스는 화폐주조를 이용하여 많은 자금을 확보한 후 그 자금으로 왕권을 탈취한 다음, 누군가에 의해 동일한 방법으로 자신의 권력이 탈취되는 것을 막기 위해 민간의 화폐주조를 금지하고 화폐주조를 국가독점으로 만들었다.[8] 그 이후 정부가 화폐발행에 대해 독점권을 행사했다.

화폐주조를 몰수한 정부는 일반주조업자가 만든 주화의 사용을 금지하고 정부가 주조한 주화만을 사용하도록 했다. 그리고 재원이 필

---

6) Burns(1927: 59).

7) Cameron and Neal(2003: 36).

8) Burns(1927: 83).

요할 때 발행한 주화를 다시 거두어들여 모양을 바꾸고 크기와 무게를 줄여 변조한 다음, 기존의 것과 동일한 무게와 순도를 가지고 있는 것처럼 표시하고 문양을 넣은 새로운 주화를 만들어 공급하였다.[9] 또는 금화나 은화를 거두어들여 주석이나 동과 같은 값이 덜 나가는 금속을 섞은 합금을 이용하여 기존의 주화와 동일한 가치가 있는 것처럼 표시한 새로운 주화를 사용하도록 하였다. 인쇄기가 발명된 후에는 화폐변조가 훨씬 더 쉬워졌다. 정부는 심지어 종이조차 화폐라고 선언할 수 있었다.

이렇게 만들어진 화폐를 법화(*legal tender*)로 선언함으로써 거래에서 강제로 사람들에게 받아들이게 하였다. 또한 채권자들로 하여금 변조된 주화나 가치가 떨어진 지폐를 마치 완전한 무게와 가치가 있는 것처럼 받도록 강제하였다. 정부가 자신의 부채와 비용을 채권자들에게 이 법화로 지불했음은 물론이다. 이와 같이 정부는 화폐발행 독점을 통하여 많은 이익을 얻었는데, 이를 시뇨로지(*seigniorage*)라고 한다.[10] 정부가 재원이 필요할 때 세금을 올리면 국민들의 저항이 심하고, 심지어 혁명이나 폭동이 일어나기 때문에 국민들의 저항을 피하며 수입을 얻는 방법으로 화폐를 변조하는 방법을 자주 사용

9) 실제로 7세기 말경 그리스 전역에서 국가가 이러한 동기로 주화를 주조하였다. 자세한 것은 Burns(1927) chap. 3과 4를 참조.

10) 시뇨로지는 영주를 뜻하는 프랑스의 시뇨르(*seigneur*)에서 유래하였다. 중세의 영주는 금화나 은화를 주조하는 독점권을 가지고 있었으며, 신민들은 금이나 은의 함량이 아무리 적다 하더라도 영주가 제작한 주화를 사용해야만 했다. 시뇨로지는 영주가 화폐주조 독점권을 행사하여 얻는 이윤이었다. 봉건제도는 사라졌지만 화폐발행권의 독점권을 갖고 있는 정부가 오늘날에도 여전히 시뇨로지를 누리고 있는 것이다. 정부가 발행하여 사람들로 하여금 화폐를 사용하게 하는 것은 민간으로부터 무이자로 돈을 빌리는 것이나 다름없다. 무이자로 민간으로부터 빌린 돈을 정부는 이자를 낳는 자신에 투자할 수 있다. 이 과정에서 얻는 이자수입도 시뇨로지다.

하였다.

예를 들어, 처음에 금 천 그램으로 10그램짜리 주화 백 개를 만들어 각각의 주화에 대해 단위를 1크라운이라 붙였다고 하자.[11] 이때 1크라운의 주화는 금 1온스와 동일한 가치를 갖는다. 그리고 경제 내에 존재하는 총화폐량은 백 크라운이다. 그러다가 유통되는 주화를 정부가 모두 거두어들여 녹인 다음 금의 함량을 절반으로 줄이고 동을 섞어 새로운 1크라운짜리 주화 백 개를 만들었다고 하자. 새로운 주화 1크라운의 실제 가치는 금 5그램밖에 되지 않지만 정부의 법령으로 계속 1크라운이라고 선언한다. 그리고는 정부가 재정을 위하여 돈을 빌린 사람에게 새로운 화폐로 빚을 갚는다면 정부의 실질적인 빚은 반으로 줄어든다. 그만큼 정부에 돈을 빌려 준 사람은 손해를 본다. 새로 주조하면서 남긴 금 50그램은 정부의 수입이 되어 그만큼 이익을 본다. 즉, 금 50그램이 시뇨로지가 된다.[12]

---

11) 크라운은 영국의 구화폐단위다. 화폐에 왕의 초상이나 왕관이 디자인된 데서 유래한다. 1549년 하프크라운(*half-crown*)이 처음 발행되었고 그것은 2실링 6펜스의 가치가 있었다. 덴마크와 노르웨이의 크로네(*Krone*)와 스웨덴과 아이슬란드의 크로나(*Krona*)는 이 크라운(*Crown*)에서 따온 것이다(*wikipedia* 백과사전 참조). 여기에서 시뇨로지에 대한 설명을 위해 크라운 화폐단위를 이용하였을 뿐 실제의 경우와는 다르다. 화폐주조를 독점한 후 정부는 그램, 온스, 파운드 등으로 표시되었던 화폐단위의 명칭을 국가에 따라 달러, 마르크, 프랑 등으로 바꾸었다. 이러한 변화로 정부는 화폐변조를 보다 쉽게 할 수 있었다(Rothbard, 1990: 63).

12) 민간업자의 경우도 시뇨로지를 얻는다. 민간업자가 얻는 시뇨로지는 정부가 화폐변조에서 얻는 것과는 달리 사람들이 주화를 사용하는 것이 편리하기 때문에 동일한 금 1온스라고 하더라도 주화의 1온스에 대하여 더 많은 가치를 부여함으로써 발생하는 순수 이윤이다. 금괴를 금화로 만드는 데 비용이 들고, 금 1온스로 금화를 주조한 다음 거기에 1온스라고 표시하지만 실제로는 1온스가 되지 않아도 편리하게 때문에 사람들이 1온스의 가치로 기꺼이 사용한다. 이처럼 여기서 발생하는 이익이 화폐발행자의 시뇨로

또는 1크라운의 주화를 백 개 아닌 2백 개를 새로 만들어 공급했다고 하자. 새로운 화폐로 정부가 필요한 물품을 구입한다면 정부가 쓸 수 있는 화폐량이 2백 크라운이 되어 정부의 구매력이 2배로 증가한다. 경제 전체의 화폐량은 백 크라운에서 2백 크라운으로 증가하였기 때문에 물가는 두 배로 뛴다. 상대적으로 국민들의 실질소득은 절반으로 준다. 이와 같이 정부가 화폐를 변조하면 화폐량이 증가하여 인플레이션이 일어나 국민들의 실질소득은 감소한 반면, 정부의 실질구매력은 증가하게 된다.[13] 이러한 점에서 정부가 화폐발행을 통해서 얻는 시뇨로지는 일종의 세금이고, 인플레이션 조세라고 한다.[14]

실제로 이러한 화폐변조는 중세기에 유럽의 거의 모든 국가에서 일어났다. 예를 들면, 프랑스의 리브르(*livre*)는 1200년에 은 98그램이었는데 1600년경에는 단 11그램에 불과하였다. 또 스페인의 사라센제국의 화폐였던 디나르(*dinar*)는 처음 주조되었던 7세기에는 금 65그레인(*grain*)이었고 아주 견고하게 화폐제도를 유지해온 덕분에 12세기 중반에 여전히 60그레인이었다. 그러나 기독교 왕이 스페인을 점령한 후 13세기 초에 디나르는 14그레인으로 줄어들었다. 너무 가벼워서 유통되기가 어려워 은 26그레인의 은화로 바뀌면서 화폐단위가 디나르에서 마라베디(*maravedi*)로 변경되었다. 그 마라베디가 15세기 중반에는 은 1.5그레인에 불과했다.[15]

지가 된다. 혹은 금화 1온스를 정확히 표시하되 1온스 금화 10개를 만들어 주는 대신에 금괴 11온스를 요구할 수도 있다. 여기서 화폐발행자의 이익은 금 1온스로 이것이 바로 시뇨로지다.

13) 주의할 사항은 화폐변조가 인플레이션을 일으키는 것이 아니라 화폐변조를 통한 화폐량의 증가가 인플레이션을 일으킨다. 다시 말하면 화폐변조를 하되 기존의 통화량과 동일한 수량(여기의 예에서 백 크라운)을 공급한다면 화폐단위의 구매력은 떨어져도 인플레이션은 일어나지 않는다.

14) 인플레이션 조세에 대해서는 제 5장에서 자세히 다룬다.

정부의 화폐변조는 교묘한 방법으로 사람들이 알아채지 못하도록 세금을 걷어 가는 방법이다. 화폐변조는 일종의 "위조"다. 위조는 다른 사람들의 사유재산권을 몰래 훔쳐 가는 행위다. 이것은 사유재산권을 보호해야 할 정부가 국민들의 사유재산을 탈취해감으로써 시장경제를 파괴하는 것이다.

그레샴의 법칙

"악화가 양화를 몰아낸다"(*Bad money drives out good*)는 그레샴의 법칙에서 보통사람들은 금은 양화이고 은은 악화라서 결국 은화가 금화를 몰아내 은화가 유통된다고 알고 있다. 그러나 그레샴의 법칙에서 양화란 시장가치에 비하여 과소평가된 화폐, 악화란 과대평가된 화폐를 말한다. 금화가 금의 시장가격에 비하여 과소평가되면 양화가 되고 과대평가 되면 악화가 된다. 마찬가지로 은의 시장가격에 비하여 과소평가되면 은화는 양화가 되고 과대평가되면 악화가 된다. 따라서 그레샴의 법칙은 과소평가된 화폐가 유통에서 사라지고 과대평가된 화폐가 사용된다는 말이다.

그레샴의 법칙은 정부의 간섭이 없는 시장에서 주조된 금화와 은화에 대해서는 일어나지 않는다. 시장에서는 양화가 악화를 몰아낸다.[16] 다시 말하면 악화가 유통에서 사라지고 양화가 교환의 매개체로 사용된다는 말이다. 만일 어떤 민간 주조업자가 금이나 은의 함량을 줄여서 금화나 은화를 주조한다면 사람들은 그의 주화를 사용하지 않고 경쟁자가 만든 더 나은 주화를 사용할 것이다. 질이 떨어지는 그의 주화는 악화이고, 경쟁자의 질이 좋은 주화는 양화이다. 따라서

---

15) Rothbard(1990: 63) 참조.

16) Hayek, F. A.(1978: 37~38).

정부의 간섭이 없는 시장에서는 악화가 양화를 몰아내는 것이 아니라 양화가 악화를 몰아낸다.

그레샴의 법칙은 법화의 경우에서 발생한다. 위의 화폐변조의 예에서 만일 정부가 백 개의 크라운 중에서 50개를 거두어들여 금의 함량을 절반으로 줄인 다음 그것으로 백 개의 크라운을 만들어 공급한다면 경제에 50개의 구크라운과 백 개의 신크라운이 존재하게 된다. 정부가 법으로 두 개의 가치를 동일하게 정하였지만, 실제가치는 구크라운이 신크라운보다 높다. 따라서 사람들은 재화와 용역을 구매하는 데 구크라운을 사용하는 것보다 신크라운을 사용할 것이다. 만약 구크라운이 손에 들어오면 그것을 재화와 용역을 구매하는 데 사용하기보다는 녹여서 금으로 만든 다음 금으로 직접 팔면 이익이기 때문이다. 그래서 사람들이 구크라운이 손에 들어오는 대로 녹여버리고, 거래에서는 신크라운을 사용하게 된다. 결국 가치가 하락한 신크라운(악화)이 사용되고 상대적으로 가치가 높은 구크라운(양화)은 유통에서 사라지게 된다. 그래서 그레샴의 법칙은 "악법화가 양법화를 몰아낸다"고 해야 정확하다.

정부가 금은을 본위로 하는 복본위제도에서 금화와 은화가 어떻게 유통되는지를 보면 그레샴의 법칙을 보다 정확하게 이해할 수 있다. 복본위제도하에서는 정부가 금화와 은화를 주조하고 그것을 모두 법화로 지정하면서 그 교환비율을 정한다. 이것은 일종의 금화와 은화에 대한 가격규제이다. 예를 들어, 시장에서 금 1그램과 은 15그램이 동일한 가치를 갖고 교환된다고 하자. 정부가 금화와 은화의 1단위를 만드는 데 각각 1그램씩을 사용했다고 하자. 그리고 금화 1개와 은화 15개가 동일한 가치가 있다고 선언하며 유통시켰다고 하자. 그런데 후에 은광이 발견된 사건과 같은 이유로 은의 공급량이 증가하였다고 하자. 그러면 시장에서 은의 가치가 하락한다. 그래서 금과 은의 교환이 이제 1그램 대 15그램이 아니라 1그램 대 16그램이 되었다고 하자. 그러나 금화와 은화의 비율은 정부가 1개 대 15개로 정했기 때문에 금화는 금의 시장가격에 비해 상대적으로 과소평가되었고, 은화는 과대평가되었다. 이렇게 되면 그레샴의 법칙에 따라 과대평가된 은화만이 유통되고 과소평가된 금화는 유통에서 사라지게 된다. 그 과정을 보면, 사람들이 금화 1개를 녹여서 시장에 가서 은 16그램으로 바꾼다. 그러면 금화로 가지고 있는 경우보다 은 1그램을 더 얻을 수 있다. 따라서 사람들은 손에 들어오는 금화는 재화와 용역을 구매하는 데 사용하지 않고 녹여버리고 거래에서는 은화만 사용한다. 따라서 금화가 유통에서 사라지게 된다. 반대로 금의 공급량이 증가하여 시장에서 금의 가치가 하락하면 정부가 정한 고정된 금화와 은화의 가치 때문에 금화는 과대평가되어 악화가 되고, 은화는 과소평가가 되어 양화가 된다. 이 경우에는 은화가 유통에서 사라지고 금화만이 유통된다. 실제로 1792년에서 1861년까지 미국에서 금은 복본위제도를 실시했는데, 1834년 이전에는 은화가 금화를 몰아냈고, 1834년 이후에는 금화가 은화를 몰아냈다.[17]

4. 은행의 발달과 내부화폐

화폐제도 발전의 다음 단계는 상업은행들이 발행한 화폐다. 상업은행이 발행한 화폐에는 은행권과 신용화폐(혹은 예금화폐) 두 가지가 있는데, 우리는 이들을 내부화폐(*inside money*)라 부른다. 반면에 정화(正貨, 명목가치와 소재가치가 같은 완전한 가치를 지닌 금화나 은

---

17) McCulloch, J. Huston(forthcoming).

화) 와 물품화폐는 상업은행제도의 외부에서 나오는 것으로, 이들을 외부화폐(*outside money*) 라고 부른다. 정부가 발행하는 화폐 역시 상업은행제도 밖에서 나오는 것이기 때문에 외부화폐다.

내부화폐가 나오게 된 주요인은 두 가지를 들 수 있다. 첫째는 경제규모가 커짐에 따라 주화를 사용하는 거래비용이 커졌기 때문이다. 금과 은 혹은 금화와 은화와 같은 주화를 보관하는 비용과 거래의 지급을 위해 운반하는 비용이 컸다. 금괴와 금화를 많이 보유하고 있던 상인이나 부자들이 안전하게 보관할 필요성을 느껴 안전한 보관시설을 가지고 있던 금장인(*goldsmiths*) 에게 보관료를 내고 금괴와 금화를 맡겼다.[18] 대신 금장인으로부터 맡긴 금괴나 금화에 대한 보관증을 받았다.

이러한 관행이 점점 늘어났고, 두 사람이 교환할 때 물건을 산 사람은 대금을 지불하기 위해 보관증을 가지고 금장인에게 가서 맡긴 금괴나 금화를 찾아 상대에게 주었다. 상대는 다시 금괴나 금화를 금장인에게 맡겼다. 이러한 거래보다 더 편리한 방법이 보관증을 직접 사용하는 것이었다.[19] 금장인은 보관증을 가져온 사람에게는 누구에게나 금괴나 금화를 내준다는 약속을 하고 그것을 신뢰하고 판매자가 단순히 금장인의 보관증을 받는 것이 양측이 금장인을 찾아가는 불편을 덜어 줄 수 있어 더 편리했다. 그러자 이러한 거래방법이 점점 확산되어 보관증이 교환의 매개체로 사용되었다.

시간이 지남에 따라 금은의 보관증 형태가 다양해졌다. 맡긴 금이나 은에 대해서 단순히 한 장의 보관증을 써 준 것이 아니라 액면을

18) 금장인 외에도 어음 중개상, 환전상, 대금업자 등 당시에 이러한 기능을 한 업자들은 많았다.

19) 고대 메소포타미아에서 곡물을 보관하고 이에 대한 어음(*draft*) 이 발행된 적이 있다.

달리한 여러 가지 보증서를 만들어 맡긴 금이나 은의 해당 가치만큼 소액보증서와 고액보증서를 섞어 주었다. 여러 가지 액면의 보증서를 발행하는 데 비용도 많이 들지 않았다. 금이나 은을 직접 사용하면 거액 거래일 경우 부피가 커서 유통에 어려움이 있었고, 소액 거래의 경우 금이나 은을 잘게 분할하는 것이 실용적이지 못했다. 그러나 여러 가지 액면으로 발행하면 적은 비용으로 이러한 문제점을 해결할 수 있었다. 이러한 보관증, 즉 금보증서(*gold certificates*)나 은보증서(*silver certificates*)가 나중에 은행권으로 발전한다.[20] 이러한 보증서는 소지하는 사람에게 금이나 은으로 태환해주었기 때문에 당시 은행권은 태환권(*convertible notes*)이다. 구텐베르크(1456)의 인쇄기 발명은 은행권 발달에 크게 공헌하였다. 인쇄기 사용으로 은행권 발행이 용이하였고 발행비용이 적게 들었기 때문이다.

태환성은 중요한 역할을 하였다. 첫째, 태환성은 은행권의 가치가 비교적 안정적으로 유지되도록 하였다. 태환지폐는 금과 연계되어 있어서 금의 가치변화에 따라 지폐의 가치가 변했다. 일반적으로 금의 가치는 급변하지 않아 태환지폐의 가치는 역시 상당히 안정적이었다. 둘째, 은행권을 과잉발행하는 은행가들을 효과적으로 통제하였

---

20) 997년 중국 북송시대 지금의 사천에서 발행된 예탁증서 형태인 '교자'가 세계 최초의 지폐로 기록되어 있다. 교자는 원래 처음에는 개인들간의 유통형식으로 나타났다. 북송 초에 성도 일대의 상업이 매우 발달하였는데, 통화가 부족하여 주화만으로는 유통이 순조롭지 못하자 현지의 부자 166명이 사적으로 화폐를 대체하는 닥나무 종이로 만든 권을 인쇄하기 시작하였다. 나중에 이러한 권은 교자라고 부르게 된다. 현지 지방정부는 이 신화폐를 단속하려고 하였으나 나중에 관청에서 인쇄하여 유통시켰다. 유럽에서는 17세기 초 중세 영국에서 발행한 예치증서가 최초의 지폐로, 이는 오늘날 은행권의 모체가 된다. 우리나라에서 가장 오래된 지폐는 실물은 전해지지 않지만, 저나무 껍질로 만든 닥저화라는 기록이 있다. 《두산백과사전》 참조.

다. 특정 은행권이 유통되기 위해서는 그에 대한 수요가 있어야 한다. 특정 은행권에 대한 수요는 태환의 용이성, 은행의 신인도, 은행권 인지도, 지점 수 등에 따라 결정되었다. 사람들이 보유하고 싶어하는 양 이상으로 발행된 은행권은 상환을 위해 되돌아왔다. 과잉발행해보았자 비용을 감당할 만큼 오랫동안 유통되지 않기 때문에 은행들은 의도적으로 과잉발행하지 않았다.[21] 은행권 발행을 늘리려고 하려면 은행들은 신인도를 높여야 했고, 인지도를 높이기 위해 광고를 많이 하고, 지점을 늘려야 했다. 단순히 은행권을 많이 유통시키기 위해서 은행권 발행을 늘릴 수는 없었다.

한편 금장인들은 일정 기간 동안 예금된 금과 금화의 일부만이 인출된다는 사실을 발견하였다. 그리고 예금의 일부를 대출해줄 수 있고, 고객이 예금을 인출할 때 그 의무를 이행할 수 없는 위험이 적다는 것을 알았다. 이러한 대출활동은 그들에게 보다 많은 이윤을 얻을 수 있는 기회를 제공하였다. 그리하여 금장인들은 은행가로 변모했고 예금을 끌어들이기 위해 서로 경쟁하였다.[22] 예금을 끌어들이기 위해 기존에 받던 보관료를 받지 않고 오히려 예금에 대해 이자를 주

---

21) 이것의 발전된 화폐금융제도가 19세기에 스코틀랜드를 비롯한 60여 개 국가에서 실시되었던 자유금융(*free banking*)의 민간화폐제도이다. 이에 대한 자세한 내용은 제 7장에서 다시 다루어진다.

22) 여기서 은행이라 함은 근대 은행을 말한다. 은행의 역사는 BC 17세기 바빌로니아의 함무라비법전으로까지 거슬러 올라간다. 함무라비법전에 재산의 단순한 기탁, 기탁된 재산의 운용이나 그에 따른 이자에 대한 규정 등이 명기되어 있다. 중세에 이르러 지중해 연안에서 상업적 교역이 이루어짐에 따라 환전상이 출현하였다. 당시에 잡다한 종류·품질의 화폐가 유통되었기 때문에 원활한 유통을 위해서는 이들의 환전이 필요했기 때문이다. 환전상은 뱅크(*bank*)로 불리는 환전대 위에서 환전업을 시작하였다. 앞의 각주 18에서도 밝혔듯이 금은의 보관업을 한 것은 금장인뿐만 아니라 환전업자도 그리하였기 때문에 이들도 나중에 근대 은행가로 발전한다.

었다. 고객이 맡긴 금화와 은화 모두를 금고에 보관하는 것이 아니라 고객의 인출요구에 대비해 그 일부만을 보관하고 있기 때문에 이와 같은 제도를 부분지준제도(*fractional reserve system*)라 한다.

내부화폐가 발달할 수 있었던 또 다른 요인은 정부의 주조화폐에 대한 실망 때문이었다. 정부가 시뇨로지를 얻기 위해 주조변조를 많이 하는 주화 대신에 사람들은 은행들이 발행하는 은행권과 예금화폐를 많이 이용하였다. 국가에 의한 주화변조는 사람들의 부를 몰수하는 것과 같았다. 은행의 내부화폐에 대한 수요가 늘어난 것은 사유재산을 보호해야 할 국가가 사유재산을 지속적으로 침해해 온 결과에 대한 반작용이었다.

뿐만 아니라 내부화폐는 정부가 발행한 주화에 비해 많은 이점을 가지고 있었다. 첫째, 예금보유자는 이자를 받을 뿐만 아니라 주화와 같은 마모 손실이 없었다. 둘째, 주화와 같이 운반하는 데 비용이 들지 않았으며 도둑이나 강도로부터 보호하는 비용이 들지 않았다. 셋째, 주화를 세고, 무게를 달고, 시금하는 비용이 들지 않았다. 그래서 대부분의 국가에서 은행의 내부화폐 사용비중이 증가함에 따라 정부의 주화독점의 중요성이 줄게 되었다. 나중에 각국이 중앙은행을 설립하여 정부가 은행권 발행을 독점하고, 은행은 단지 예금화폐만을 공급하게 된다. 한편 중앙은행이 은행권을 독점하기까지 자유롭게 은행권이 발행된 역사적 경험을 한 나라는 약 60개국이다.[23)]

이와 같은 내부화폐의 출현으로 화폐제도가 금속화폐에서 금속본위화폐로 바뀌게 된다. 다시 말하면 금과 은이 직접적으로 교환의 매개수단으로 쓰이는 것이 아니라 그것들을 바탕으로 하여 발행된 은행권과 신용화폐가 금과 은으로 태환될 수 있는 증서로서의 화폐제도인

---

23) 자세한 것은 Dowd(1992) 참조.

금본위제도나 은본위제도로 바뀐 것이다.[24)]

5. 결제소(*clearinghouse*)의 발달

결제소의 출현

다음 단계의 화폐금융제도 발전은 결제소의 출현이다. 처음에는 은행들은 다른 은행들의 은행권을 서로 받지 않았다. 왜냐하면 다른 은행권을 받아 주면 경쟁 은행권이 보다 더 많이 받아들여지고 경쟁 은행의 이윤이 증가할 것으로 생각하였기 때문이다.[25)] 그러나 두 은행이 제휴하여 서로 받아주기로 약속하면 둘 다 더 이익을 볼 수 있음을 발견하였다. 두 은행이 다른 은행권을 서로 받아주자 두 은행의 은행권을 사용하는 사람들의 편의가 증가하였다. 그러자 많은 사람들이 다른 은행권보다 이 두 은행권을 보다 더 많이 사용하였으며, 그 결과 두 은행의 이윤이 모두 증가하였다. 그리하여 은행들간에 제휴하면 이윤이 더 커진다는 사실을 알고 은행들간의 제휴가 늘어나기 시작하였다. 결국 많은 은행들이 여기에 동참해 서로 다른 은행들의 은행권을 받아주게 되었다. 은행들이 은행권들을 서로 받아주자 금

24) 금이 화폐의 본위(기준)가 된 것은 십자군 원정 이후 유럽인들이 비잔틴을 비롯한 금을 사용하였던 동아시아 지역과의 무역이 증가한 13세기부터다. 플로렌스와 베니스가 이 거래의 상업중심지였다. 중세 유럽의 통화는 거의 모두 은을 기본으로 한 것이었다.

25) 초기에는 심지어 경쟁은행의 은행권을 공격적으로 대거 사들여 일시에 상환을 요청하는 이른바 "은행권 결투"(*note dueling*)까지 있었다. 은행권 결투는 1870년대 캐나다와 1720년대 스코틀랜드, 1820년대 미국 뉴잉글랜드의 Suffolk system에서 일어났던 적이 있다. 자세한 것은 Dowd(1992) 참조.

의 유통이 19세기 스코틀랜드, 캐나다, 미국의 뉴잉글랜드 지역에서 사실상 사라졌다. 한편 은행들이 받은 다른 은행권들을 서로 건네주고 그 차이를 결제해야 하는데, 정기적으로 어느 한 장소에 모여서 하는 것이 편리함을 발견하여 중앙결제소가 만들어졌다. 역사상 가장 일찍이 조직된 것으로서 대표적 결제소는 런던, 에딘버그, 뉴욕의 결제소들이다. 이렇게 중앙결제소는 은행들의 사적 이윤동기에 의해 생성 발전되었고, 그것의 운영은 결제소협회(*clearing house association*)를 구성하여 행해졌다.

결제소의 기능[26)]

▪ 은행권의 과잉발행 제한

결제소는 은행권의 과잉발행을 보다 효과적으로 제한하는 중요한 역할을 하였다. 결제소가 없는 경우에 과잉발행한 은행이 지준금이 감소하는 것을 알게 되는 것은 고객이 은행권을 상환하기 위해 은행으로 가지고 올 때다. 그런데 그 과정은 시간이 많이 걸린다. 결제소가 있는 경우에는 은행권을 사람들이 원하는 것보다 더 많이 발행하면 그 은행은 중앙결제소에서도 지준금이 빠져나가는 것을 알게 된다. 초과발행된 은행권을 사용하는 사람들이 그 은행권을 다른 은행에 예금하면 그 은행은 결제소에서 은행권을 발행은행에게 건네주며 청구하게 된다. 그러면 발행은행은 지준금에서 그 금액을 청구한 은행에게 내주게 되기 때문에 자신의 지준금이 빠져나가는 것을 알 수 있다. 지준금이 빠져나가는 것에서 은행권이 과잉발행되었음을 알고 은행권 발행을 줄이게 된다. 과잉발행한 은행은 일반사람들에 의한 직접적 상환과 결제소를 통한 간접적 상환을 통해 지준금 감소를 인

26) White(1999: 71~80) 참조.

식하게 되는데, 후자가 전자보다 훨씬 시간이 덜 걸린다. 결제소가 은행권이 과잉발행되는 것을 제한하는 기능은 결국 적정 통화량의 공급과 관련이 있다. 이것에 대해서는 제 7장의 민간화폐제도에서 자세히 다룬다.

▪ 유동성 시장과 최후대부자 기능[27)]

결제소는 위기시에 회원은행들을 돕는 기능을 하였다. 은행이 결제잔고를 일시적으로 맞출 수 없거나 많은 사람들이 한꺼번에 은행권을 기초화폐로 상환해줄 것을 요구하는 사태, 즉 기초화폐에 대한 런(고객들이 은행을 향해 일제히 달려가는 일)이 일어나면 결제소는 문제은행이 보다 유동성이 많은 은행으로부터 차입하는 매개체 기능을 하였다. 이것은 지금 미국의 연방기금시장이나 한국의 콜시장과 같은 은행간 대차가 이루어지는 단기화폐시장이다.

은행들이 지준금을 보유할 때 은행권의 상환액을 예상하여 보유하지만, 그 예상이 정확할 수는 없다. 은행이 보유한 유동성은 정확하게 예측이 어려운 임의적 형태로 변동하였다. 달리 말하면, 한 시점에서 어떤 은행들은 예상보다 더 많은 유동성을 보유하고, 어떤 은행들은 적게 보유하는 상황이 발생했다. 초과로 지준을 보유하는 은행은 단기조건으로 기꺼이 대출하여 주고 지준이 부족한 은행들은 기꺼이 차입하려고 하여, 둘 다 이익을 보는 거래가 이루어지는 시장이 생긴 것이다. 유동성 시장은 예상치 못한 은행권 상환이 있을 때 직면하는 위험을 감소시켜 금융제도의 안정에 기여하였다.

결제소는 은행들의 연합체로서 회원은행이 갑작스런 지준화폐 요구와 같은 유동성 위기에 직면했을 때 자금을 매개하는 역할뿐만 아니라 그 은행에 지준화폐를 직접 대출해주는 최후대부자 기능도 하였

---

27) Timberlake (1984) 와 Gorton (1985) 참조.

다. 실제로 미국에서 중앙은행인 연방준비은행이 설립되기 전 1857~1907년의 은행공황 시기에 많은 도시의 결제소들이 유동성 위기에 직면한 은행들에게 대출해주는 민간 최후대부자 역할을 했었다.[28]

▪ 회원은행에 대한 정보제공과 규제

결제소는 회원은행에 신용정보를 제공하는 기능을 하였다. 은행의 보고서들을 모아서 사람들이 과거에 채무를 갚지 못한 경우가 있는지, 현재 다른 은행으로부터 대출받아 과다대출에 노출되어 있는지 등을 제공하여 은행들이 사전에 적절한 조치를 취하도록 하였다. 은행들은 또한 결제소를 통하여 사기, 부도수표 등과 같은 정보를 공유하였다.

뿐만 아니라 결제소는 회원은행들을 규제하는 역할을 하였다. 이것은 은행들의 자율규제로 자신의 결제파트너의 도산위험을 막기 위해 회원은행들이 결제소협회에 위탁하여 건전성과 유동성을 감시하도록 한 것이다. 자신의 은행권을 결제해주어야 할 은행이 부도가 나면 자신이 피해를 보기 때문이다. 결제소협회는 회원은행들에게 최소자본금 요건을 부과하고 정기적으로 재무제표를 공표하도록 하였다.

또한 결제소는 검사 감독을 실시하여 영업상태가 좋은 은행과 그렇지 않은 은행을 가려냈다. 규제와 검사 감독의 요건을 충족시키지 못하는 은행에 대한 최후의 처벌은 협회에서의 제명이었다. 협회에서 제명되면 청산과 결제의 비용이 증가할 뿐만 아니라 은행의 평판에 치명적 타격을 주어 문을 닫을 수 있기 때문에 외부의 힘, 즉 정부가 개입하지 않더라도 협회에서 요구하는 요건들을 잘 지켰다. 결제소는 은행에 대한 일반인들의 신뢰를 유지하기 위해 문제가 있다는 루머가 있는 은행을 특별 검사하였으며, 회원은행들에게 보고하는 것

---

28) 자세한 것은 Timberlake (1984) 와 Gorton (1985) 을 참조하기 바란다.

뿐만 아니라 결과를 공표하였다. 위기시에는 규제와 검사 감독을 더욱 강화하였다.[29] 이러한 자율규제와 앞의 최후대부자 기능이 정부가 은행권 발행을 독점하면서 정부와 중앙은행으로 넘어가게 되었다.

6. 정부의 화폐금융제도에 대한 개입

은행규제

앞에서 본 것처럼 은행의 내부화폐는 정부의 주화독점에 커다란 위협이었다. 그럼에도 불구하고 정부가 주화제조를 몰수한 것처럼 은행업을 몰수하여 정부독점으로 하지 못한 이유는 은행의 운영이 주화제조보다 훨씬 기술적으로 어려웠기 때문이다.[30] 그래서 정부가 은행을 독점하여 직접 운영하기보다는 법적 힘을 이용하여 규제하였다.

예를 들면,[31] 15세기 베네룩스 지역의 국가들에서는 계좌간 직접 자금이전방식의 어음지불을 금지하는 엄격한 법이 제정되었다. 이것은 실질적으로 모든 은행활동을 제한하는 조치였다. 같은 시기에 바르셀로나 지방정부는 예치은행(Bank of Deposit)을 법적 보호를 받는 유일한 법적 예금소로 설립하면서 몇몇 민간은행들을 강제로 청산하는 등 은행업의 진입을 규제하였다.

은행에 대한 규제의 또 다른 배경은 다음에 설명할 은행권 발행자(중앙은행)의 독점을 강화하기 위함이었다. 영란은행(the Bank of

29) 이러한 결제소 규제의 실제사례들은 뉴욕, 시카고 등 각 결제소에서 이루어졌으며, 자세한 것은 Dowd(1992) 참조.

30) Glasner(1998: 27) 참조.

31) Glasner(1998: 28) 참조.

England)의 은행권 독점을 강화하기 위해 다른 은행들에게 규제가 가해졌다. 1708년 의회법(*The Act of Parliament*)에 들어 있는 "6인동업자원칙"(*six partner rule*)은 잉글랜드와 웨일즈에서 6인 미만의 합자회사인 은행에게만 은행권을 발행할 수 있는 자격을 주고 6명 이상의 합자은행에 대해서는 은행권 발행을 금지하는 것이었다. 이 법의 의도는 은행업에 많은 자본이 몰리는 것을 금지함으로써 영란은행과 경쟁할 수 있는 대형 은행의 출현을 막아 영란은행의 특권을 강화하기 위함이었다.[32)]

이러한 규제들로 은행들은 규모가 매우 작아 외부로부터 충격이 오면 쉽게 무너졌다. 사람들은 은행들이 매우 취약함을 알고 경제교란이 있을 때마다 금을 인출하러 은행으로 몰려갔고, 그 결과 은행들이 많이 파산했다. 결국 6인동업자원칙은 영국의 은행산업을 매우 불안정하게 만들었다. 은행들이 지점설치를 마음대로 하지 못하게 함으로써 대형 은행의 출현을 막은 미국의 지점규제(*branch regulation*) 역시 이와 비슷한 결과를 초래했다.[33)] 이외에도 금리규제, 업무영역규

32) 18세기와 19세기에 일반대중이 은행권을 보유하는 것이 은행자금의 주요 원천이었기 때문에 이 규제는 다른 은행들이 영란은행과의 경쟁을 제한하는 결정적 역할을 했다. White(1989: 73) 참조.

33) 지점에 대한 규제가 생긴 것은 1863년 국법은행법(*National Bank Act*)부터다. 이 법은 주은행(*state bank*)에 대해서는 지점을 금지하지 않았다. 이 법이 만들어진 의도는 지점을 불법화하려는 것이 아니라 은행들의 고정된 상설 주소지를 강제함으로써 와일드캣 은행업(*wildcat banking*)을 억제하려는 데 있었다. 그럼에도 불구하고 통화감독청(*the Comptroller of Currency*)이 국법은행은 연방인가은행의 지점을 금지한다고 규정하였다. 모든 법이 그러하듯이 한번 정해지면 그와 관련된 이익집단을 만들어 낸다. 주인가를 받은 소규모 은행들이 대형 은행들과의 경쟁을 두려워했다. 그래서 독립적인 지방은행들이 대도시의 은행들보다 지역주민들에 대한 금융서비스를 훨씬 잘한다는 주장을 펴며 지점규제를 확대해줄 것을 요청하

제 등 수많은 규제가 가해졌다. 그들의 공통점은 은행들이 스스로를 충격으로부터 보호하려는 노력을 방해함으로써 금융제도를 불안정하게 만들었다는 점이다.

앞에서 본 것처럼 정부의 개입이 없다 하더라도 은행의 건전성과 금융제도의 안정성을 위해 결제소에 의해 은행에 대한 규제가 자율적으로 이루어졌다. 정부가 개입함으로써 은행의 건전성이 훼손되었으며 금융제도가 불안정해졌다. 그러나 은행에 대한 규제가 금융제도를 불안정하게 만드는 원인이었음에도 불구하고 정부는 이를 규제완화를 통하여 시정하려고 하기보다는 또 다른 규제로 문제를 해결하려고 하였다.[34] 오늘날 대부분의 국가에서 은행에 대한 규제가 다른 산업에 대해 많은 이유가 여기에 있다. 그리고 예금자를 보호하고 금융제도의 안전성을 유지하기 위해서는 정부가 금융기관을 규제해야 한다는 잘못된 신화를 확산시켰다.

였다. 이러한 생각이 미국 은행정책의 기본입장이 되었고, 그리하여 단점제도(*unit banking system*)가 나타나게 된 것이다. 미국 금융규제의 역사에 대해서는 Macey and Miller(1997) 참조.

34) 18세기에서 19세기 초까지의 스코틀랜드 금융제도는 통화정책과 중앙은행이 없었고 은행산업에 거의 법적 규제를 받지 않았지만 매우 안정적이었음을 역사는 보여 주고 있다(White, 1995). Chu(1996)는 1935~1964 기간의 홍콩, 캐나다, 미국의 금융제도를 비교연구한 결과 정부규제가 많았던 미국이 규제가 거의 없었던 홍콩보다 은행파산율이 훨씬 높았음을 보여주고 있다.

은행권 발행 독점

정부가 화폐시장에서의 경쟁자인 은행을 규제하는 경우도 있었지만, 은행을 정부 주요 자금원천으로 사용하는 경우도 있었다. 정부는 특정 은행에 특권을 부여하고 그 은행권에 대해 법화의 지위를 부여했다. 금고에 보관하는 금이나 은 이상으로 은행권을 발행해도 파산하지 않도록 정부가 보호하였다. 세계 각국 중앙은행의 모형이 된 영란은행이 대표적 사례다.[35]

영국의 윌리엄 3세는 프랑스의 루이 14세와의 전쟁을 위해 자금이 필요했지만 이전 정부의 신용불량으로 대출에 대하여 높은 이자를 지불해야만 했다. 그래서 윌리엄 패터슨이라는 금융가가 정부에 대출해주는 대가로 대출업과 은행권을 발행할 수 있는 은행을 인가해줄 것을 제안하자 윌리엄 3세는 그 제안을 받아들였고, 그 결과 1694년에 설립된 은행이 바로 영란은행이다. 처음에 영란은행은 120만 파운드를 정부에 대출해주면서 동일한 금액의 은행권을 발행할 권리를 얻었다.[36] 그리고 3년 후인 1697년에 정부에 대한 대출금액이 늘어남과 동시에 영란은행에 은행업의 독점을 인가해주고 영란은행 주주에 대한 유한책임의 특권이 부여되었다.[37] 이것은 영란은행의 독점력의 시작에 불과했다. 1709년 영란은행은 정부에 250만 파운드를 대출해주고 정부는 그 대가로 앞에서 설명한 6명 이상의 합자은행의 은행권 발행을 금지하는 법을 제정해주었다. 6명 이상의 합자은행에 대한 은행권 발행금지는 일종의 은행권 발행에 대한 진입규제로서 영

---

35) 잉글랜드 은행의 역사에 대해서는 Dowd(1989: 119~120)와 Selgin(1988: 6~7) 참조.

36) 이에 대한 대출금리는 연 8%였다.

37) 당시 은행의 주주는 무한책임이었다.

란은행과 경쟁할 수 있는 대형 은행의 출현을 사전에 차단하자는 의도였다. 이 규제로 영국의 다른 은행들은 충분한 자본을 가질 수 없어 소형 은행으로 발전할 수밖에 없었다. 영란은행에 대한 특권판매는 18세기 말까지 계속되었다. 이렇게 영란은행에 부여된 특권 때문에 소형 민간은행들은 동일한 선상에서 경쟁할 수 없어 어려움을 겪었으며 대부분의 민간 은행권이 1780년경에 런던에서 사라졌다. 게다가 소형 은행들이 영란은행과 거래하는 관행이 이루어져 영란은행이 서서히 중앙은행의 성격을 띠기 시작했다.

정부에 대한 계속적 대출로 마침내 영란은행의 태환이 정지되기에 이르렀다. 프랑스혁명이 일어났을 때 영국정부는 영란은행에 더 많은 대출을 요구하였다. 그로 인해 영란은행의 지준금은 부족상태에 이르렀다. 그러자 정부는 영란은행의 정화 지불중지를 인가하였다. 영란은행을 파산상태로 몰아넣은 것은 사실상 정부였다. 그러자 정부가 영란은행의 파산을 법으로 보호해준 것이었다.

태환 정지 이후에 영란은행의 은행권은 금에 대하여 할인되었으며, 정화가 일상의 유통에서 사라졌다. 1833년 은행권법(*the Bank Notes Act*)에 따라 영란은행권이 법화(法貨)로 지정되었다.[38] 영란

38) 이로 인해 다른 발권은행은 점차 정리되었다. 다만 스코틀랜드와 북아일랜드에는 독자적 발권은행이 존재하여 이들 은행권이 영란은행권과 함께 유통되었다. 1844년 잉글랜드 은행조례(필은행조례)에 의하여 새로운 발권은행의 설립이 금지되기에 이르러 영란은행이 발행하는 은행권이 압도적 위치를 차지하게 된다. 영국은 1833년의 조례제정 후 1835~1836년, 1839년에 격심한 공황에 휩쓸리게 되었다. 이에 대한 대책의 논의과정에서 이른바 은행주의와 통화주의의 통화논쟁이 일어났다. 그 결과 당시의 수상 로버트 필(Robert Peel)의 결단에 따라 1833년의 조례가 통화주의의 입장에서 개정·법제화된 것이 '필은행조례'이다. 그 주요 내용 중의 하나가 발권은행의 신설을 불허하는 것이었다.

은행의 은행권은 정화를 절약하기 위해 취해진 소액권 발행인가로 더 많이 사용되었다. 다른 은행들이 자신의 은행권에 대한 보증으로서 영란은행의 은행권을 사용하였다. 이와 같은 관행은 태환성이 회복된 이후에도 계속되었다. 그리하여 국가의 금 저장량은 영란은행의 금고에 더욱더 쌓여갔다. 그리하여 유일한 은행권 발행 특권을 가지고 있는 영란은행이 유동성 위기시에 최종적 구조자로서 간주되었다. 이로 인해 영란은행은 점점 최종대부자와 국가 화폐제도의 관리자 역할을 하게 되었다. 나중에 영란은행이 공식적으로 중앙은행이 되었으며,[39] 거의 모든 국가에 설립된 중앙은행의 모형이 되었다.[40]

중앙은행

20세기에 들어와 중앙은행이 전 세계적으로 보편화되었다. 미국의 연방준비제도(Federal Reserve System)가 1914년에 설립되었고 캐나다의 중앙은행이 대공황 이후인 1935년에 세워졌다. 20세기 초에 단지 18개의 중앙은행뿐이었던 것이 1950년경에 59개, 그리고 1990년경에 161개로 증가하여 거의 모든 국가에 중앙은행이 설립되었다.[41]

일반적으로 중앙은행은 은행들이 은행공황에 적절하게 대처하지

---

39) 1870년 영란은행에 이자율 정책의 책임이 주어졌다. 그리고 몬타구 노먼(Montagu Norman) 총재의 시기(1920~1944)에 영란은행은 상업은행업무를 의도적으로 하지 않으면서 중앙은행이 되었다. 국유화된 것은 1946년이다.

40) 제1차 세계대전 시기에 거의 모든 유럽국가들은 중앙은행을 설립하였고, 일본은 1882년, 미국은 1914년에 중앙은행을 설립하였다. 한국은 1950년 중앙은행으로 한국은행을 설립하였다. 제2차 세계대전 이후 거의 모든 개발도상국가들이 중앙은행을 설립하였다.

41) Capie(1997) 참조.

못해서 발생했다고 알고 있다. 그래서 중앙은행은 자연적으로 발전된 제도이며, 금융시장의 안정을 위해 필요하다고 주장한다. 예를 들면, 미국의 연방준비제도는 19세기 말에 만연했던 금융위기를 다시 겪지 않기 위해 설립되었다는 주장이 많다.42) 이것이 어느 정도는 사실이지만, 보다 근본적인 것은 그러한 금융위기들이 국법은행제도(*National Banking System*) 때문에 발생했다는 점이다. 1863년 미국의 국법은행법(*National Banking Act*)은 은행들의 지점설치를 금지하였으며, 은행권 발행을 보증할 자산의 종류를 제한하였다. 국법은행이 고객에게 은행권(현금)을 제공하려고 할 때마다 정부채권을 구입해서 당시에 은행권을 인쇄해주는 워싱턴의 통화감독청(the Office of the Comptroller of Currency)에 제출해야 했다. 정부채권의 액면가가 은행권의 가치보다 약간 높았을 뿐만 아니라 이러한 복잡한 과정 때문에 은행권 공급이 잘 이루어지지 않았다. 당시 미국에서 농부들에게 곡물대금을 지불해야 했던 관계로 매년 가을 추수기에는 현금에 대한 수요가 증가하였는데, 이러한 규제로 은행들이 증가한 현금수요에 맞추어 화폐를 적절하게 공급할 수 없었다. 그래서 미국에서는 유동성 부족현상이 주기적으로 발생하였다. 그 대표적 금융위기가 1907년 은행패닉이다. 미국은 금융위기의 재현을 막기 위해 그 원인이 되는 규제를 완화하기보다는 연방준비제도라는 중앙은행의 설립을 선

---

42) Goodhart(1988: 45~46, 73~75)는 민간은행이 중앙은행 기능을 할 수 있으며, 실제로 기능을 하였으나 영리를 추구하는 민간은행이 중앙은행 기능을 하는 경우에 다른 경쟁은행들과의 이해상충(*conflict of interest*)문제로 효과적인 은행의 은행, 혹은 최후대부자 기능을 수행하는 데 한계가 있어서 비경쟁적, 비영리적인 중앙은행이 필요함에 따라 자연스럽게 정부가 그것을 떠맡아 수행했다고 주장한다. 특히 그는 1907년 미국의 은행패닉을 예로 들고 있다. 이에 1907년 금융위기에 대한 것은 "제 7장 4. 주요 국가 민간화폐제도의 역사적 경험"에서 미국 편을 보기 바란다.

택하였다. 중앙은행을 선택하게 된 배경에는 뉴욕시의 은행들과 정치인들의 이해관계가 맞아 떨어졌기 때문이다. 당시 뉴욕시의 은행들은 전국적 지점은행을 봉쇄함으로써 자신들의 시장지배력을 유지하고 싶어했다. 한편 금융위기 때마다 결제소나 J. P. 모건 같은 민간금융기관이 나서서 사태를 수습하는 것에 자존심이 상한 정부의 관리들이 유동성을 쉽게 공급할 수 있는 정부기관을 원했다. 이러한 정치적 이해관계에 따라 설립된 것이 연방준비제도이다. 연방준비은행이 정치적 이해관계에 따라 설립되었다는 증거는 연방준비제도가 12개의 지역연준은행(*district federal reserve bank*)으로 구성되어 있다는 점이다.

1930년대 대공황시에 중앙은행이 있었던 미국에서 9천여 개의 은행이 파산하는 금융위기가 있었지만 중앙은행이 없었던 캐나다는 파산한 은행이 하나도 없었으며 금융위기를 겪지 않았다.[43] 그것은 미국과는 달리 캐나다는 지점규제뿐만 아니라 은행에 대한 규제를 거의 하지 않아 캐나다 은행들이 현금에 대한 수요에 따라 탄력적으로 화폐를 공급하였기 때문이다. 그럼에도 불구하고 1935년 캐나다는 중앙은행을 설립하였다. 캐나다에서 중앙은행이 설립되었던 것도 역시 정치적 이해관계 때문이었다.[44]

대공황이 심해짐에 따라 캐나다를 구하기 위해서는 정부가 무엇인가를 해야 한다는 여론이 일기 시작하였다. 그래서 정부는 1932년 기초화폐로 쓰이는 정부 지폐를 은행에 강제로 대출해줌으로써 통화량을 늘리려고 하였지만 실패하였다. 대공황의 치유책으로 중앙은행 설립을 주장하는 정치적 견해들이 쏟아져 나왔다. 좌파 정당들은 은행제도를 민주적 통제에 두어야 한다는 논리로 중앙은행 설립을 주장

---

43) Mishkin(2007: 249)과 Dowd(1992: 90~91).

44) Dowd(1992: 91).

하였다. 처음에는 중앙은행 설립을 반대하였던 자유당이 1933년 중앙은행 설립이 정치적으로 이익이 될 것으로 판단하여 입장을 바꾸었다. 집권당인 보수당은 대공황과 싸우는 데 아무것도 하지 않으면 웃음거리가 될 것이라 생각하여 1934년에 역시 중앙은행 설립을 주창하였다. 이러한 배경으로 1934년에 중앙은행을 설립하는 법이 통과되고 1935년에 캐나다은행(the Bank of Canada)이 설립되었다.

캐나다은행은 대공황을 종식시키는 데 뚜렷한 역할을 하지 못했다. 캐나다가 대공황에서 회복된 것은 제 2차 세계대전 동안 캐나다 제품에 대한 영국의 수요가 증가했기 때문이었다. 캐나다의 자유금융의 민간화폐제도가 아주 인상적인 성과를 보였지만, 캐나다는 정치적 이유로 민간화폐제도로 돌아가지 않고 중앙은행제도를 채택한 것이다.

이처럼 중앙은행이 은행공황에 효과적으로 대처하기 위해 자연스럽게 생긴 제도라는 주장과는 달리 중앙은행은 시장에서 자연스럽게 진화된 제도가 아니며, 정부의 특혜와 규제, 그리고 정치적 동기에 의해 만들어진 제도이다. 또한 중앙은행은 경쟁적인 은행권 발행권 시장을 독점시장으로 바꾸어 놓은 제도이다. 게다가 중앙은행의 중요한 역할이라고 알고 있는 최후대부자 역할도 정부가 개입하지 않은 자유시장금융제도인 민간화폐제도의 결제소에서 담당하였던 일이다.

뿐만 아니라 금융시장의 불안정도 특혜 은행을 위해 다른 민간은행의 활동을 제한하는 규제로 민간은행이 성장할 수 없었기 때문이고, 그리고 충격이 왔을 때 그에 대해 스스로를 보호할 수 있는 능력을 갖출 수 없었기 때문에 발생한 일이다. 실증분석 역시 은행들이 은행공황에 적절하게 대처하지 못했다는 주장이 근거가 없음을 보이고 있다. 미국에서 연준 할인창구의 최후대부자 장치와 1934년 예금보험공사가 설립된 이후 시장규율이 크게 감소했으며, 그 결과 은행의 자본비율이 감소했고 자산과 부채의 위험노출이 증가하였기 때문이다.[45] 은행파산의 연평균율은 안전망이 도입되기 전보다도 1914년 안전망을 도입한 후에 더 높았고 대형 은행의 파산은 1980년대에서만 일어났다.[46] 캐나다에서도 마찬가지였다. 중앙은행이 설립되기 이전에 훨씬 금융시장이 안정적이었다. 이것에 대한 자세한 논의는 제7장의 민간화폐제도에서 다시 하기로 한다.

금본위제도

정부가 화폐제도에 개입하여 중앙은행이 발행하는 은행권을 법화로 선언하여 사용하게 하였지만 여전히 그 화폐는 금이나 은으로 태환되는 태환화폐(*convertible money*)였다. 따라서 화폐의 태환을 보증하는 물품에 따라서 금본위제도, 은본위제도, 혹은 복본위제도로 운영되었다. 전 세계적으로 금본위제도가 실시된 것은 19세기 후반이다. 이것의 주된 배경은 19세기 중반 호주와 미국에서의 금 발견이다. 뿐만 아니라 1871~1873년 독일의 프랑스에 대한 배상금 지급, 1900년 미국의 금화법(*the Gold Currency Act*), 1897년 러시아의 금본위법, 그리고 1892년 오스트리아-헝가리의 지폐본위에서 금본위제도

---

45) Kaufman(1991)과 Kane(1989) 참조. 미국의 연방예금보험공사(FDIC, *Federal Deposit Insurance Corporation*)는 1930년대 미국의 중앙은행인 연준(Federal Reserve)이 은행공황에 적절하게 대처하지 못하자 예금자를 보호하고 유동성 위기의 확산을 막기 위해 1934년에 설립되었다. 연방예금보험공사는 은행들이 엄밀히 규제되고 인플레이션이 심하지 않았던 수십년의 기간 동안은 효과적으로 그 기능을 잘 수행했다. 그러나 인플레이션이 심해지는 상황에서 규제완화가 진행되면서 그 효과는 점점 떨어졌다. 1984년 콘티넨탈 일리노이(Continental Illinois) 지불불능 사건이 그 대표적인 경우이고, 연준의 도움으로 문제를 해결할 수 있었다.

46) Kaufman(1996) 참조.

로의 회귀 등과 같은 일련의 정치적 및 사회적 환경이 전 세계적으로 금본위제도를 채택하게 된 배경이다. 이 금본위제도는 제 1차 세계대전이 발발한 1914년에 일시 중지되었다. 그리고 다시 복귀되었다가 대공황 기간인 1930년대 초 영원히 폐기되었다. 1930년대 이후 미국을 비롯한 많은 국가에서 민간의 금 보유와 화폐적 목적으로 사용하는 것을 법으로 금지하였다. 이렇게 하여 금본위제도가 불환지폐로 대체되었다. 지금 대부분의 국가가 사용하는 화폐는 불환지폐다.[47)]국제적으로 금본위제도가 어떻게 실시되었는가를 보기로 하자.[48)]

▪ **순수 금본위제** (*pure gold standard*, 1879～1914)

세계적으로 금본위제도가 실시된 것은 1879년부터이지만, 영국이 금본위제도를 실시한 것은 1816년부터이다. 당시에는 다른 국가들이 금본위제도를 채택하지 않아 실질적으로는 영국이 유일한 국가였다. 따라서 당시를 세계적인 금본위제의 시기였다고 말할 수 없었다. 당시에 독일국가들은 은본위제였다. 그러다가 1871년 프러시아로 통일된 이후 금본위제도로 전환하였다. 그리고 1873년과 1874년에 많은 유럽국가들이 뒤를 이어 금본위제도를 채택하였다. 미국이 금본위제도법을 통과시킨 것은 1873년이었지만 1879년까지 달러를 금으로 태환하지 않았다. 그래서 미국이 참여한 1879년부터 제 1차 세계대전 이전인 1914년까지가 금본위제도의 시기가 된다.

금본위제도는 각국의 화폐가 금으로 직접 교환될 수 있는 화폐제도

---

47) 한국의 경우 일본의 무력에 의해 1902년에 우리나라에 와있던 일본의 제일은행(第一銀行)이 발행한 은행권을 사용하였다가, 1931년 일본이 금본위제도(金本位制度)를 버리고 관리통화제도(管理通貨制度)로 넘어가게 되면서 우리나라에서도 관리통화제도가 실시되기 시작하여 불환지폐 시대가 시작되었다.

48) 이에 대한 내용은 McCulloch (forthcoming)을 참조했다.

다. 예를 들어, 1달러짜리 지폐를 미국 재무부에 가져가면 미국 재무부는 1달러 지폐를 약 1/20 온스의 금으로 교환해주었다. 마찬가지로 영국 재무부는 1파운드 스털링을 1/4 온스의 금으로 교환해주었다. 미국인은 20달러를 1온스의 금으로 전환해 4파운드를 살 수 있었기 때문에 파운드와 달러의 환율은 실제로 파운드당 5달러로 고정되었다. 금본위제도하에서 환율이 고정됨으로써 환율변동에 따른 불확실성이 제거되어 세계무역이 촉진되었다.

▪ 금환본위제도 (*gold exchange standard*, 1922~1931)

1914년 제 1차 세계대전의 발발로 전쟁에 참여한 대부분의 국가들이 금 태환을 중지하였고 재정자금을 마련하기 위해 화폐발행을 늘렸다. 그러나 전쟁이 끝나고 즉각적으로 금본위제도가 되지 않았다. 그 이유는 각국이 자국의 화폐에 대하여 충분히 평가절하하거나 통화량을 줄이려고 하지 않았기 때문이다. 전전(戰前)의 금본위제도로 복귀될 수 있을 때까지 통화량을 줄이기보다는 차라리 금환본위제도라는 것을 통해 세계의 금 스톡을 절약하는 것이 더 낫다고 1922년 제노아협정에서 결정되었다. 각국의 화폐는 국제결제의 목적을 위해 외부적으로 금에 연결되었지만, 금화와 금보증서가 미국을 제외하고는 실제로 내부적으로 유통되지 않았다. 이것이 금에 대한 세계 수요를 감소시킬 수 있고, 최소한의 통화량 감소와 평가절하로 전전의 금본위와 유사한 것으로 되돌아갈 수 있다고 생각하였다.

1925년에 영국이 태환을 재개하였고, 그후 5년에 걸쳐 다른 주요 유럽국가들이 참여했다. 그러나 영국과 다른 국가들이 자신들이 정한 환율 목표를 보장하기에 충분할 만큼 통화량을 줄이지 않았다. 결과적으로 그들의 화폐는 과대평가되었으며 1920년 후반 내내 국제수지 적자 문제로 어려움을 겪었다. 1931년에 영국과 다른 22개 국가들이 마침내 평가절하와 태환을 중지하였다. 대신 국가들이 국제수지 적자 문제를 해결하기 위해 무역장벽과 외환통제를 하였다. 1930년대 초에 금환본위제가 붕괴되었으며, 1930년대에 지속된 이와 같은 많은 대외무역에 대한 제한들이 국제무역과 번영을 가로막는 커다란 장애물이었다.

▪ **브레턴우즈 체제** (*Bretton Woods System*, 1958~1971)

1944년 제 2차 세계대전에서 연합국의 승리가 확실해짐에 따라 연합국들의 대표들이 뉴햄프셔의 브레턴우즈에서 만나 전후 화폐제도에 대해 논의하고 1930년대의 실수를 회피하고자 했다.[49] 금본위제도와 금환본위제도에서와 같은 어떤 고정환율이 필요했지만, 동시에 1920년대 영국에서 경험한 것처럼 "근본적인 국제수지 불균형"(지속적인 대규모 국제수지 적자) 문제가 있는 경우 고정률을 조정하는 신축성이 있어야 한다고 생각했다. 이 문제를 미국 달러가 온스당 3달러에서 금으로 태환되고 주요 국가들이 어떤 고정률로 자신들의 화폐를 달러와 연계시키는 방식으로 풀었다. 이것이 브레턴우즈 협정이다. 이러한 방식으로 다른 국가들의 화폐는 간접적으로 금으로 태환되었지만 미국만이 실제로 금지준(*gold reserve*)을 보유해야만 했다. 브레턴우즈 시스템은 실질적으로는 달러환본위제도(*dollar exchange standard*)였다.[50]

---

49) 여기에서 최종협정에 가장 영향을 미친 인물이 영국 대표로 참여한 케인즈다.

50) 브레턴우즈 합의에 따라 국제통화기금(*International Monetary Fund*, IMF)이 창설되었다. IMF는 고정환율을 유지하기 위한 준칙을 설정하고 국제수지의 어려움을 겪는 국가들에게 대출해줌으로써 세계무역의 성장을 촉진시키는 임무를 부여받았다. IMF가 설정한 준칙을 회원국들이 준수하는지를 감시하기 위해 IMF는 국제경제 통계자료를 수집하고 표준화하는 일을 수행한다. 뿐만 아니라 브레턴우즈 합의에 따라 세계은행(World

브레턴우즈 체제는 1945년 종전 후 바로 실행되지 못하고, 프랑스가 외환통제를 제거함으로써 달러 태환성이 가능해진 1958년에 비로소 기능하기 시작하였다. 브레턴우즈 체제가 시작되자 곧 미국의 금 보유량이 빠져나가기 시작하였고 국제수지 적자를 기록하기 시작했다. 특히 프랑스는 달러 지준을 금으로 교환함으로써 자신들의 금 보유량을 늘리기 시작하였다. 그리하여 1960년대 미국의 금 보유량은 계속해서 줄었다. 미국이 1960년대에 인플레이션 유발적 통화정책을 추진하여 미국의 물가가 오르기 시작했으며, 달러는 다른 국가들의 화폐와 금에 대해 심각하게 과대평가되었다. 달러가 평가절하되어야만 하는 상황에 이르자 투기가 일어나 국제수지 적자를 더욱 악화시켰다. 그러자 1968년 존슨 행정부는 온스당 35달러에서 달러를 금으로 태환해주는 것을 중지하였다. 그럼으로써 브레턴우즈 체제가 기능하기 시작한 지 꼭 10년 만에 종식하게 된다. 1971년 12월에 스미소니언 합의에서 브레턴우즈 체제를 조정하고자 하는 시도가 실패로 끝났다. 이것으로 금본위제도는 대내적 화폐제도에서 뿐만 아니라 대외적 화폐제도에서 사라지고 불환화폐제도와 국가간의 변동환율제도로 넘어가게 된다.[51]

Bnak)이라고 부르는 국제부흥개발은행(International Bank for Reconstruction and Development)이 창설되었다. 세계은행은 개발도상국들에 댐, 도로, 기타 실물자본 건설을 위한 장기대출을 제공한다. 이와 같은 장기대출을 위한 자금은 세계은행 채권을 발행하여 주로 선진국들의 자본시장에서 판매함으로써 조달된다.

51) 물론 일부 국가에서는 고정환율제도를 실시한 경우도 있다.

법정불환지폐 (*fiat money*)

대부분의 국가에서 금본위제도를 유지하는 한 중앙은행과 법화로 인해 경제에 미치는 영향은 그리 크지 않았다. 그러나 금 태환의 금지로 중앙은행과 법화가 미치는 영향은 매우 커졌다. 일단 화폐의 가치와 금의 양 간의 연계가 끊어지면 정부의 지원을 받는 중앙은행이 원하는 대로 화폐량을 발행하는 것을 막을 수는 없다. 민간은 이전에 계약한 부채에 대해 중앙은행이 발행한 지폐를 법에 의해 가치가 적더라도 완전한 지금(地金)처럼 받아들이도록 강요되었다. 그리고 화폐가치가 정치적 과정에 의해 결정되는 경우가 많았다. 중앙은행에게 불환지폐를 발행하는 독점력을 부여하고 화폐가치를 무한정 하락시킬 수 있게 함으로써 고대의 국가 주화독점과 주화변조가 법에 의해 다시 출현한 것이다.

불환지폐는 정부가 개입하지 않는 시장에서도 생성될 수 있다.[52] 지폐가 교환의 매개체로서 물품화폐를 대체하게 되면 화폐제도는 궁극적으로 불환지폐(*inconvertible money*)로 발전하게 된다. 이 결과는 화폐제도가 완전지준제도에서 부분지준제도로 발전한 사실로부터 나온다. 부분지준제도는 물품화폐를 기본으로 하고 있다 하더라도 사실상 물품의 보증이 없는 불환지폐다. 발행인이 총 의무의 일부만을 지준으로 보유하며 은행업을 하는 부분지준제도하에서는 대부분의 사람들이 금보다는 보증서인 은행권이나 예금으로 화폐를 보유하게 된다. 그러한 제도에서 총 화폐량은 화폐적 목적으로 사용되는 금의 양보다 많아질 것이고, 그것이 갖는 물품가치는 명목(액면)가치보다 훨씬 낮을 것이다. 왜냐하면 그것은 단순히 종이에 불과하기 때문이고, 만약 모든 사람이 한꺼번에 발행인에게 몰려가서 청구할 경우에 발행인은

---

52) 보다 자세한 것은 McCulloch(1982: 8)을 참조하기 바란다.

그 청구를 모두 만족시킬 수가 없어서 소지자가 액면가치만큼 돌려받지 못하기 때문이다. 그럼에도 불구하고 사람들이 거래에서 사용하는 이유는 액면가치만큼 인정되고 서로 사람들이 받아주기 때문이다. 다시 말하면 지폐가 실제 물품가치는 거의 없다고 하더라도 이제는 그 자체의 사용가치를 갖게 된 것이다. 그래서 사람들이 지폐를 화폐로 사용하는 이유는 그것을 금이나 은으로 상환하기 위함이 아니라 자신들이 원하는 재화를 사는 데 사용하려고 하기 때문이다. 그래서 지폐의 사용가치의 변화가 없다면 사람들은 그것이 태환되든 되지 않든 상관치 않을 것이다. 사용가치가 존재하면 사람들은 그 지폐를 교환의 매개체로 사용할 것이다. 따라서 궁극적으로 화폐제도가 부분지준제도가 되면 순수 불환지폐(*pure fiat money*)가 된다.

그러나 지금 우리가 사용하는 법정불환지폐는 시장에서 진화한 화폐가 아니다. 태환지폐에 대해 정부가 불환을 선언함으로써 태생된 것이다. 그러나 법정불환지폐는 시장에서 진화한 태환지폐가 없었다면 불가능했다. 아무리 강력한 정부라 하여도 아무것이나 명령한다고 화폐로 사용되는 것이 아니다. 주화시대의 법화의 경우도 이미 시장에서 주화가 민간에 의해 주조되어 사용되던 것을 중간에 정부가 압류하여 명령한 것이다. 법화는 그것이 주화든 불환지폐든 이전부터 오랜 시간 시장에서 형성되고 사람들 사이에서 신뢰를 얻은 화폐를 바탕으로 한다. 어느 날 갑자기 정부가 명령하여 어떤 것을 화폐로 사용하라고 하여도 사람들이 신뢰하지 않고 사용하지 않으면 화폐가 되지 못한다. 좋은 예가 고려왕조의 동전·은화(銀貨, 銀甁·標銀·碎銀 등) 및 저화(楮貨)다.[53] 이것들을 법화로서 유통시키려 했

53) 당시에 은병(銀甁)을 발행하면서 왕은 "근래에 간사한 백성이 동(銅)을 섞어서 도전(盜錢)하니 지금부터 은병을 쓰는 데는 모두 표인하여서 항식으로 삼고 위반하는 자는 중죄로 논하라"라는 명령을 내렸다(이석륜,

지만 사람들이 사용하지 않아 화폐기능을 하지 못했다. 한국은행권이 화폐인 이유는 정부가 그렇게 하라고 해서가 아니라 한국인들이 재화와 용역을 판매대금과 채무의 변제에서 그것을 기꺼이 받아주기 때문이다. 어떤 것을 화폐로 만드는 것은 사람들에 의해 교환의 매개로서 받아들여지고 사용되는 것이지 명령만으로는 화폐가 되지 않는다. 정부가 너무 많이 화폐를 발행했을 때 국민들이 그것을 받아들이기를 꺼려했음은 세계 각국의 역사에 나와 있다.

〈표 3-1〉 화폐금융제도의 변천

자생적 발달	정부개입
물품화폐 원시물품화폐 금속화폐	
주화	주화권 탈취: 법화 선언
은행 은행권 신용화폐	은행권 발행 독점: 중앙은행 설립 금본위제도 법정불환지폐(*fiat money*)
청산결제소 유동성시장 최후대부자 은행규제	중앙은행 유동성 시장의 일부 담당 최후대부자 기능 수행 은행규제

1984: 10).

제4장
화폐의 가치와 화폐 수요 및 공급

1. 화폐의 가치

화폐의 시장가격

화폐는 앞에서 정의한 것처럼 교환의 매개수단으로 사용되는 "재화"이지만, 다른 재화와는 아주 다른 독특한 특성을 지니고 있다. 화폐는 그 자신의 시장을 가지고 있지 않다는 점이다. 따라서 화폐는 자신만의 단 하나의 가격을 가지고 있지 않다. 어떤 재화의 시장가치는 시장에서 그것과 교환되는 것으로 표시된다.[1] 화폐경제에서 모든

1) 거래하려고 할 때 사람들은 마음속으로 원하는 물건과 자신이 가지고 있는 것의 상대적 가치를 비교할 것이다. 그래서 자신이 가지고 있는 것보다 자신이 원하는 것의 가치가 더 크다면 자신이 가지고 있는 것과 원하는 물건을 교환할 것이다. 내가 생산한 쌀 한 말이 다른 사람이 만든 신발 한 켤레보다 가치가 적다고 여긴다면, 그리고 신발을 만든 사람이 신발 한 켤레보다 쌀 한 말에 더 가치를 둔다면 나의 쌀 한 말과 그 사람의 신발 한 켤레는 교환될 수 있다. 서로가 낮게 평가한 재화를 높게 평가한 재화와 교환했기 때문에 나와 그 사람은 모두 이익을 본다. 두 사람간에 교환이 이루어지면 신발 한 켤레의 가격은 쌀 한 말이 되고 쌀 한 말의 가격은 신발

재화와 용역의 시장가치는 화폐로 표시되기 때문에 어떤 특정 재화의 가격은 그것과 교환되는 화폐의 양이 된다. 만일 이처럼 화폐의 "가격"을 화폐의 양이 교환되는 화폐의 양이라고 한다면 전혀 의미가 없다. 의미가 있으려면 화폐의 가격이 어떤 다른 것으로 표현되어야만 한다. 우리가 재화와 용역의 가격을 그것과 교환되는 화폐의 양으로 표시되는 것처럼 화폐의 가격은 그것과 교환되는 재화와 용역의 양, 즉 화폐를 구입하기 위해 사용되는 재화와 용역의 양으로 표시되어야 한다.[2] 그리하여 화폐 한 단위의 시장가치는 다른 재화를 구입할 수 있는 양으로 표시되는 구매력(*purchasing power*)이며, 화폐 한 단위와 다른 여러 가지 재화와 용역 간의 교환비율이다. 화폐는 모든 다른 재화와 용역으로 교환되기 때문에 화폐의 가격은 하나가 아니라 무수히 많다.

화폐의 가격과 재화의 가격은 시장에서 구매자와 판매자의 선택, 행동, 그리고 선호에 의해 결정된다. 우리는 원하는 것을 얻기 위해 자신이 가지고 있는 것과 교환한다. 교환할 때 수중에 있는 화폐를 계속 보유할 것인지 아니면 다른 것을 얻기 위해 처분할 것인지 비교한다. 우리는 콜라, 피자, CD, 청바지, 스테레오, 카메라, 스포츠 용품 등을 얻는 효용을 서로 비교하고, 동시에 그것들을 구매하는 데 필요한 화폐를 사용할 것인지 아닌지를 비교한다. 마찬가지로 모든 판매자는 항상 시장에 내놓는 물건의 양을 조절하는 것과 추가로 받을 화폐의 양으로부터 기대되는 것의 상대적 중요성을 비교한다. 판매자와 구매자 모두는 동시에 다른 것에 대한 필요성과 욕구를 화폐

한 켤레가 된다. 다시 말하면 두 재화의 교환비율이 가격이 된다.

2) 교환에서 재화를 구매하는 사람은 그 재화를 얻기 위해 화폐를 "판다"고 할 수 있고, 재화를 파는 사람은 그 재화를 제공하고 화폐를 "구입한다"고 할 수 있다.

보유의 필요성과 욕구와 비교한다. 이러한 방법으로 수많은 사는 사람과 파는 사람들 간의 흥정에 의해 특정 재화와 용역의 가격들과 화폐단위의 구매력이 동시에 결정된다.

근본적으로 보면 화폐의 시장가치는 개인이 시장에서 교환하는 재화와 서비스의 효용 혹은 유용성에 부여하는 가치로부터 나온다. 개인은 다른 모든 재화와 용역과 함께 화폐를 개인의 주관적 가치척도 위에 놓고 순위를 매긴다. 최선이라 생각하는 것에 따라 재화, 용역, 화폐에 대해 가격을 매긴다. 예를 들면, MP3 플레이어를 사려는 사람은 그것을 얻기 위해 화폐를 "판다." 동시에 그 거래의 다른 한편에 있는 MP3 플레이어를 파는 사람은 고객에게 MP3 플레이어를 넘겨주면서 화폐를 "산다." 그리하여 화폐의 구매력은 다른 재화와 용역과 마찬가지로 수요와 공급의 법칙에 따른다. 각 개인은 지니고 있는 화폐량과 그 화폐량으로 시장에서 살 수 있는 특정 재화나 용역으로부터 기대하는 상대적 효용을 고려한다.

어떤 특정 재화, 서비스, 혹은 화폐에 대한 수요가 시장에 나와 있는 수량에 비해 클수록 사려는 사람들은 그것들을 얻기 위해 가격을 제시할 것이다. 자유경쟁이 있다면 어떤 것을 가장 긴급하게 원하는 사람은 그것을 덜 원하는 사람이 경매에서 떨어져 나갈 때까지 그에 대해 더 높은 가격을 제시할 것이다. 그리하여 어떤 재화나 용역의 가격상승은 그것의 수요와 공급 간의 교환비율이 변동했음을 나타낸다. 그러한 변동의 원인은 특정 재화의 공급과 수요의 변화에 있다. 그러나 거의 모든 재화와 용역의 화폐가격이 동시에 오르면 거의 모든 재화와 용역의 수요와 공급이 동시에 변동했다고 말하기 어렵다. 그러한 현상은 대부분 화폐 측면의 변화, 즉 화폐의 공급과 수요의 변화에 기인한다. 재화와 용역의 전반적 가격상승은 (1) 화폐량의 증가, (2) 화폐에 대한 수요감소, 또는 (3) 앞의 둘 모두에 기인한다.

화폐의 공급과 수요에 대해서는 다음 절에서 자세히 다루기로 하고, 일반적으로 화폐의 가치를 표현하기 위해 사용되는 물가수준에 대해서 살펴보기로 한다.

물가수준

화폐가치는 가격지수로 나타내는 물가수준의 역으로 표시되는 것이 일반적이다. 그러나 앞에서 본 것처럼 화폐의 가치는 하나가 아닌 수많은 재화 및 용역과의 교환비율들의 집합임을 유의할 필요가 있다. 가격지수로 나타내는 물가수준은 여러 가지 상품의 가격을 일정한 기준에 따라 종합한 평균적 가격수준을 의미하는 것이다. 따라서 화폐가치를 물가수준의 역으로 표시하는 것은 근사치에 불과하며 편의상 그렇게 하는 것일 뿐이다. 사람들의 소비행태는 각기 다르다. 따라서 재화와 용역의 가격들이 함께 움직이는 것이 아니라 각기 움직인다. 또한 지역에 따라 재화와 용역의 가격들이 달리 움직인다. 그래서 화폐의 가치가 정확히 얼마나 변했는지를 명확히 알기가 매우 어렵다. 물가지수를 사용하여 불완전하지만 "일반적" 물가수준의 변화를 대략 파악하는 것이다.

지수물가와 피부로 느끼는 물가가 다른 이유가 바로 여기에 있다. 지수물가는 종합한 평균적 가격수준인 반면, 사람들이 피부로 느끼는 물가는 일상생활에서 지출하는 물품의 가격에서 느끼는 개인적 느낌으로서 사람마다 소득수준이나 지출하는 대상에 따라 다르다. 예를 들어, 물가지수로 나타낸 인플레이션율이 3%라고 했을 때 그것은 모든 재화와 용역의 가격이 동일하게 3% 상승했다는 것을 의미하는 것이 아니다. 가격이 3%가 아닌 10~20% 이상 상승한 것도 있고 오히려 하락한 것도 있는 것이다. 자신이 지출하는 재화와 용역의 가격이 많이 올랐다면 그 사람은 물가가 많이 오르는 것처럼 느낄 것이고, 반대로 자신이 지출하는 재화와 용역의 가격이 하락하였다면 그 사람은 물가가 오르지 않은 것처럼 느낄 것이다. 경제에서 전체적인 평균 물가수준도 중요하지만 사람들이 느끼는 개별재화의 가격 역시 중요하다. 따라서 물가수준뿐만 아니라 재화의 상대가격이 왜곡되지 않는 화폐제도가 필요하다. 이에 대한 설명을 하기 전에 잠깐 물가수준을 나타내는 물가지수들에 대해서 살펴보기로 한다.

물가지수

물가지수를 계산하는 방법에는 라스파이레스 지수(*Laspeyres index*)와 파셰 지수(*Paasche index*) 두 가지가 있다. 라스파이레스 지수는 기준시의 가격 또는 수량에 대해 현재의 가격이나 수량을 비교계산해서 구한다. 라스파이레스 가격지수는 특정 상품군에 대한 현재의 총 구입비용을 기준시의 총 비용으로 나누어 비율을 구한 뒤 다시 100을 곱하는 방식으로 산출한다. 따라서 기준시의 지수는 100이고, 비교시의 가격수준이 기준시점보다 높을 경우 지수가 100보다 커진다. 라스파이레스 지수의 특징은 기준시에 구매된 상품그룹을 비교의 기준으로 삼는다는 점이다. 즉, 지수를 계산하는 과정에서 상대가격(기준시의 가격에 대한 현재가격의 비율)은 기준시에 구입한 상품의 상대적 중요도에 따라 가중치가 계산된다.

파셰 지수는 현재의 가격·수량을 기준시점의 가격·수량과 비교측정하기 위한 지수다. 이 지수는 현재시점의 가중치를 사용한다는 점에서 라스파이레스 지수와는 다르다. 다시 말해 각 상품의 기준시점에 대한 현재의 가격변화 비율을 그 상품이 현재의 구매에서 차지하는 상대적 중요도로 가중평균하는 것이다. 파셰 지수의 계산방법은 현재 소비되는 특정 품목의 상품을 현재의 가격으로 구입하는 데 드는 총 비용을, 기준시점의 가격으로 동일품목을 구입할 때 드는 총 비용으로 나누어 100을 곱하면 된다.

두 가지 모두 장단점을 가지고 있다. 그러나 실제에서는 편의상 라스파이레스 방식이 많이 사용된다. 왜냐하면 최근의 가격지수를 계산할 때 최근의 가격정보를 수집하고 이전의 수량을 가중치로 사용하는 것이 보다 편하기 때문이다. 한편 물가지수는 이용목적에 따라 여러 가지 형태로 작성되는데, 현재 우리나라에서 작성되는 물가지수에는 생산자가 공장에서 생산한 물건을 도매상에게 판매할 때 적용하는 가격수준을 알기 위해 작성하는 "생산자 물가지수", 도시에 사는 소비자들이 사들이는 상품의 가격과 서비스 요금의 움직임을 종합적으로 측정하기 위해 작성하는 "소비자 물가지수", 경제 전반적 물가수준을 알기 위해 작성되는 GNP(GDP) 디플레이터가 있다.[3)]

• 생산자 물가지수(*Producer Price Index*, PPI)

생산자 물가지수는 국내시장의 제1차 거래단계에서 기업 상호간에 거래가 이루어지는 국내에서 생산된 모든 재화 및 일부 서비스의 가격수준 변동을 측정하는 통계다. 생산자가 원자재, 중간재, 완성품 등에 대하여 지불한 평균가격을 측정한 지표로 수입품, 중고품은 제

---

3) GNP(국민총생산)와 GDP(국내총생산)의 차이는 사람을 기준으로 보느냐 국경을 기준으로 보느냐에 따른 구분이다. GNP는 장소를 불문하고 '우리 국민'에 의해 일정 기간 동안 생산된 총 생산금액을 산출한 것이므로 우리나라 사람들이 외국에 진출해서 인력과 자본을 제공한 대가로 창출한 소득을 모두 포괄한다. 반면, GDP는 국적을 불문하고 '우리나라 국경 내에서' 일정 기간 동안 생산된 총 생산금액을 산출한 것이므로 외국사람들이 우리나라에 와서(통상 1년 이상 거주하면서) 기업을 경영한다든가 장사를 해서 번 돈이 모두 포함된다.

외한다. 조사항목은 상품과 서비스의 2개 부문으로 나뉘며 농림수산품, 광산품, 공산품, 전력 수도 도시가스, 운수, 통신, 금융, 부동산, 리스 임대, 광고, 전문 서비스, 기타 서비스 등 12개 대분류로 편성된다. 개별품목의 국내 거래액이 상품의 경우 모집단 거래액의 1/1만 이상, 서비스의 경우 1/2천 이상 거래비중을 갖고 동종 품목의 가격변동을 대표할 수 있는 품목을 조사대상품목으로 선정하며, 경제적 중요도에 따라 가중치를 둔다. 현재 조사대상 품목수는 923개(상품부문 846개, 서비스부문 77개)이다.

• **소비자 물가지수**(*Consumer Price Index*, CPI)

소비자 물가지수는 도시 소비자 가구가 구입하는 상품 및 서비스 가격의 변동을 나타내는 척도이다. 서울을 비롯한 36개 도시에 약 1만 3천여 개의 소매점포 및 서비스 업체와 9천 5백여 개의 가구를 표본으로 지정한 후, 도시가계조사를 토대로 총 소비지출에서 중요도와 가격변동의 대표성을 고려하여 선정한 516개 품목을 대상으로 농축수산물은 월 3회(매월 5 · 15 · 25일), 공업제품과 서비스 품목은 월 1회에 걸쳐서 조사한다. 그리고 일반상품 및 서비스 요금은 조사대상을 지방통계사무소의 해당 담당자가 직접 방문하여 면접을 통해 조사하고, 전국적으로 단일가격이 형성되는 품목은 통계청의 중앙 담당자가 직접 조사한다. 전세, 월세, 전 · 월세를 포함하는 집세는 지정된 조사구역 내의 모든 셋집에 대하여 조사시점 현재 지불하는 금액을 조사하고 있다.

식료품, 주거 · 광열-수도, 가구집기-가사용품, 피복비, 보건의료, 금융, 교양오락, 교통통신, 잡비 총 9개 항목으로 지수 각각 집계한다. 조사한 내용을 조사표로 작성하여 전산입력한 후, 통계청 물가통계과에서 결과를 취합하고 분석하여 지수를 작성한다. 지수 작성의 현재 기준시점은 2000년도를 기준으로 하며, 2000년에 도시가계조사 소비지출액을 토대로 산출된 가중치로 라스파이레스 방식으로 도시별 품목지수를 계산하고, 품목별 도시간 가중치를 사용하여 전국 품목별 지수를 계산한다. 전국 총 지수와 기본분류 지수는 전국 품목별 지수에 가중치를 적용하여 산출한다. 당월 말일 언론에 지수분류체계를 기준으로 기본분류 지수, 생활물가지수, 상품성질별 지수, 구입빈도별 지수, 신선식품지수, 농산물 및 석유류 제외 지수(근원물가지수)를 발표하고, 조사대상 지역을 기준으로 하여 전 도시 소비자물가지수, 16개 시도별 소비자 물가지수, 36개 조사대상 지역별 소비자 물가지수를 발표한다.[4)]

• GNP(GDP) 디플레이터

당해 연도의 최종생산물에 당해 연도의 시장가격을 곱하여 얻는 GNP(GDP)를 경상GNP(GDP)라고 하며 당해 연도의 최종생산물에 기준연도의 시장가격을 곱하여 얻는 GNP(GDP)를 실질GNP(GDP)라고 한다. 경상GNP(GDP)는 당해 연도의 경제활동 규모와 실적을 나타내는 데에는 유용하나 다른 연도와 비교해서 실질적으로 얼마나 변동했는가를 알고자 할 때는 실질GNP(GDP)가 더 적절한 지표가 된다. 이때 경상GNP(GDP)를 실질GNP(GDP)로 나누어 사후적으로 얻어지는 값을 GNP(GDP) 디플레이터라고 한다. GNP(GDP) 디플레이터는 GNP(GDP) 추계에 관련되는 모든 재화와 서비스의 국내가

---

4) 세칭 "MB 물가지수"라는 것이 있다. 이것은 52개 생활필수품목의 물가지수이다. 2008년 3월 이명박 대통령의 '생필품 50개 관리' 지시 이후 만들어진 지수다. 소비자물가처럼 따로 지수를 공식적으로 산정하지 않는다. 통계청에 따르면 2008년 4월 소비자물가는 2007년 4월 대비 4.1% 상승했지만, 52개 품목이 포함된 생활필수품(이하 생필품)의 가격은 평균 5.88%가 뛰었다.

격뿐만 아니라 수출가격 변동까지도 포함하기 때문에 가장 포괄적인 물가지수라고 할 수 있다.

2. 화폐수요

화폐수요의 동기

화폐수요는 사람들이 "보유하고 싶어하는" 화폐량을 말한다. 사람들이 화폐를 보유하려는 것은 앞에서 본 것처럼 화폐가 교환의 매개수단이기 때문이다. 모든 거래가 화폐로 이루어지므로 자신이 원하는 재화와 용역을 구입하기 위해서는 화폐가 필요하다. 그래서 사람들은 화폐를 보유하려고 한다.[5)]

기본적으로 화폐수요는 소득의 시점과 지출의 시점이 다르기 때문에 발생한다. 우리는 경제활동을 통하여 소득을 얻는다. 그 소득은 화폐 형태로 지급받는다. 그런데 그 화폐로 받은 소득을 받는 즉시 지출하여 화폐잔고를 영(零)으로 만들지 않고 일정액을 화폐로 보유하고 있다. 화폐를 소득으로 받는 즉시 소비하지 않는 이유는 소득의 형태와 소비형태 때문이다. 만약 내가 사야 할 재화와 용역이 있을 때마다 그에 해당하는 소득이 자동적으로 생긴다면 화폐를 보유할 필요가 없을 것이다. 그러나 우리는 일반적으로 어느 한 시점에서 소득을 받고 그 소득을 이용하여 일정 기간 동안 소비하는데, 개인이 원

---

5) 화폐수요이론은 매우 많다. 그 대표적인 것으로 고전학파의 화폐수량설, 케인즈의 유동성 선호이론, 프리드만의 신화폐수량설, 보몰의 거래적 화폐수요이론, 토빈의 투기적 화폐수요이론 등이 있다. 이들 이론에 대한 자세한 설명은 Mishkin(2007) 제 19장을 참조하기 바란다.

하는 각각의 재화에 대한 지출시점이 다 다르다. 그래서 적어도 그 지출시점까지 화폐를 보유해야 한다.

또한 화폐를 보유하면 아무 때나 원하는 재화와 용역을 쉽게 살 수 있기 때문이다. 화폐를 보유하고 있으면 현재는 가능하지 않은 재화와 용역을 미래 시점에서 구입할 수 있으며, 현재 시점에서는 알 수 없지만 미래 시점에서 구입하는 것이 더 나은 만족감을 주는 기회를 가질 수 있다. 그리고 예상치 못한 불행으로부터 탈출할 수 있는 기회를 가질 수 있다. 예를 들면, 기술의 발달로 집안일을 모두 해주는 로봇이 개발되었을 때 화폐를 가지고 있다면 바로 구입할 수 있다. 또 사고 싶었던 물건인데 갑자기 세일할 경우 수중에 화폐를 가지고 있으면 쉽게 구매할 수 있어 만족감이 증가한다. 그리고 가족 중 갑자기 병원에 가게 되어 수술받게 되었을 때 화폐가 수중에 있으면 수술비 마련에 어려움이 없게 된다.

그러나 화폐보유에는 비용이 수반된다. 화폐를 보유하는 대신에 채권이나 은행의 저축성 계좌에 예금해 놓으면 이자수입을 올릴 수 있다. 화폐를 있는 그대로 보유하면 이러한 이자소득을 얻을 기회를 상실한다. 그럼에도 불구하고 화폐를 보유하는 이유는 앞에서 설명한 바로 그 이유, 즉 화폐가 교환의 매개체이기 때문이다. 화폐를 보유하지 않고 채권이나 저축성예금에 넣어놓고 있으면 재화와 용역을 구입하고자 할 때 일단 이것들을 화폐로 전환해야 한다. 이러한 자산들을 화폐로 전환하는 데에는 역시 비용, 즉 거래비용이 따른다. 채권을 팔 때 수수료를 내야 하기 때문에 가격이 조금 올랐다고 하더라도 수수료를 제하고 나면 화폐로 그냥 보유하고 있었던 경우보다 적은 화폐량이 손에 들어 올 수 있다. 또 저축예금 역시 일단은 현금이나 요구불예금과 같은 화폐로 전환해야 하는 데 불편이 따른다. 그런데 화폐로 직접 보유하고 있으면 은행에 가거나 채권 브로커에 가서 좋지 않은 가격에 파는 불편과 비용 없이 재화와 용역을 구입할 수 있다. 가치가 손상되지 않고 화폐와 교환될 수 있는 자산은 완전한 유동성 자산이다. 화폐는 정의상 가장 유동성이 높은 자산이다. 그래서 화폐에 대한 수요는 유동성에 대한 수요다.

화폐수요를 변동시키는 요인

위와 같은 사실에서 우리는 화폐수요를 변동시키는 요인을 발견할 수 있다. 첫째, 소득이다. 소득이 증가하면 지출이 증가한다. 즉, 재화와 용역을 더 많이 구입하려고 한다. 더 많은 재화와 용역을 구입하기 위해서는 더 많은 화폐량이 필요하다. 그래서 사람들은 소득이 증가하면 화폐보유량을 늘리고, 소득이 감소하면 화폐량을 감소시킨다.[6)]

둘째, 이자율이다. 화폐가 유동성이라서 보유하긴 하지만 채권과 저축예금과 같은 자산들이 화폐로 전환될 때의 거래비용을 상쇄하고 남을 만큼 이자를 얻을 수 있다고 하면 화폐 대신 이와 같은 자산들을 보유할 것이다.[7)] 그래서 이자율이 오르면 화폐보유량이 감소하고 이자율이 하락하면 화폐보유량이 증가한다.

셋째, 지불제도 변화다. 예를 들어, 화폐를 직접 사용하지 않는 신용카드, 전화결제, 온라인 결제와 같은 지불거래관행이 발달하면 화폐보유가 감소할 것이다. 화폐를 보유하는 대신 이자를 지급하는 자산에 넣어 놓고 있다가 필요한 시점에 화폐로 전환하여 결제하면 되기 때문에 화폐보유가 감소한다. 그러나 이와 같은 지불제도의 변화는 보통 천천히 일어난다. 그래서 화폐잔고에 대한 사람들의 선호 역

6) 이에 대한 이론으로 고전학파의 화폐수량설, 케임브리지학파의 화폐수요이론, 케인즈의 유동성선호설, 프리드만의 신화폐수량이론 등이 있다.

7) 이것은 Baumol (1952) 에 의해 모형화되었다.

시 천천히 변한다. 단기적으로 보면 이와 같은 요인에 의한 화폐수요의 변동은 거의 없다고 볼 수 있다.[8)]

넷째, 예상 인플레이션이다. 인플레이션이 예상되면 다른 자산의 가격들이 상승하는 반면 화폐의 가치는 하락하기 때문에 인플레이션이 있을 것으로 예상되면 사람들은 화폐잔고를 줄이려고 할 것이다.[9)]

3. 화폐공급

현재 대부분의 국가에서 정부가 은행권 발행을 독점하고 중앙은행제도를 통해 화폐를 공급하고 있다. 그러나 사람들이 재화와 용역을 구입할 때 중앙은행에서 발행한 은행권(현금)만을 사용하는 것이 아니라 은행의 예금도 당좌수표나 전자결제방법 등을 통하여 사용한다. 게다가 앞으로 살펴보겠지만 은행의 부분지준제도로 예금이 승수적으로 창출된다.[10)] 따라서 우리가 재화와 용역을 위해 사용하는 화폐는 중앙은행과 은행들에 의해 공급된다. 정부가 현금발행을 독점하는 중앙은행제도에서 은행의 예금화폐만이 내부화폐이며 중앙은행이 공급하는 현금(중앙은행권)은 외부화폐(*outside money*)가 된다.

---

8) 이에 대한 이론은 고전학파의 화폐수량설이다.

9) 이에 대한 자세한 것은 Cagan(1956)을 참조하기 바란다.

10) 완전지준제도(지준율 100%)인 경우에는 화폐창출이 나타나지 않는다. 완전지준제도에서는 들어온 예금을 모두 보유해야 하기 때문에 대출해줄 수 있는 여력이 전혀 없어서 대출이 되지 않고 그에 따라 신용화폐가 창출되지 않는다.

은행의 화폐창출

은행이 화폐를 창출하지만 그렇다고 현금을 찍어내서 그렇게 하는 것이 아니다. 그것이 어떻게 일어나는지를 보기로 하자. 갑이 A은행에 천만 원의 대출을 신청하여 대출승인이 났다고 하자. 은행은 갑에게 천만 원의 대출금을 줄 때 현금 대신에 당좌예금계좌를 만들어 넣어준다. 그러면 총요구불예금이 즉각적으로 천만 원만큼 증가한다. 따라서 현금과 요구불예금의 합으로 계산되는 통화량이 그만큼 더 증가하게 된다.

이것이 통화량이 되는 이유는 대출되어 예금된 금액 천만 원을 재화와 용역을 구매하는 데 사용되기 때문이다. 예를 들어, 갑이 대출금을 이용하여 자동차를 산다고 하자. 자동차대리점에 가서 자동차를 구매하고 갑은 자신의 계좌에 있는 천만 원을 B은행을 거래하는 자동차대리점의 계좌로 이체시킨다. 갑의 계좌에서 천만 원이 빠져나가고 대신 자동차대리점 계좌에 천만 원이 늘게 된다. 이러한 거래에도 불구하고 A은행이 갑에게 대출해준 돈이 대리점의 B은행 계좌에 그대로 존재하게 된다. 따라서 A은행에서 천만 원이 빠져나가더라도 B은행에 남아 있기 때문에 경제에 존재하는 통화량은 천만 원만큼 증가하게 되는 것이다.

이렇게 은행은 사람들에게 대출해줌으로써 화폐를 창출한다. 은행의 대출은 기본적으로 사람들의 예금을 바탕으로 한다. 다시 말하면 은행에 예금이 증가하면 그만큼 대출해줄 수 있는 능력이 증가하여 화폐가 더 많이 창출될 수 있게 된다. 더욱이 그 화폐창출이 승수적으로 이루어진다. 예를 들어 설명해보자. 지금 경제 내에 발행된 화폐량이 백억 원이라고 하자. 금속화폐인 주화가 사용되는 경제라면 주화 발행액이 백억 원이라는 말이고, 현재와 같은 중앙은행제도라면 중앙은행권 발행액이 백억 원이라는 의미다. 사람들이 현금 백억 원 모두를 은행에 예금한다고 하자. 은행은 예금자에게 언제든지 요구하면 지급을 약속하는 예금증서를 발행하여 준다. 바로 이 예금증서를 당좌수표를 쓸 수 있거나 자유롭게 다른 사람의 계좌로 이체할 수 있는 요구불예금의 형태로 줄 수 있다. 사람들이 이것을 수표를 쓰거나 계좌이체를 통하여 재화와 용역을 구입하는 데 사용한다고 한다면, 경제 내에서 재화와 용역의 매개체로 사용되는 화폐액은 여전히 백억 원이다. 중앙은행권 백억 원이 그대로 예금화폐의 형태로 바뀐 것뿐이기 때문이다.

이제 여기서 은행이 10억 원만 남겨두고 아홉 사람에게 각각 10억 원씩 대출해주었다고 하자. 그러면 대출 받은 아홉 사람은 각각 자신에게 필요한 재화와 용역을 구입하는 데 사용할 수 있다. 따라서 경제 내에 재화와 용역의 구입을 위해 사용되는 교환의 매개로 사용되는 금액은 90억이 증가한 190억 원이 된다. 요구불예금 100억 원에 대출로 나간 현금 90억 원이 합해진 것이다. 여기서 90억 원이 바로 은행에 의해 발행된 신용화폐다. 기초통화(본원통화)는 민간이 보유한 현금과 은행이 보유하는 현금(지준금)으로 계산되는데, 여기서 본원통화는 백억 원이다. 왜냐하면 대출받은 사람이 보유하는 현금이 90억 원이고 은행에 지준금으로 놔둔 현금이 10억 원이기 때문이다.

이제 조금 더 나아가 보기로 하자. 대출받은 사람들이 현금으로 쓰는 것이 불편하여 그것을 그대로 은행에 다시 예금하고 예금증서를 받았다고 하자. 은행의 예금은 90억 원이 증가하고, 은행은 더 많이 대출해줄 수 있는 자금이 생겼다. 따라서 그 중 10%인 9억 원만을 남겨두고 다른 사람들에게 81억 원을 대출해주었다고 하자. 그러면 경제 내에 총화폐량은 271억 원(최초 요구불예금 100억+두 번째 요구불 예금 90억+새로운 대출액 81억)이 된다. 은행이 창출한 신용화폐액은 171억 원이 된다. 본원통화량은 여전히 백억 원이다. 새롭게 대출되어 나가서 사람들이 현금으로 보유하는 81억 원에 최초의 예금에 대한 지준금 10억 원과 두 번째 예금에 대한 지준금 9억 원이 합쳐진 것이기 때문이다.

새로 대출받은 사람들이 81억 원 그대로 다시 예금한다고 하고, 또 은행이 이것의 10%만을 지준금으로 놓아두고 나머지를 대출해준다고 하면, 그리고 이러한 과정이 무한히 계속된다고 하면 총화폐량은 천억 원이 된다. 그리고 본원통화량은 백억 원이고 새로이 창출된 신용화폐는 9백억 원이 된다. 통화량이 100억, 190억, 271억, …, 천억으로 증가한다. 은행이 이렇게 화폐를 창출할 수 있는 것은 앞의 자동차 예에서 보듯이 재화와 용역의 구입시 사람들이 은행의 요구불 예금을 바탕으로 한 수표나 자동이체를 기꺼이 받아들이기 때문이다.

〈표 4-1〉에서 보는 것처럼 은행의 화폐창출 과정에서 매 단계의

〈표 4-1〉 신용화폐 창출과정

(단위: 억 원)

	지준율 5%인 경우		지준율 10%인 경우		지준율 20%인 경우	
	신용화폐	통화량	신용화폐	통화량	신용화폐	통화량
1	95(95)	195	90(90)	190	80(80)	180
2	185.25(90.25)	285.25	171(81)	271	144(64)	244
3	270.985(85.735)	370.985	243.9(72.90)	343.9	204.8(60.8)	304.8
.	.	.	.	.	.	.
.	.	.	.	.	.	.
.	.	.	.	.	.	.
	1,900	2,000	900	1,000	400	500

주: 1) 본원통화 백억 원.
2) ( )는 매 단계에서 증가한 신용화폐량.
3) 통화량=본원통화+신용화폐.

통화공급은 은행이 유지하려는 예금에 대한 지준율에 따라 달라진다. 앞의 예에서 지준율이 10%라면 매 단계의 통화량은 100억, 190억, 271억, …, 천억이었지만, 지준율이 20%라면 매 단계의 통화량은 100억, 180억, 244억, …, 5백억이 된다. 또 지준율이 5%라면 매 단계의 통화량은 지준율이 10%일 경우보다 더 많다. 즉, 100억, 195억, 285.25억, …, 2천억이 된다.

부분지준제도에서 통화량은 기초통화(본원통화)보다 클 수밖에 없다. 위의 예에서 보듯이 본원통화가 백억이었지만 통화량은 그것보다 훨씬 컸다. 이와 같이 기초화폐 1단위가 통화량의 1단위 이상을 창출할 능력이 있기 때문에 기초화폐(본원통화)를 고성능화폐(*high-powered money*)라고도 한다. 통화량의 기초화폐에 대한 비율을 은행확장승수(*bank expansion multiplier*) 혹은 통화승수(*money multiplier*)라고 하며, k=M/B로 표시한다. 여기서 M은 통화량이고 B는 기초화폐(본원통화)이다. 위의 예에서 지준율이 10%, 20%, 그리고 5%인 경우 통화승수는 각각 10, 5, 그리고 20이 된다.

중앙은행의 통화량 조절

▪ 공개시장 조작

중앙은행은 공개시장 조작, 지준율 조작, 할인율 조작 등을 통해 은행의 지준금을 변동시켜 은행의 신용화폐 창출에 영향을 미쳐 통화량을 조절할 수 있다. 공개시장 조작은 중앙은행이 증권의 유통시장에서 딜러의 역할을 하며 증권을 매매하여 은행의 지준금 변동을 꾀하는 것을 말한다. 중앙은행이 은행이 보유하는 정부채를 공개시장에서 매입하면 그 매입금액을 은행에 지불하는데, 은행이 중앙은행과 거래하는 계좌에 그 금액을 예치한다. 은행이 중앙은행에 예치된 금액을 지준금이라 하기 때문에 중앙은행이 공개시장에서 매입하면 은행의 지준금(은행이 보유하는 기초화폐량, 혹은 본원통화량)이 증가하게 된다. 지준금이 늘어나면 그만큼 추가대출자금이 생겨 은행의 대출이 증가하게 된다. 그리고 대출해준 금액이 다시 은행들에 예금되면 예금이 그만큼 증가하게 되어 앞에서 설명한 승수적 과정을 통해 통화량이 증가하게 된다. 통화승수 모형에서 공개시장 매입을 하면 은행의 지준금이 증가하여 본원통화가 증가하여 증가한 본원통화에 통화승수가 곱해진 것만큼 통화량이 증가한다.

▪ 할인율 조작

할인율 조작은 중앙은행이 일반은행에 대출해줄 때 부과하는 이자율, 즉 할인율의 변동을 통하여 은행의 지준금을 변화시켜 통화량을 조절하는 수단이다. 할인율을 내리면 은행은 중앙은행으로부터 보다 많은 대출을 받을 유인이 생긴다. 중앙은행으로부터 대출받으면 중앙은행은 그만큼의 금액을 중앙은행에 있는 은행의 계좌에 넣어주게 된다. 이것은 결국 은행의 지준금이 되고 많아진 지준금을 이용하여 기업들에게 추가로 대출해줄 수 있게 된다. 그리하면 예금화폐가 증가하여 통화량이 증가한다. 할인율을 올리면 반대의 효과를 갖는다.

▪ 지준율 조작

지준율 조작은 은행이 예금인출에 대비하여 반드시 보유해야 하는 법정지준율을 변경하여 은행의 지준금 변화를 통하여 통화량을 조절하는 방법이다. 법정지준율을 올리면 은행은 더 많은 지준금을 보유해야 하기 때문에 대출할 수 있는 자금의 여력이 줄어 신용화폐가 감소하여 통화량이 감소한다. 반대로 지준율을 낮추면 통화량이 증가한다. 지준율을 조금만 변경하여도 통화승수가 변하여 통화량에 대한 효과가 매우 커서 미세조정을 요하는 통화정책에는 적합하지 않아 자주 사용하지 않는다. 또한 지준율을 올렸을 때 충분한 지준금을 보유하고 있지 않은 은행은 지준율을 맞춰야 하기 때문에 유동성 부족 문제에 직면할 수 있는 단점이 있다.

4. 화폐의 균형

화폐수요와 실제 화폐보유

화폐균형은 화폐의 수요와 공급이 일치하는 것을 말한다. 즉, 화폐의 수요에 따라 화폐가 공급되면 화폐의 균형이 이루어진다. 그러나 화폐의 균형을 보다 정확히 이해하기 위해서 우리는 화폐수요와 실제 화폐보유를 구별할 필요가 있다. 앞에서 언급한 것처럼 화폐수요는 사람들이 "보유하고 싶어하는" 화폐량을 말한다. 이것은 사람들이 실제로 보유하는 화폐량과는 다르다. 사람들이 보유하고 싶어하는 화폐량과는 관계없이 사람들이 실제로 보유하는 양은 공급된 화폐량이다. 예를 들어, 어떤 시점에서 경제 내에 공급되어 존재하는 총화폐량이 10조 원이면 이 10조 원은 사람들의 수중에 있는 화폐량이다. 그래서 사람들이 실제로 보유하는 화폐잔고는 화폐공급량이 된다. 그러므로 화폐균형은 사람들이 실제로 보유하는 화폐량이 사람들이 "보유하고 싶어하는" 화폐량과 일치할 때 이루어진다.

만약 실제로 수중에 들어 와 있는 화폐량이 자신이 선호하는 화폐량이 아니라면 사람들은 자신들의 원하는 화폐잔고수준으로 돌아가려는 조치를 취한다. 다시 말하면 화폐공급량이 증가하여 실제로 보유하게 된 화폐량이 자신이 선호하는 화폐량보다 많으면 원하지 않는 초과화폐량을 처분하려고 한다. 그 방법은 여러 가지다. 재화와 용역을 구입하는 데 지출하든가, 주식이나 채권과 같은 다른 자산을 구입하는 데 사용한다. 재화와 용역을 구입하는 데 사용하면 재화와 용역의 가격이 상승하고, 자산 구입에 사용하면 주식과 채권과 같은 자산가격이 상승한다. 반대로 화폐공급량이 감소하여 실제로 보유하는 화폐량이 자신이 원하는 수준에 못 미치면 사람들은 원하는 수준으로 자신의 화폐잔고를 늘리려고 한다. 이것을 하는 방법으로는 재화와 용역에 대한 지출을 줄이든가, 주식이나 채권과 같은 자산을 파는 것이다. 그러면 재화와 용역의 가격과 자산자격들이 하락한다.

균형 화폐량

앞의 은행의 화폐창출 과정을 설명하는 예에서 우리는 사람들이 은행으로부터 대출받은 후 현금을 전혀 보유하지 않고 모두 은행에 그대로 예금한다고 가정하였다. 그러나 실제로는 사람들은 현금을 전혀 보유하지 않는 것이 아니라 그 중 일부를 현금으로 보유한다. 따라서 보다 현실적인 통화공급을 파악하기 위해서는 사람들의 현금보유를 고려해야 한다. 이러한 관계를 모형화하기 위해 다음과 같이 정의한다.[11)]

---

11) M1은 협의의 통화로서 화폐의 지급결제수단으로서의 기능을 중시하는 통화개념으로 현금통화와 예금취급기관의 결제성 예금으로 구성된다. 여기서는 단순히 현금과 요구불예금으로 구성된 것으로 가정하였다. 구체적으로 협의의 통화(M1)는 ① 민간보유현금, ② 예금취급기관의 당좌예금, 보통예금 등 요구불예금, ③ 저축예금, 시장금리부 수시입출식예금(*Money Market Deposit Account*, MMDA), 단기금융펀드(*Money Market Fund*, MMF) 등 수시입출식예금으로 구성되어 있다. 광의의 통화(M2)는 협의의 통화에다 이와 대체관계가 높은 예금취급기관의 통화성 부채를

C=현금 유통량

D=요구불예금

M=M1통화량

R=은행지준금

B=기초화폐(본원통화)

r=요구불 예금에 대해 은행이 보유하고자 하는 지준율

c=사람들이 원하는 현금과 요구불예금 간의 비율

그러면 정의에 의하여 M=C+D이고, B=C+R이다.

앞의 은행의 신용창출과정은 화폐의 불균형 상태를 나타낸다. 왜냐하면 은행이 원하는 지준율 r이 R/D와 같지 않거나 사람들이 원하는 현금과 요구불예금 간의 비율 c가 C/D와 같지 않을 수 있기 때문이다. 만약 R/D와 C/D가 각각 r과 c와 같다면 균형이 된다. 그러한 균형에서 우리는 R=rD, 그리고 C=cD를 갖게 된다. 통화승수 k=M/B를 이용하면 우리는 통화승수를 다음과 같이 다른 식으로 표현할 수 있다.

포함한다. 구체적으로 ① 예금취급기관의 정기예금, 정기적금 및 부금, 거주자 외화예금, ② 양도성예금증서, 환매조건부채권, 표지어음 등 시장형 금융상품, ③ 금전신탁, 수익증권 등 실적배당형 금융상품, ④ 금융채, 발행어음, 신탁형 증권저축 등을 포함한다. 다만 유동성이 낮은 만기 2년 이상의 장기금융상품은 제외된다. 한편 IMF 기준의 최광의의 통화인 유동성(*liquidity*) 대신에 M3를 편제 공표하고 있다. 구체적으로 M3는 광의의 통화(M2)에 ① 예금취급기관의 만기 2년 이상 정기예금과 적금 및 금융채, 유가증권 청약증거금, 만기 2년 이상 장기금전신탁, ② 생명보험회사, 증권금융회사 등 기타 금융기관의 보험계약준비금, 환매조건부채권매도, 장단기 금융채, 고객예탁금 등이 포함된다. 정부, 기업 등이 발행한 국공채, 회사채 등 유가증권은 M3에서 제외되고 있다. 자세한 것은 한국은행(2006)을 참조하기 바란다.

$$
\begin{aligned}
k &= \frac{M}{B} \\
&= \frac{C+D}{C+R} \\
&= \frac{cD+D}{cD+rD} \\
&= \frac{c+1}{c+r}
\end{aligned}
$$

균형 화폐공급량은 M=kB가 된다. 여기서 $k=\frac{c+1}{c+r}$이다. 예를 들어 앞의 예에서처럼 r=0.1, c=0(현금을 전혀 보유하지 않는 경우), B=백억이라면 통화승수는 $k=\frac{0+1}{0+0.1}=10.0$이다. 균형 통화공급량은 M=(10.0)×(100억)=1,000억이 된다. 만일 r=0.1, c=1.0 (현금과 예금을 각각 절반씩 보유하는 경우), B=백억이라면 통화승수는 $k=\frac{1+1}{1+0.1}=\frac{2}{1.1}=1.8182\cdots$이다. 균형 통화공급량은 M=(1.82182 …)×(100억)=181.82억이 된다.

화폐불균형의 원인

균형화폐량이 공급되지 않는 화폐의 불균형에는 두 가지 원천이 있다. 하나는 정부에 의해 임의적으로 본원통화량이 변하는 경우이고, 또 다른 하나는 사람들이 원하는 현금과 요구불예금의 비율 c가 변할 경우이다. 전자의 경우는 대체로 정부가 지출하기 위해 직접 화폐를 발행할 때 일어난다. 현대경제에서 정부가 화폐발행의 독점권을 갖고 있다. 화폐발행에 대한 지배력을 갖는 정부는 화폐창출을 하려는 유혹과 유인을 갖는다. 정부는 채권자와 채무자 간의 소득을 재분배하는 방법으로서 혹은 실업과 다른 정치적 중요 변수들에 영향을 미치는 방법으로서 국내물가에 영향을 미치는 데 관심을 갖는다. 통화증가로 인한 화폐의 가치하락은 정부에 이익을 준다. 채무자가 가치 저하된 화폐로 부채를 갚게 함으로써 채권자를 희생하여 채무자에게 이익을 주는 추가적 기능을 한다. 채무자가 정치적으로 힘이 있는 정부 자체일 경우 더욱 그러한 인센티브를 갖는다. 정부가 화폐에 대한 지배력을 가진 이후 각국에서 통화가치는 지속적으로 하락하였다.[12)]

또한 정부의 화폐발행에 대한 지배력은 정부의 서비스와 기능을 끊임없이 키우려고 하는 것의 원천이 된다. 그러한 일을 하고 싶을 때 정부는 인기 없는 조세를 통해 재정수입을 증가시키는 방법에 의하지 않고 화폐발행을 이용하고자 하는 유혹을 받는다. 특히 전시에는 정부는 세금을 부과하는 고통을 피하면서 지출을 충당하기 위한 추가적 화폐창출을 하고자 하는 유혹을 받는다. 정부가 그 유혹에 굴복하면 그것은 인플레이션으로 나타난다. 제5장에서 정부에 의해 임의적으로 통화가 발행될 때 나타나는 효과를 분석한다.

후자의 경우는 다름 아닌 화폐의 수요가 변하는 것으로서 현재의 본원통화량에서 사람들이 원하는 현금과 요구불예금의 비율 c를 변경하면 균형화폐량이 변하게 된다. 사람들이 예금계좌에서 현금을 인출하면 은행의 지준금이 빠져나가고 중앙은행이 즉각적으로 적절하게 본원통화를 증가시키지 않으면 화폐균형이 깨지게 된다. 이러한 점에서 중앙은행이 균형화폐량을 공급하기 위해서는 통화승수를 정확히 예측해야 하는 문제가 존재한다. 중앙은행이 화폐의 수요가 변할 경우 이에 대해 적절히 화폐를 공급할 수 있는지의 문제를 제6장에서 다룬다.

12) 제1장의 〈그림 1-1〉이 보여주는 결과가 이것에 대한 한 증거이다.

제 5 장

화폐불균형의 효과

1. 전체 물가수준에 미치는 효과

인플레이션과 디플레이션

화폐공급과 화폐수요가 일치하지 않으면 화폐불균형이 발생한다. 화폐불균형으로 나타나는 결과는 물가상승의 인플레이션과 물가하락의 디플레이션이다. 다시 말하면 화폐공급이 화폐수요에 비하여 빠르게 증가하면 인플레이션이 일어나고, 그 반대면 디플레이션이 일어난다.

18세기 초에는 인플레이션은 단지 통화량 증가를 의미하였다. 다시 말하면 정부나 은행에 의해 정화가 아닌 지폐발행이 늘어나 유발되는 통화팽창을 의미하였다. 당시에는 그러한 통화팽창은 물가상승을 유발하지 않고 경제성장을 촉진한다고 믿었다. 그러나 18세기 말과 19세기 초 아담 스미스를 비롯한 고전학파 경제학자들이 그러한 통화팽창은 물가를 상승시킬 뿐이며, 경제가 성장하는 것처럼 보이는 것은 환상임을 주장하였다.[1] 고전학파의 영향으로 현대에 와서는 통화팽창의 결과로 나타나는 물가상승을 인플레이션으로 사용하며 통화팽창은 그냥 "통화팽창"으로 사용한다.[2]

밀튼 프리드만이 주장한 것처럼 인플레이션은 언제 어디서나 화폐적 현상이다. 그러므로 화폐수요를 초과하는 화폐공급이 인플레이션을 야기한다. 이와는 달리 독점기업이나 노동조합이 가격과 임금을 올려서 인플레이션이 야기된다고 주장하는 사람이 있다. 그러나 이것은 잘못된 주장이다. 독점기업은 이윤을 극대화하는 가격을 책정한다. 그 가격은 물론 그 시장이 경쟁적인 경우보다 높은 가격이다. 그러나 그 가격에서 가격을 인상하면 그의 이윤은 떨어지게 된다. 따라서 독점기업은 높은 가격은 책정하지만 가격을 지속적으로 올리지는 못한다.[3] 따라서 독점기업이 지속적으로 물가가 상승하는 인플레이션을 야기한다는 것은 틀린 이야기다. 노조도 마찬가지다. 외부로부터 경쟁을 막는 노조는 높은 임금을 책정할 수 있지만 임금을 올리지는 못한다.

만약 어떤 산업이 새로 독점이 되면 그 독점재화의 가격은 올라 갈 수 있다.[4] 그러나 그것이 전체 물가수준에 어떤 영향을 미칠지는 분

---

1) 1930년대 이후 케인즈안들은 통화팽창이 물가를 상승시키는 것은 아니라고 주장하였다. 특히 경제가 완전고용 상태에 있지 않다면 통화팽창은 오히려 이자율을 낮추고 투자를 자극하여 고용과 소득을 증가시킨다고 주장하였다. 경제가 유동성 함정에 빠져 있는 경우에는 팽창된 통화량은 사람들에 의해 모두 저장되어 가격이나 소득에 거의 영향을 미치지 않는다고 주장하였다. 반면에 경제가 완전고용 상태에 있는 경우에 통화팽창뿐만 아니라 정부의 재정지출 증가도 인플레이션을 야기할 수 있다고 하였다. 케인즈안의 전통에 따르면 화폐와 인플레이션 간에는 관계가 그리 밀접하지 않다.

2) McCulloch(1982: 41~42) 참조.

3) 이에 대한 자세한 설명은 McCulloch(1982: 34~35)을 참조하기 바란다.

4) 독점에 대한 정의에 대해 주의할 필요가 있다. 어떤 산업에서 한 개의 기

명하지 않다. 왜냐하면 그 독점재화를 구입해야 하는 소비자들은 예산제약이 있어 다른 재화의 소비를 줄여야 하기 때문이다. 다른 재화에 대한 소비감소로 그 재화들에 대한 가격이 하락하면 일반적 물가수준은 떨어질 수도 있고 변하지 않을 수도 있다.

인플레이션의 종류

▪ 수요 견인 인플레이션 (*demand pull inflation*)

수요 견인 인플레이션은 정부가 높은 고용목표를 추구하기 위해 총수요를 증가시킴으로써 발생하는 인플레이션으로서, 이 역시 화폐적 현상이다. 경제가 완전고용 상태에 있다 하더라도 항상 실업은 존재한다. 그것은 노동시장에서 노동자의 구직의사와 사용자의 구인의사를 일치시키기 어려운 마찰적 실업이 존재하기 때문이다. 예를 들어, 서울의 서비스산업에서 실직된 노동자가 울산의 자동차산업의 일자리에 대해 알지 못할 경우 실업상태가 된다든가, 혹은 알고 있다 해도 울산으로 이주하여 다시 교육받으려 하지 않는다면 역시 실업상태가 된다. 이와 같이 항상 실업이 존재하고 이러한 실업을 자연실업이라고 한다.

정부당국이 자연실업률보다 낮은 실업률 목표를 세운다면 정부는 총수요를 증가시키는 정책을 사용할 것이다. 처음에 총수요를 증가시키면 고용이 증가하고 국민소득도 증가한다. 그러나 완전고용 상

업이 존재한다고 해서 그 산업을 독점이라고 할 수 없다. 독점은 기업의 수가 많고 적음에 있는 것이 아니라 진입장벽의 유무에 있다. 따라서 진입장벽이 없다면 잠재적 경쟁자가 존재하여 경쟁의 압력을 받기 때문에 한 개의 기업만이 존재해도 그 산업은 경쟁적인 것이다. 한편 진입장벽이 있는 경우에는 많은 기업이 존재해도 그 산업은 비경쟁적이다. Landes and Posner (1981) 참조.

태이기 때문에 물가가 상승하고 임금이 올라간다. 임금상승은 곧 기업의 생산비용을 증가시켜 기업의 생산감소로 총공급이 감소한다. 총공급이 감소하면 실업은 원래상태인 자연실업률로 되돌아오고 물가만 오르게 된다. 정부의 목표는 자연실업률보다 낮은 실업률을 성취하기 위해서는 다시 총수요를 증가시켜야 한다. 그러나 정부지출의 최대수준에 대한 제약이 있기 때문에 확장재정정책을 계속해서 사용할 수 없다. 따라서 재정정책에 의해 총수요를 계속해서 증가시킬 수는 없다. 정부가 지속적으로 총수요를 증가시키는 방법은 화폐공급의 지속적 증가로 통화증가율을 높게 유지하는 것이다. 그렇게 되면 물가는 지속적으로 올라가게 되어 인플레이션이 발생한다. 그러므로 수요 견인 인플레이션도 결국 화폐적 현상인 것이다.

▪ 비용 상승 인플레이션 (*cost push inflation*)

비용 상승 인플레이션은 원자재 가격의 급등과 같은 음(-)의 공급충격이나 노동자의 임금인상이 원인이 되어 발생하는 인플레이션을 말하는데, 이것 역시 화폐적 현상이다. 왜냐하면 음의 충격이나 노동자의 임금인상이 있다 하더라도 통화당국에 의해 통화량 증가가 수반되지 않는다면 인플레이션이 발생하지 않기 때문이다. 노동자의 요구에 의해 임금이 인상되면 기업의 생산비용이 증가한다. 그래서 기업의 생산이 줄어 국민소득이 감소하고 고용이 줄게 되며 물가가 상승한다. 만약 정부가 개입하지 않고 그대로 놓아둔다면 노동시장에서 실업이 증가하였기 때문에 노동자의 임금이 하락하게 된다. 임금하락은 기업의 비용을 감소시켜, 다시 생산이 증가하게 되어 국민소득이 늘고 고용이 증가하며, 물가가 하락하여 원래 수준으로 되돌아온다. 따라서 노동자의 임금인상에 의해 물가는 일시적으로 올랐다가 다시 원래 위치로 떨어지게 되어 인플레이션이 발생하지 않는다.

그러나 노동자의 임금인상으로 실업이 증가했을 때, 정부가 그 실업을 막기 위해 개입하여 정부지출을 늘리게 되면 늘어난 정부지출에 의해 실업은 감소하지만 기업생산이 감소한 상태에서 정부지출 확대 따른 총수요의 증가로 물가는 상승하게 된다. 여기에서 다른 사업장의 노동자가 임금이 인상된 동료 노동자에 비해 상대적으로 임금이 떨어졌다는 것을 인식하고 임금인상을 요구한다. 그 결과 기업의 생산은 더 감소하고 실업이 증가하게 되며 물가가 상승한다. 정부의 개입주의 정책에 따라 총수요를 증가시켜 물가는 더욱 상승하게 된다. 이러한 과정이 계속된다면 물가가 지속적으로 상승하는 결과를 초래한다.[5] 실업이 발생했을 때 이것을 없애기 위해서는 정부가 총수요를 증가시켜야 하는데, 수요 견인 인플레이션에서 설명한 바와 같이 정부지출의 최대수준에 대한 제약이 있기 때문에 확장재정정책에 따라서 총수요를 계속해서 증가시킬 수는 없다. 그래서 정부는 화폐공급의 지속적 증가를 통하여 총수요를 계속적으로 증가시킨다. 그러면 높은 통화증가율에 의해 총수요가 계속 증가하여 물가가 계속 오르는 현상이 발생한다. 그러므로 비용 상승 인플레이션도 결국 화폐적 현상인 것이다.

▪ 하이퍼인플레이션 (*hyperinflation*)

하이퍼인플레이션은 통화량이 대량으로 급격하게 증가하여 물가가 급격하게 지속적으로 상승하는 현상을 말한다. 정부가 재정지출을 위해 화폐를 마구 찍어내면 발생하는 것으로 화폐에 대한 신뢰가 떨어지고 화폐의 주요 기능들이 상실된다.

하이퍼인플레이션의 역사적 경험은 많다. 서론과 제 3장에서 언급

---

5) 임금과 물가의 악순환은 정부 개입에 의해 통화량이 지속적으로 증가할 때 발생한다.

한 짐바브웨와 제1차 세계대전 이후 독일의 인플레이션이 대표적 하이퍼인플레이션이다. 그 외에도 그리스와 유고슬라비아가 있다. 독일군이 점령한 1941부터 1944년까지 그리스에서의 인플레이션율은 월 930%였다. 물가가 매 28시간마다 두 배로 뛴 것이다. 제2차 세계대전이 끝나고 헝가리의 인플레이션은 월 4,257%로 매 15시간마다 물가가 두 배로 뛰었다. 1993년 10월에서 1994년 1월까지 유고슬라비아의 인플레이션은 월 5,075%로 매 16시간마다 물가가 두 배로 뛰었다. 하이퍼인플레이션을 겪는 국가들의 공통점은 과다한 통화발행이었다.

인플레이션의 효과[6]

▪ 차입자와 대여자 간의 소득재분배

돈을 빌려 준 후 예상한 것보다 물가가 더 올랐다면 돈을 빌려준 사람은 손해를 보고 돈을 빌린 사람은 이익을 본다. 예를 들어, A가 B에게 이자율 연 5%로 천만 원을 1년 동안 빌려준다고 하자. 양측이 모두 물가가 오르지 않을 것으로 예상한다면 B는 A에게 1년 후 1,050만 원을 지불하는 계약을 체결할 것이다. 이제 1년 동안 물가가 5% 올랐다고 하자. 1년 후에 받은 1,050만 원의 실질구매력을 계산하면 1,050만 원/1.05=1,000만 원이 된다. A의 실질구매력은 전혀 증가하지 않았으며 B는 A에게 실질적으로 이자를 전혀 지불하지 않은 것이 된다. 이것은 결국 예상치 못한 인플레이션으로 50만 원의 실질구매력이 A에서 B로 이전되었다는 것을 의미한다. 이와 같이 예상치 못한 인플레이션이 있으면 차입자가 이익을 보고 대여자가

6) 디플레이션의 효과는 인플레이션 효과의 반대로 생각하면 되므로 여기서 상세한 논의는 생략한다.

손해를 본다. 반대로 예상치 못한 디플레이션이 있으면 차입자가 손해를 보고 대여자가 이익을 본다.

▪ 인플레이션 조세

인플레이션 조세란 화폐발행권을 가지고 있는 정부가 화폐를 찍어내어 재정자금을 조달하는 것을 말한다.[7] 화폐발행을 늘리면 늘린만큼 정부의 구매력은 증가한다. 예를 들면, 정부가 1조 원의 화폐를 더 찍어냈다면, 그 돈으로 정부는 전비 마련, 농산물 보조금, 기타 정부시혜사업 등의 각종 정부사업에 사용할 수 있다. 한편 통화가 팽창하면 물가가 상승한다. 물가가 상승하면 사람들이 보유하는 현금의 실질구매력이 감소한다. 예를 들어, 통화팽창으로 인플레이션율이 10%가 되었다고 하자. 천 원짜리 지폐로 천 원의 가치가 있는 재화 및 용역을 구입할 수 있었는데, 물가가 10% 올랐기 때문에 이제 동일한 재화에 대해 1,100원을 지불해야 한다. 이것은 현금보유에 10%의 세금을 부과한 것과 동일한 효과를 갖는다. 결국 화폐를 보유한 사람들에게 10%의 세금을 부과하여 정부가 재정자금을 마련한 것이 된다.

정부가 모자라는 재정을 충당하는 수단으로 세금을 더 거둬들이거

7) 조선 말 홍선대원군이 경복궁 중건과 군사력 증강에 필요한 재정지출을 위해 발행한 당백전이 인플레이션 조세의 역사적 사실이다. 당백전은 액면가치가 상평통보 1개의 백 배여서 당백전으로 불리게 되었다. 1866년 10월 우의정 김병학(金炳學)의 제의에 따라 금위영(禁衛營)에서 11월 6일 주조, 발행하여 1867년 6월 17일 중지될 때까지 주조 총액은 약 1천6백만 냥이었다. 당백전의 남발은 화폐가치의 하락과 물가상승, 즉 인플레이션을 초래하였다. 물가가 무려 6배나 폭등하여 일반백성들의 생활은 극도로 피폐하게 되었다. 《두산백과사전》(http://museum.kmu.ac.kr), 사이버 화폐박물관(http://www.coinbank.co.kr) 참고.

나 국채를 발행하여 민간에게 매각하는 방법이 있다. 세금을 추가적으로 거둬들이는 방법은 국민의 조세저항뿐만 아니라 대의기관인 국회의 적법한 절차를 거쳐야 하기 때문에 시간도 오래 걸리고 용이하지 않다. 국채를 발행하는 방법 또한 제한적이다. 정부의 국채발행도 민간이 수행할 설비투자를 정부가 가져가게 되어 투자효과가 제한적일 수 있을 뿐만 아니라 결국 정부의 재정적자는 미래의 국민의 조세부담으로 돌아오기 때문에 이에 대한 저항 또한 있다. 이러한 불편을 피하고 사람들이 알아채지 못하는 가운데 재정을 확보할 수 있는 손쉬운 방법이 화폐를 찍어내는 것으로 지금까지 많은 정부가 이 방법을 사용하였다. 통화팽창으로부터 얻는 정부의 수입은 인플레이션을 통한 재정확보(*inflationary finance*)라고 하며, 전통적으로 시뇨로지라고 한다.

통화발행을 통해 인플레이션을 유발하여 얻는 재정수입, 즉 시뇨로지는 무한정할 수 없다. 그것은 인플레이션이 진행됨에 따라 사람들이 기대 인플레이션을 갖게 되고, 그에 따라 화폐수요를 감소시키기 때문이다. 정부가 발행하는 화폐를 보유하려 하지 않기 때문에 화폐발행을 늘려 보았자 화폐를 보유하는 사람들의 구매력을 감소시켜 정부의 수입으로 만들기 어려워지는 것이다. 이것은 일반조세의 경우에서 과세대상이 줄어든다는 것과 같다. 일반조세의 경우에서 세율이 증가하면 어느 정도까지 조세수입이 증가하다가 다시 감소하기 시작한다. 세율과 조세수입의 관계는 역 U자형의 그래프가 되는데, 우리는 이것을 래퍼곡선(*Laffer curve*)이라고 한다. 이와 마찬가지로 정부가 화폐공급 증가율을 높이면 어느 정도까지 인플레이션에 의한 조세수입은 증가하지만 일정률 이상부터는 인플레이션에 의한 재정수입이 감소한다. 일반조세의 래퍼곡선에 유추하여 통화증가율과 그에 따른 시뇨로지의 관계를 나타내는 곡선을 화폐래퍼곡선(*monetary*

〈그림 5-1〉 화폐래퍼곡선

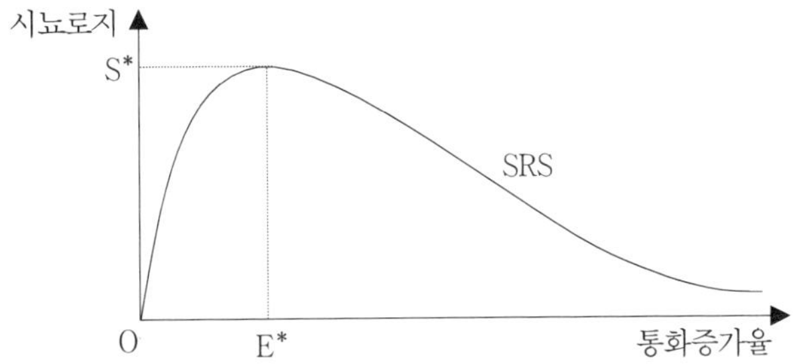

Laffer curve)이라고 한다. 〈그림 5-1〉과 같이 역 U자형이 된다. 〈그림 5-1〉에서 E*는 최대 시뇨로지 S*를 얻을 수 있는 통화공급 증가율을 나타낸다.

만일 정부가 인플레이션을 통한 시뇨로지의 어떤 목표량을 정하고 그것을 얻으려고 한다면 정부는 통화증가율을 계속 늘려야만 한다. 왜냐하면 인플레이션이 진행됨에 따라 화폐수요가 감소하고 그에 따라 시뇨로지가 감소하기 때문이다. 따라서 목표로 하는 일정량의 시뇨로지를 확보하기 위해서는 통화증가율을 늘려야만 한다. 이러한 정부의 행위가 바로 하이퍼인플레이션을 유발하는 것이다.

▪ 후생비용

일반적으로 조세는 사중비용(*deadweight loss*)이 따른다. 사중비용은 자원배분 과정에서 일어나는 사회적 후생손실을 의미한다. 예를 들어, 소비세가 부과되면 소비자들이 지불하는 가격과 생산자들이 받는 가격이 달라진다. 생산자들이 받는 가격이 소비자들이 지불하는 가격보다 소비세만큼 낮다. 소비자들이 비용을 들인 만큼 가치가 있는 생산물이 제공되지 못한다. 마찬가지로 소득세 때문에 고용자들이 지불하는 것보다 피고용자가 실제로 받아 가는 임금이 낮다. 이로 인하여 고용자가 들인 비용만큼 가치 있는 노력이 노동자로부터 제공되지 않는다. 세금으로 인해 티셔츠를 구매하거나 MP3 플레이어를 생산하거나 야근하려는 사람들의 의욕이 줄어든다. 이러한 비효율성 때문에 조세를 부과하면 사람들이 정부에 세금으로 내는 것보다 실제로 잃어버리는 후생은 더 크다. 이렇게 조세로 인하여 그 중간에서 누구의 이익으로도 돌아가지 않고 희생되어 사라져버리는 가치를 우리는 사중비용이라 한다.

앞에서 말한 대로 인플레이션이 화폐를 보유한 사람들에 대한 조세이므로 인플레이션 역시 사중비용을 낳는다. 인플레이션율이 상승함에 따라 사람들은 점점 보다 많은 시간을 자신의 실질잔고를 줄이는데 사용하는 것이 하나의 예다. 근로자들이 월급 대신 주급으로 받으려고 하고, 그 다음 일당, 더 심하면 일당을 쪼개어 하루에도 몇 번씩 받으려고 할 것이다. 그래서 돈을 받는 즉시 물건을 사러 가게에 수시로 달려갈 것이다. 또 인플레이션이 진행되면 은행예금의 구매력이 하락하기 때문에 자주 은행에 가서 예금을 찾으려고 할 것이다. 이러한 모든 행위는 인플레이션으로 인해 생산적인 것에 쓰일 시간과 자원이 불필요하게 사용되는 것으로 사회적 손실을 야기한다. 은행이나 가게에 그만큼 자주 찾아가느라 구두창이 닳는다고 하여 구두창비용(*shoe-leather cost*)이라고도 한다. 또 다른 사회적 후생비용으로는 메뉴비용(*menu cost*)이 있다. 물가가 계속 상승하면 각종 가격표를 지속적으로 바꾸어야 한다. 이것은 노력과 자원이 소모되는 일로서 그만큼 다른 생산적 용도에 쓰일 자원이 낭비되는 것이다.

▪ 조세 왜곡

일반적으로 세금은 명목소득과 명목이윤에 부과된다. 회계는 경상가격으로 기록되므로 인플레이션이 있으면 과거에 기록된 비용에 비해 상품의 매출가격이 상대적으로 과대평가되어 기록된다. 그러면 이윤이 증가한 것으로 나타남에 따라 기업은 세금을 더 많이 내게 된다.

이러한 소득에 대한 세금은 실질적으로는 자본에 대한 세금이다. 만일 세율과 인플레이션율이 자본의 실질수익률에 비하여 상대적으로 높다면 조세 후 실질수익률은 음(-)이 될 수 있다. 이러한 경우가 발생하면 사람들이 자본재에 투자하기보다는 소비재에 더 많이 지출할 것이다. 왜냐하면 소비재는 바로 구입해서 사용하므로 적어도 0의 실질수익률을 주기 때문이다. 따라서 사람들이 기업에 투자하지 않으려 한다. 사회 전체적으로 저축이 고갈되고, 기존의 자본재가 감가상각됨에 따라서 자본의 스톡이 감소하게 된다. 그리하여 인플레이션은 조세제도와 맞물려 자본침체(*capital stagnation*)를 유발하는 경향이 있다.

인플레이션이 있을 때 명목이자율과 명목수입에 대해 부과하는 세금은 자신의 행위결과와는 전혀 관계없는 인플레이션에 대해 세금을 내는 것과 같다. 예를 들면, 어떤 사람이 6% 이자의 채권을 구입하였는데, 인플레이션율이 4%라고 하자. 그렇다면 그가 받는 실질이자율은 2%에 불과하다. 만일 그의 소득세 적용세율이 25%라고 하면 그는 이자소득에 대해 1.5%(=25%×6%)의 세금을 내야 한다. 이것은 실질소득에 대한 세금(0.5%=25%×2%)과 "인플레이션에 대한 세금"(1.0%=25%×4%)으로 구성되어 있다. 동일한 원리가 인플레이션을 조정하지 않은 자본이득세에 적용된다. 어떤 경우든 명목세율×인플레이션율 만큼의 "인플레이션에 대한 세금"(위의 예에서는 4%의 25%, 즉 1%)을 낸다. 이것은 일종의 "재산세"로서 화폐자산뿐만 아니라 비화폐자산에도 적용된다. 명목이윤 혹은 수입조세가 부과되는 비화폐자산은 "인플레이션에 대한 세금"만이 부과되는 반면에 화폐자산은 "인플레이션에 대한 세금"과 물가상승에 따른 화폐가치 하락의 "인플레이션 조세"도 적용된다.

2. 상대가격 효과[8)]

경제적 계산 왜곡

사람들이 현재 보유하는 화폐량에 만족하고 있을 때 통화당국이 공개시장 매입을 통해 통화량을 늘렸다고 하자. 그러면 중앙은행에 채권을 판 은행에 새로운 지준금이 유입된다. 새로운 화폐를 먼저 입수하게 된 은행들은 대출을 하고 은행으로부터 대출받은 사람들이 특정재화에 지출한다. 그러면 새로 유입된 화폐가 지출된 특정재화들의 가격이 오른다. 이것이 통화증가에 따른 제1차 효과다. 통화팽창의 효과는 여기에서 그치지 않고 계속된다. 제일 먼저 초과화폐를 사용한 사람들에게 물건을 판 사람들은 이제 자신의 화폐보유가 증가했다는 것을 인지하게 된다. 이 사람들 역시 자신이 원하는 화폐보유량 이상으로 화폐를 보유하고 있기 때문에 이 초과화폐를 지출하는 데 사용한다. 그래서 이들이 사는 재화와 용역의 가격이 그 다음으로 오른다. 이것이 제2차 효과다. 이러한 과정이 제3차, 4차, 5차로 계속되어 전반적인 재화와 용역의 가격들이 상승할 때까지 지속된다.

이 과정에서 재화와 용역들의 상대가격이 왜곡되기 시작한다. 통

---

8) 이에 대한 보다 자세한 내용은 Mises〔1996(1949)〕의 제18장과 제20장을 참조하기 바란다.

화량이 추가로 경제 내에 유입되었을 때 모든 재화와 용역이 동시에 동일한 비율로 오른다면 재화와 용역들의 상대가격은 변화가 없을 것이다.[9] 그러나 실제경제에서는 모든 재화와 용역의 가격들이 동시에 동일한 비율로 오르는 것이 아니라 앞에서 설명한 바대로 불균형적으로 시차를 두고 오르면서 그 효과는 각양각색이다. 그래서 그 과정이 끝나는 시점에서 상대적 가격들의 전체 집합은 통화팽창 이전의 것들과는 전혀 다르게 된다.

이러한 인플레이션적 통화팽창에 따른 상대가격 변화는 경제계산에 많은 영향을 미친다. 첫째, 상대가격 변화는 제 2장에서 설명한 가격의 정보제공기능을 약화시킨다. 가격들이 미래 행위의 정보적 안내자로서 신뢰가 떨어진다. MP3 플레이어를 만드는 데 필요한 원자재와 노동에 대한 가격들을 보고 MP3 플레이를 만들지 말지를 결정하는데, 통화공급증가에 의해 이러한 것들의 가격이 자주 변화하면 MP3 플레이어를 만드는 것이 이윤이 나는지 그렇지 않은지에 대한 불확실성이 증가한다. 따라서 기업들은 생산결정에 어려움을 겪게 된다.

둘째, 가격은 과거 행위를 평가하는 지표로서 사용되는데, 이러한

9) 경제에서 중요한 것은 재화와 용역 숫자로 표시되어 있는 가격 자체가 아니다. 중요한 것은 재화와 용역들 간의 상대적 가격이다. 예를 들어, 모든 재화와 용역의 가격이 한꺼번에 10% 올랐다고 한다면 실질효과는 없다. 모든 가격이 10% 올랐지만 어떤 것도 다른 것에 비해 상대적으로 더 비싸진 것이 아니고, 뿐만 아니라 소득과 부가 사람들 사이에 상대적으로 변하지 않았고 재화와 용역의 가격에 비해 상대적으로 변화한 것도 아니다. 만약 재화와 용역의 가격들이 화폐공급의 변화에 의해 변했고 가격들의 변화가 이와 같은 방식으로 변한다면 화폐공급의 변화는 아무런 실질적 효과를 일으키지 않는다. 이러한 상황을 화폐의 중립성(*money neutrality*)이라고 한다.

가격의 기능을 떨어뜨린다. MP3 플레이어를 만드는 데 투입재를 결정한 후에 어떤 가격을 붙여 시장에 내놓을 것이다. 그러면 MP3 플레이어는 그 가격에 팔릴 수도 있고 팔리지 않을 수도 있을 것이다. 그 결과를 놓고 책정한 MP3 플레이어 가격과 투입재에 들어간 가격과의 차이를 비교하여 MP3 플레이어를 만든 일이 잘한 것인지, 아니면 잘못한 것인지를 평가할 수 있다. 그런데 상대가격이 바뀌게 되면 이러한 평가를 하기가 어렵게 된다. 회계장부에 투입재의 가격이 과거 비용으로 기록되고, 산출물이 현재 인플레이션에 영향을 받은 가격에 팔린다면 기업의 이윤은 과대평가된다. 기업가가 다음 기간의 의사결정을 위해 회계데이터에 의존하는 경우 거기에 내재되어 있는 오류를 유지할 것이다. 더욱이 가격이 기본변수와의 연계성이 떨어짐에 따라 기업가들의 발견기능이 바람직하지 않은 방향으로 행사될 것이다. 시장참가자들은 현존하는 시장가격의 신뢰성에 보다 의문을 가질 것이다.

셋째, 인플레이션적 화폐 초과공급의 또 다른 문제는 지식의 역량문제와 연결되어 있다. 인플레이션이 있을 경우 기업가들은 무엇보다도 인플레이션이 없을 경우보다 더 많은 지식을 얻고 가공해야만 한다. 역사적으로 우리는 인플레이션 없는 경제에 있다고 가정하자. 기업가는 미래 가격들의 기대를 형성할 수 있게 하는 수년간 상황에 맞는 시장경험을 쌓아왔다. 어쩌면 그들은 지식습득 과정을 촉진하는 인적 자본의 형태에 투자를 많이 했을 수도 있다. 이러한 경제에 이제 어떤 인플레이션이 발생한다고 하자. 가격들을 예측하기 위해 이제 자신들이 이미 가지고 있는 지식에다가 통화당국이 택할 가능성이 있는 행위와 그 정책이 가져올 효과의 가능성에 대한 새로운 종류의 지식이 필요하다. 그러한 종류의 지식은 사실 쉽게 얻어지는 것이 아니다. 이윤을 얻을 수 있는 생산과정을 선택하는 데 필요한 지식종류의 이동 때문에 화폐계산이 훼손될 것이다. 분명히 시장참가자들은 새로운 종류의 지식을 보다 많이 얻기 위해 투자할 것이다. 물론 이러한 투자증가는 인플레이션이 없는 경제에서는 불필요하다는 점에서 낭비된 자원이다.

인플레이션에 유도된 상대적 가격의 왜곡과 그로 인한 화폐계산의 신빙성 감소는 화폐 초과공급과 관련된 가장 중요한 '비용'이다. 경제적 협동은 근본적으로 가격제도를 이용하는 것이다. 인플레이션은 가격이 보내는 신호를 방해하고, 시장발견 과정을 왜곡하며, 기업가 정신을 훼손하고, 그리하여 시장협동을 파괴한다. 사회제도로서의 가격제도가 인플레이션 동안 그 신뢰성을 상실한다.

상대가격 변화에 따른 소득재분배

통화팽창에 의한 소득재분배는 통화팽창의 상대가격 변화과정에서 나온다. 새로 유입된 화폐에 먼저 접근한 사람일수록 실질구매력이 높다. 그래서 최초에 접근한 사람은 재화와 용역의 가격들이 오르기 전에 보다 많은 화폐량을 가지고 있기 때문에 그 사람들의 실질구매력은 높은 반면에 가장 나중에 접근한 사람은 거의 모든 재화와 용역의 가격이 오른 뒤이기 때문에 새로운 화폐가 수중에 들어와도 실질구매력의 증가는 거의 없는 것이다. 따라서 새로운 화폐에 나중에 접근한 사람으로부터 먼저 접근한 사람에게 실질구매력이 이전되는 것이다.[10)]

이것을 보다 간단한 예를 들어서 설명해보자. 예를 들어, 열 사람으로 구성되어 있는 조그만 경제를 가정하고 최초의 총통화량이 천 원이며 열 사람이 백 원씩 보유하고 있다고 하자. 이제 중앙은행이

---

10) McCulloch (1982) 은 이것을 파문효과(*ripple effect*) 라고 하였다.

통화공급량을 5백 원 늘렸다고 하자. 그리고 이 5백 원이 열 사람 중 한 사람에게 전부 대출되었다고 하자. 이 화폐공급 증가로 이익을 보는 사람과 손해보는 사람이 발생한다. 이익을 보는 사람은 대출받은 사람이다. 전부 대출받아 초과된 화폐를 갖게 된 사람은 총 천5백 원의 화폐공급량 중 6백 원을 보유하게 된다. 그는 전에는 총구매력의 $1/10$ 을 보유했지만, 이제는 $6/15$ 으로 $6/15 - 1/10 = 3/10$만큼의 이익을 얻었다. 이 $3/10$의 이익은 다른 사람들의 손실로 나타난다. 왜냐하면 초과화폐수요의 창출은 추가재화를 창출하지 못하고 기존의 공급된 재화에 추가적 청구만을 야기하기 때문이다. 여기에서 손해보는 사람은 나머지 아홉 사람의 화폐보유자다. 중앙은행이 화폐를 주입하기 전에는 각각은 총구매력의 $1/10$을 보유하고 있었지만 이제는 $1/15$에 불과하다. 1인당 $1/30$ 만큼의 구매력이 상실되었다. 총손실은 $3/10$ 이다. 초과화폐공급을 받은 자의 $3/10$의 이익은 정확히 초과공급의 비수혜자의 총손해와 같다. 인플레이션 통화공급증가에 의한 화폐불균형으로 초과공급 비수혜자의 소비능력이 감소되면서 구매력의 비자발적 이전이 발생한다.

가끔 인플레이션에 대해 상반된 주장을 하는 사람들이 있다. 인플레이션은 물건이 잘 팔리기 때문에 이익이라고 주장하는 사람이 있고, 소득이 생활비를 따라잡지 못하기 때문에 인플레이션은 나쁘다고 주장하는 사람이 있다. 이와 같은 주장들은 바로 인플레이션 화폐발행의 소득재분배 효과를 반영하는 것들이다. 앞에서 본 것처럼 인플레이션은 어떤 사람의 사업에는 좋고, 어떤 사람에게는 소득이 생활비를 따라잡지 못하는 결과를 유발한다. 새로 유입된 화폐는 새로운 생산을 창출하지 않는다. 다만 새로 유입된 화폐에 나중에 접근하는 사람으로부터 먼저 접근하는 사람에게로 부를 이전할 뿐이다.

〈그림 5-2〉는 인플레이션과 소득불균형 간에 강한 양의 상관관계

가 있음을 보여준다. 〈그림 5-2〉는 1966년~1990년 기간 동안 평균한 51개 개도국과 선진국의 연간 인플레이션율과 지니계수 간의 관계를 나타낸 것이다. 종축에는 평균 인플레이션 조세〔인플레이션율/(1+인플레이션율)〕가 표시되고, 횡축은 지니계수가 표시되어 있다. 여기에서 보면 인플레이션율이 낮을수록 지니계수가 낮고, 인플레이션율이 높으면 지니계수가 높다. 일반적으로 지니계수가 낮으면 소득불평등도가 낮고 지니계수가 1에 가까울수록 소득불평등도가 높다. 따라서 인플레이션율이 높을수록 소득불평등도가 큼을 알 수 있다. 밑의 그림은 다른 방식의 소득불평등도를 사용하여 그린 것이다. 횡축에 하위소득 60%에 해당하는 사람들의 1인당 평균소득에 대한 상위소득 40%에 해당하는 사람들의 1인당 평균소득의 비율(y40/y60)

〈그림 5-2〉 인플레이션과 소득불평등 간의 관계

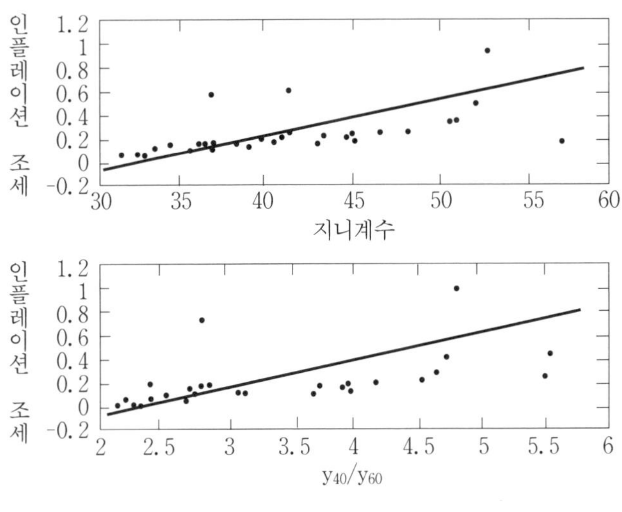

자료: Albanesi(2007), 1091쪽.

로 나타낸 소득불평등도를 표시하고 종축은 인플레이션 조세를 표시하여 그린 것이다. 여기에서도 마찬가지로 인플레이션과 소득불평등 간에 강한 양의 관계가 있음을 알 수 있다.

3. 경기변동

대부자금시장

정부에 의한 인위적인 인플레이션적 화폐불균형은 경기변동을 야기한다. 이것을 이해하기 위해 대부자금시장과 자연이자율 및 시장이자율의 개념을 이해할 필요가 있다. 경제에 화폐공급은 은행들을 통해서 이루어진다. 다시 말하면 중앙은행이 공개시장 조작, 지준율 조작, 할인율 조작과 같은 수단을 이용하여 은행의 지준금을 변화시켜 통화를 공급한다. 그렇게 증가한 지준금을 은행은 대부자금의 형태로 중개한다.

은행이 대부자금의 형태로 공급하는 자금을 신용(*credit*)이라고 한다. 신용공급의 근본적 원천은 예금이다. 예금은 사람들이 저축한 것이다. 사람들이 은행에 예금한다는 것은 저축한다는 의미도 되지만 한편으로는 은행예금을 필요로 한다고 볼 수 있다. 따라서 은행예금은 화폐 측면에서 보면 화폐수요가 되고 대부자금 측면에서 보면 대부자금(신용)의 공급이 된다.

그러나 우리는 여기에서 화폐와 신용의 개념을 분명하게 구별하고 넘어갈 필요가 있다. 화폐는 이미 설명한 바와 같이 재화와 용역을 거래하는 데 사용되는 교환의 매개체이다. 한편 신용은 미래재화와 현재재화의 교환을 말한다.[11] 현재에 소비하고 싶지만 가지고 있는 화폐가 없으면 소비하기 위해서는 다른 사람으로부터 화폐를 빌려야 한다. 따라서 사람들이 “화폐를 빌리는 것”은 그렇지 않으면 구입할 수 없는 현재재화에 지출하기 위함이다. 그 대가로 빌린 화폐를 상환하는 날까지 소비할 수 있는 재화의 소비를 줄여야 하는 차용증서(IOU)를 돈을 빌려주는 사람에게 준다. 이것은 미래재화를 현재재화와 교환한 것이 된다. 다시 말하면 화폐를 빌리는 신용에 대한 수요는 현재에 생산재 혹은 소비재를 얻기 위한 수요이고, 그것을 연결해주는 수단으로서 화폐(특히 은행예금)가 사용되는 것이다.

마찬가지로 “화폐를 빌려주는 것”은 현재 소비할 수 있는 재화를 포기하고 나중에 소비할 재화를 얻는 차용증서를 받는 것이다. 따라서 이것은 현재재화를 미래재화와 교환한 것이 된다. 화폐를 빌려주는 신용의 공급은 현재재화를 포기하여 저축한 것으로서 은행예금이 여기에 해당한다.

이자율이 높으면 현재재화가 미래재화에 비해 상대적으로 비용이 많이 드는 것이고, 이자율이 낮으면 현재재화가 미래재화에 비해 상대적으로 비용이 적게 드는 것이다. 따라서 이자율이 높으면 화폐를 빌리려고 하는 사람들의 신용에 대한 수요는 적고, 이자율이 낮으면 신용에 대한 수요가 많다. 그리하여 차입자에 의한 신용에 대한 수요는 이자율과 역관계에 있다. 은행에 예금하고 또 은행으로부터 대출받는 사람들은 가계와 기업들이다. 이들이 예금자가 되고 차입자가 된다. 따라서 사람들은 은행예금을 수요하면서 신용(대부자금)을 공급하는 의사결정과 은행으로부터 신용(대부자금)을 수요하는 의사결정의 어떤 시간선호의 집합을 가지고 있다. 다시 말하면 사람들은 각자 현재재화와 미래재화 중 어떤 것을 더 원하는지에 대한 시간선호

---

11) Mises〔1980(1924) : 300〕.

를 바탕으로 각자가 예금도 하고 대출도 받는다. 그래서 대부자금시장을 시점간 거래시장(*intertemporal transaction market*)이라고도 하며, 이것이 균형을 이룰 때 시점간 조화(*intertemporal coordination*)가 이루어진다고 한다.

시장이자율과 자연이자율

앞에서 설명한 대부자금시장에서 은행들이 실제로 변화시키는 이자율을 시장이자율로 정의한다. 이와는 달리 저축자와 차입자의 시간선호에 상응하는 이자율을 자연이자율이라 한다. 재화가 시간에 걸쳐 자연적으로 이동된다면 시장이자율과 자연이자율 간의 차이가 없다. 차입자가 단순히 그가 원하는 자본재를 궁극적인 저축자로부터 직접 얻으면 시점간 조화문제(*intertemporal coordination problem*)는 실질적으로 사라진다. 그러나 불확실성과 쌍방욕구의 일치라는 문제 때문에 자본재를 궁극적인 저축자로부터 직접 얻을 수 없다. 그래서 자본재의 시점간 거래(*intertemporal transaction*)는 은행제도와 은행제도가 창출한 수단을 통해 이루어져야 한다. 이때 화폐제도가 시간선호를 근간으로 하는 것들을 정확하게 반영할 수 없으면 은행제도의 활동으로 나타나는 실제결과가 저축자와 차입자의 사전적 시점간 선호(*ex ante intertemporal preference*)와 일치하지 않게 된다. 예를 들어, 최초에 대부자금시장이 균형에 있었는데, 초과화폐공급이 발생했다고 하자. 은행은 사람들이 기본 시간선호에 의해 실제로 저축하고자 하는 것으로부터 나온 양보다 더 많은 대부자금을 생성할 수 있다. 은행들이 초과화폐공급을 가지고 새로운 차입자를 유인하려고 하기 때문에 결과적으로 시장이자율은 하락한다. 그러나 대부자금의 추가적 공급이 대중으로부터 자발적으로 나오지 않기 때문에 자연이자율은 움직이지 않을 것이다. 따라서 시장의 시점간 불일치 문제가 발생한다.

경기변동 과정

앞에서 설명한 바와 같이 화폐의 초과공급으로 시장이자율이 하락하게 된다. 이러한 인위적 시장이자율의 하락은 생산수단의 소유자들로 하여금 잘못된 투자를 하도록 유도한다. 시장이자율이 하락할 경우 일반적으로 투자로 인한 이윤이 증가할 것처럼 보이게 한다. 특히 장기 프로젝트가 그렇게 보인다. 그러므로 장기투자가 증가하게 된다. 장기투자가 증가함에 따라 생산구조가 길어지게 된다. 생산구조가 길어진다는 말은 원자재, 중간재, 그리고 최종재의 생산으로 이어지는 생산과정의 단계가 더 많아지는 것을 의미한다. 결국 원자재로부터 최종재에 이르는 생산과정에 이르는 시간이 길어진다. 이것은 시점간 조화 측면에서 보면 시장이자율 하락이 최종재에 대한 일반대중의 대기의사가 증가하였음을 신호하면서 최종재를 생산하는데 드는 시간증가를 용인한다는 것을 의미한다. 그러나 문제는 통화공급증가에 의한 인위적 시장이자율의 하락이 일반대중의 저축증가를 반영한 것이 아니라는 점이다. 따라서 생산자의 시점간 결정이 소비자의 시점간 결정과 조화되지 않기 때문에 길어진 생산구조는 유지될 수 없다.

낮은 시장이자율에서 새로운 자본 프로젝트가 시작되고 그것들을 생산하기 위해 추가노동이 고용된다. 경기가 상승국면에 들어간다. 현존하는 사용으로부터 새로운 프로젝트로 노동이 이동함에 따라 임금이 오른다. 화폐의 초과공급이 투입재의 지출에 사용됨에 따라 투입재의 가격이 오른다. 유휴노동과 자본이 사용된다. 그로 인해 경기가 좋아지는 것처럼 보인다. 문제는 소비자들의 시간선호가 변하지 않았다는 사실이다. 소비자는 시장이자율의 하락 이전의 시점간 배분을 계속할 것이다. 그리하여 소비자들은 최종재의 과거 수요를 계속할 것이다. 그렇게 되면 생산자는 최종적으로 자신들이 생산요소를 잘못 배분하였다는 것을 발견하게 된다. 많은 자본이 중간재 생산에 사용되어 최종재의 공급이 적은 대신 최종재에 대한 변하지 않는 수요 때문에 최종재의 가격은 올라간다. 그리고 낮은 이자율로부터 생산자들이 예상한 장기수요가 없을 것이기 때문에 생산자는 최근에 시작한 장기 프로젝트가 성공한 것으로 보지 않는다. 일단 생산자들이 장기 프로젝트가 잘못된 것이라는 것을 깨달으면 그것에 투여된 노동은 방출될 것이고 그 프로젝트를 위해 임대하고 구입한 자본재는 유휴화된다. 경기가 불황에 접어들면서 임금과 재화의 가격은 하락하게 된다. 최종적으로 실수에 의해 투자된 자본재는 가능한 정도까지 유동화될 것이고 더 이상의 통화개입이 없다고 가정하면 경제는 시점간 선호와 일치하는 시장이자율로 되돌아 갈 것이다. 이처럼 인위적 통화팽창은 경기변동의 원인이 된다.

1930년대 대공황도 잘못된 정부의 통화관리에 일차적 원인이 있다(〈그림 5-3〉 참조). 1920년대 미국정부는 통화팽창정책을 썼다. 미국 연방준비은행(Federal Reserve Banks)은 1921년 중반에서 1929년 중반까지 통화공급을 60% 이상 늘렸다. 이러한 통화증가로 이자율이 떨어졌고, 주가가 상승하고 경제가 붐을 이루었다. 그러나 통화량 증가로 인플레이션이 발생하자 1929년 후반에 들어 미국 연방준비은행은 인플레이션을 퇴치하기 위해 통화량을 줄이기 시작하여, 그후 3년 동안 약 30%를 줄였다. 갑작스런 통화공급 감소로 경제가 침체에 빠졌다.[12)]

최근 미국의 서브프라임 모기지 사태에 의한 경기침체도 통화정책에 근본적 책임이 있다. 미국의 연준(Federal Reserve)은 2001년에 9·11테러, 실업률 증가, 석유가격 상승, 기업의 회계부정 등 일련의 충격으로 경제가 위기에 처할 수 있을지 모른다고 생각했다. 그래서 이에 대응하기 위해 저금리정책을 써서 화폐공급량을 늘렸다. 그러나 연준이 우려했던 위기는 오지 않았다. 하지만 연준은 2003년 7월부터 2004년 6월까지 정책금리인 연방기금 금리(*federal fund rates*)를 올리지 않고 계속 1%로 유지하였다. 그후 연준은 매달 0.25%씩 올려 연방기금 금리가 2006년 8월 5.25%가 되었다. 아주 낮은 저금리정책의 결과로 나타난 것은 신용 및 모기지 시장의 왜곡, 개인저축

〈그림 5-3〉 미국 대공황 기간의 통화량과 실질 GDP

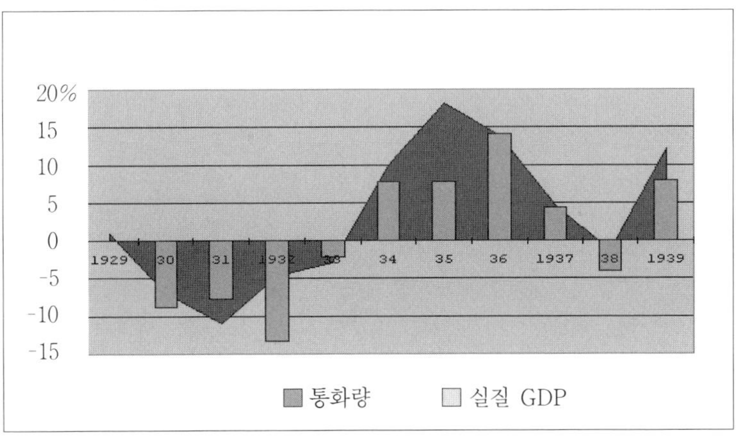

자료: Matthews, Layth. "What Caused the Great Depression of the 1930's?"(http://www.shambhala.org)

12) 거기에 스뭇홀리 관세법과 같은 보호무역정책과 뉴딜정책이란 명목으로 도입된 인센티브를 없애는 조세, 생산과 경쟁에 대한 통제, 곡물과 가축의 무의미한 파괴, 강제적인 노동법 등으로 불황이 심화되어 대공황으로 발전하였다.

의 감소, 인플레이션, 달러의 대외가치 하락이었다.

한국도 마찬가지다. 2001년 경제성장률이 3.8%에 불과하자 김대중 정부는 경제성장률을 끌어올리기 위해 저금리정책을 써서 화폐공급량을 늘렸다. 2002년 경제성장률이 갑자기 7%로 치솟았다. 그러나 그 다음해인 2003년부터 경제성장률이 3~4%대로 추락하기 시작하면서 과도한 유동성으로 과다한 신용대출이 발생했고, 그 결과 신용불량자가 속출하고, 부동산 가격이 폭등하기 시작하였다.

제6장

중앙은행제도의 한계

앞 장에서 우리는 화폐의 불균형이 있을 경우 경제의 모든 시장에 영향을 미쳐 가격이 지식의 대용자로서 기능하는 능력을 떨어뜨린다는 것을 알았다. 그리고 소득재분배 문제 등 여러 가지 문제가 야기됨을 알았다. 따라서 국가 화폐제도의 공식적 규제자로서 중앙은행의 가장 이상적인 목표는 화폐공급량을 화폐수요량에 일치시키는 것이다. 이러한 목표달성을 위해 다양한 통화정책이 제시되고 있다. 첫째, 통화불균형의 원인이 정부의 정치적 간섭이기 때문에 중앙은행을 정부로부터 독립시키는 것이다. 둘째, 화폐수요를 예측하여 중앙은행이 거기에 맞게 화폐공급을 하는 재량적 정책이다. 셋째, 고정화폐 증가율 정책이다. 넷째, 물가안정 정책이다. 과연 이러한 정책이 화폐불균형 문제를 해결할 수 있는지를 확인해보기로 하자.

1. 중앙은행 독립

정부지출을 늘리기 위해 정부는 사람들에게 인기가 없는 세금을 올려서 확보하기보다는 사람들이 잘 알아차리지 못하는 통화팽창을 통해 확보하려는 유인을 갖고 있다. 과거에는 정부가 직접 통화를 발행하여 통화팽창이 이루어졌지만 현대에 와서 통화팽창은 대부분 정부의 통제하에 있는 중앙은행을 통해 이루어진다. 재정지출에 필요한 자금을 용이하게 조달하기 위해 중앙은행으로 하여금 정부의 채권을 매입하도록 압력을 행사한다. 뿐만 아니라 선거 직전에 특정 유권자들로부터 지지를 얻기 위해 실업률과 이자율을 낮추기 위해 공개시장에서 정부의 채권을 매입하도록 압력을 행사한다. 중앙은행이 정부의 채권을 매입하면 통화가 팽창되기 때문에 이러한 정부의 압력은 인플레이션을 유발한다. 따라서 정부의 통제에 있는 중앙은행은 인플레이션 유발적 통화정책을 수행할 가능성이 크다. 그러므로 인플레이션 유발적 통화정책을 막기 위해서는 중앙은행이 정부의 압력으로부터 자유로울 수 있는 독립성 보장이 중요할 수 있다. 왜냐하면 독립성을 가지고 있는 중앙은행이라면 정부의 압력에 저항할 수 있기 때문이다. 중앙은행의 독립성에 대한 주장은 독립성이 강한 국가들일수록 인플레이션 성과가 좋다는 연구결과에 의해 지지되고 있다.[1]

그러나 중앙은행의 독립성이 반드시 인플레이션 유발적 통화정책의 종식을 보장하지는 않는다. 왜냐하면 중앙은행의 독립성이 공공의 이익이 아닌 중앙은행 자신의 이익을 추구하도록 만들 수 있기 때문이다.[2] 중앙은행이 정부의 압력으로부터 자유롭다 하더라도 자기

---

1) Alesina et al. (1993) 참조.

2) 또한 중앙은행의 독립성이 유지될지라도 보수적인 중앙은행장이 아닐 경우

자신의 이익을 위해 통화를 발행함으로써 시뇨로지를 얻으려고 할 것이다. 이러한 행위는 결국 인플레이션을 유발하게 된다. 따라서 중앙은행의 독립성이 보장된다 하더라도 기본적으로 인플레이션 유발적 통화정책의 문제가 존속하게 된다.[3] 뿐만 아니라 실제사례에서도 독립적인 중앙은행 모두가 자신의 지위를 성공적으로 사용한 것은 아니었다. 대공황 기간에 미국의 연준은 수천 개의 은행도산을 막지 못하는 등 자신에게 부여된 최후대부자의 역할을 제대로 수행하지 못했다.[4] 또한 상대적으로 독립성이 컸지만 연준은 1960대와 1970년대에 급속한 인플레이션을 유발시켰던 과도한 확대통화정책을 제어하지 못했다.

더욱 중요한 것은 중앙은행의 독립성이 화폐불균형 문제를 해결할 수 있느냐 하는 것이다. 다시 말하면 중앙은행이 경제에서 요구되는 화폐수요량을 정확하게 예측하여 공급할 수 있는 능력을 갖고 있느냐는 문제다. 정부의 압력을 받지 않고 독립적으로 통화정책을 수행하고 자신의 이익이 아닌 공공의 이익을 위한 통화정책을 수행한다고 할지라도 중앙은행이 화폐불균형 문제를 해결할 수 없음을 아래에서 보기로 하자.

에 화폐가치의 안정보다는 성장위주의 정책을 펼 가능성이 높을 수 있다.

3) Fiedman(1982)은 관료주의적인 연방준비의 여러 가지 행태를 보여주고 있다.

4) 자세한 내용은 제3장 각주 45를 참조하기 바란다.

2. 재량적 통화정책

재량적 통화정책은 중앙은행이 통화정책 목표와 그것을 성취하는 방법을 정하고 상황에 따라 임의로 변경할 수 있는 것을 말한다. 재량정책은 화폐수요, 즉 화폐의 유통속도와 다른 거시변수들이 변화하면 화폐공급이 그러한 것들의 변화를 상쇄하는 방향으로 조정되어야 한다는 논거에 근거한다.[5] 경기변동이나 다른 거시경제목표를 안정화하기 위해 그러한 변화를 상쇄하기 위해 중앙은행이 통화량을 조절하는 조치를 취해야 한다는 것이다. 화폐의 유통속도는 매우 불안정할 뿐만 아니라 유통속도 변화가 명목소득을 변화시켜 후생을 감소하는 쪽으로 움직이기 때문에 통화당국이 화폐공급을 의도적으로 조정해야 한다는 것이다. 이러한 재량적 통화정책은 중앙은행이 화폐수요를 정확히 추적할 수 있다는 것을 전제로 한다. 그러나 화폐수요를 추적하는 데 있어서 여러 가지 정보문제로 재량적 통화정책의 성공적 수행이 어렵다.

첫째, 필요한 정보를 수집하는 데 있어서 존재하는 시차문제다. 부분지준은행제도에서 유동성을 유지하기 위해서는 지준보유를 세심하게 관찰할 필요가 있다. 공개시장 조작, 할인율, 혹은 법정불환지폐의 발행을 통해 유동성을 제공할 수 있는 중앙은행제도에서 화폐의 과잉발행에 대한 즉각적 피드백 과정이 없다. 중앙은행이 통화가 과

---

5) 많은 정책집행자들은 통화정책에 대한 준칙 따르기를 꺼려한다. 그 이유는 일단 어떤 특정 준칙에 고정되면 경제의 구조적 변화로 인해 그 준칙이 적절치 못한 정책이 될 것이라고 생각하기 때문이다. 이것을 잘 대변하는 의견은 알렌 그린스펀 연방준비제도이사회 의장의 연설에 잘 나와 있다. Greenspan (1997)을 참조하기 바란다.

잉공급되었는지를 알 수 있는 유일한 방법은 물가수준이 오른 이후다. 대중이 원하는 것 이상으로 중앙은행이 통화를 발행하면 사람들은 재화와 서비스에 그것을 지출하여 물가를 상승시킨다. 또 은행에 예금하는 경우 은행의 지준보유량이 증가하여 그것으로 인하여 새로운 대출과 예금이 창출된다. 결국 이것 역시 물가수준을 끌어올리게 된다. 어떤 과정이든 시간이 걸리고 물가수준에 관한 데이터가 수집되는 경우에 새로운 화폐발행과 물가수준의 변화를 통하여 인지하는 데는 많은 시차가 존재한다. 결국 중앙은행은 물가수준의 상승이나 실업이 발생하는 것을 발견하게 될 때 가서야 실수했다는 것을 알게 된다. 또한 물가라는 것이 비화폐적 요인에 의해 변동될 수 있기 때문에 물가변동이 화폐요인에 의한 것인지에 대한 분명한 신호를 갖기가 어렵다.[6] 설령 화폐수요 등에 관한 데이터를 신속 정확하게 입수한다고 하더라도 앞에서 설명한 시뇨로지 인센티브로 인해 중앙은행이 화폐균형을 유지하려는 정책을 고집할 유인이 있는지에 대한 의문은 여전히 존재한다. 이 인센티브 문제로 인해 데이터 문제에 직면한 중앙은행이 인플레이션 경향(*inflationary bias*) 통화정책을 쓸 가능성이 높다.

둘째, 중앙은행이 직면한 또 다른 문제는 정확한 통화승수 값을 잘못 추측할 수 있다는 점이다. 설령 정확히 화폐의 유통속도를 예측하

6) 중앙은행 통화가 금과 같은 어떤 상품으로 상환될 수 있는 경우 이러한 정보문제가 약간 완화될 수는 있다. 대중이 중앙은행에 가져와 원하지 않은 통화를 직접적으로 상환하는 것을 선택할 수 있기 때문이다. 이 경우 중앙은행은 과잉발행의 신호를 상당히 신속하게 얻을 수 있다. 그러나 대중이 그러한 직접적 상환이 아닌 다른 방법을 선택한다면, 즉 원하지 않는 통화를 지출하거나 은행에 예금한다면, 상환될 수 있는 독점화폐가 은행제도로 들어가 피드백 과정이 멈출 수 있다. 개별은행들이 고객을 위해 사용하기 위해 예금된 통화를 금고에 넣어 둘 수 있기 때문이다.

였다고 할지라도 그에 맞게 통화량을 공급하기 위해서는 중앙은행이 정확한 통화승수 값을 가지고 있어야 한다. 그러나 통화승수는 일반 대중이 원하는 현금과 요구불예금 간의 비율, 은행들이 원하는 초과 지준율의 영향을 받기 때문에 이러한 요인들이 변한다면 통화승수 역시 변할 수 있다. 이러한 요인들은 중앙은행의 통제 밖에 있는 것들이기 때문에 중앙은행은 사실상 정확한 통화승수를 가질 수 없다. 그렇게 되면 결과적으로 적극적 통화정책의 좋은 의도는 왜곡되고, 모든 외부변화의 효과를 상쇄하기 위해 방어해야 하는 처지에 놓이게 된다. 여기에 첫 번째에서 설명한 데이터를 얻는 데 직면하는 지식의 문제가 더해지면 중앙은행은 더욱 어려움에 처하게 된다.

중앙은행의 재량적 정책이 정보문제로 인해 성공적으로 수행이 어려운 것도 문제이지만 보다 더 큰 문제는 화폐분야에서 가격의 신호기능 왜곡이다.[7] 일반대중이 소비를 줄이고 보다 많은 화폐를 보유함으로써 저축을 선택한다면 은행제도와 투자자들은 시간선호가 하락했다는 신호를 받아 이자율과 대출이 적절한 방향으로 조정되어야 한다. 만약 중앙은행의 개입이 없으면 은행은 지준을 감소시키고 시장이자율이 상승하고 총대출활동이 준다. 그러나 여기에서 중앙은행

---

7) 재량적 통화정책은 동태적 비일관성 문제(*time inconsistency problem*) 때문에도 비판된다. 경제행위는 통화당국이 미래에 어떤 일을 할 것인지에 대한 기업과 사람들의 예상에 의해 영향을 받는다. 정책당국은 사람들이 예상한 것보다 더 확장적인 재량적 정책을 수행함으로써 산출량을 증가시키거나 실업을 감소시킨다면 이를 경험한 근로자와 기업들은 다음 기에 통화당국의 정책을 믿지 않고 인플레이션뿐만 아니라 임금과 가격에 대한 예상을 증가시킬 것이다. 그 결과 산출량은 증가하지 않고 인플레이션만 높게 상승하게 된다. 이와 같이 정부가 의도한 좋은 결과가 지속될 수 없는 것을 정책의 동태적 비일관성이라 하는데, 재량적 통화정책은 이러한 동태적 비일관성 문제를 일으킨다. 자세한 것은 Kydland and Prescott(1977)를 참조하기 바란다.

이 공개시장 매입을 할 경우 채권보유자가 중앙은행에 팔고 그 돈을 한 은행에 예금하면 그 은행은 새롭게 창출된 지준금을 대출해줄 인센티브를 갖는다. 그 지준금의 대출결정은 시장의 힘에 의해 제어되겠지만, 지준금이 증가한 사실은 시장결정과는 무관한 중앙은행에 의한 결과이다. 공개시장 조작에 의한 지준금 증가는 시장신호에 대한 반응이 아닌 것이다. 따라서 화폐불균형의 결과가 빈번하게 나타난다.

3. 준칙에 의한 통화증가율 고정정책

준칙제도는 통화당국이 상당 기간 동안 정해진 준칙 혹은 피드백 과정에 의해 결정된 어떤 목표를 성취하는 것으로써 그 목적과 수단은 통화당국의 통제 밖에 있다.[8] 대표적인 것이 프리드만의 통화공급 k%준칙이다.[9] 이 준칙정책은 유통속도가 사실상 불안정하지 않고 시간에 걸쳐 상당히 예측할 수 있는 방향으로 움직인다는 논거에 근거한다. 재량적 정책이 아닌 유통속도의 예측가능한 변화에 맞춘 화폐공급준칙으로 화폐균형 혹은 안정된 물가수준을 유지할 수 있다는 것이다.

통화준칙은 보통 화폐의 소득속도가 장기적으로 안정적이라는 이론적, 경험적 가정하에 세워진 것이다. 통화공급의 고정증가율을 지지하는 사람들은 유통속도의 단기적 변동이 일반적 장기추세만큼 중요하지 않다고 주장한다. 유통속도가 단기에 변동하지만 그러한 변화를 상쇄하기 위한 시도는 시차 때문에 아주 비생산적이라는 것이

8) 준칙에 대한 자세한 논의는 McCullum(2006)을 참조하기 바란다.

9) 통화공급의 준칙은 Friedman(1960; 1968)을 참조하기 바란다.

다. 그래서 유통속도의 장기추세를 보고 그에 따라서 통화공급준칙을 고수해야 한다고 한다. 이러한 준칙적 중앙은행제도는 재량적 중앙은행제도보다 우위에 있을 수 있다. 그러나 준칙적 중앙은행제도는 앞에서 언급한 바와 같이 유통속도의 단기적 변동에 의해 화폐의 불균형이 초래된다는 문제점을 피할 수 없다. 다시 말하면 유통속도가 장기추세 주변에서 변동한다고 해서 화폐수요가 매우 불안정하다고 믿을 필요는 없지만, 그러한 변동이 상당한 것이라면 화폐공급이 경직적 증가율로 고정될 경우 화폐불균형이 초래될 것이다. 따라서 장기 유통속도를 목표로 하는 통화준칙은 차선의 해법일 뿐이다.

준칙이 재량에 비해 장점이 많지만 화폐공급준칙이 가격의 신호기능을 완전히 수행하지 못하게 하는 점은 마찬가지다. 사실 얼마나 많은 화폐량이 수요되는가를 결정하는 데에는 많은 기초지식이 필요하다. 그런데 준칙적 통화정책은 이러한 많은 지식을 무시하고 있다. 게다가 준칙의 제도에는 독점화된 통화와 중앙은행이 지준금 수준을 조절하는 능력이 여전히 존재한다. 따라서 본원통화의 공급이 시장의 힘에 제약받지 않는다. 그에 따라 요구불예금뿐만 아니라 현금의 공급 역시 시장의 제약을 받지 않는다. 통화준칙이 재량에 의해 창출된 왜곡의 일부를 막을 수 있을지는 몰라도 여전히 작동하는 시장의 힘을 무시하고 있다.

4. 물가안정 목표제

각 중앙은행은 물가안정을 통화정책의 최우선 목표로 삼고 있다.[10] 물가안정을 최우선으로 삼는 이유는 물가가 불안할 경우 소비, 저축, 투자, 생산 등 경제전반에 불확실성이 커져 경제활동이 크게 위축되기 때문이다. 다시 말하면 앞 장에서 설명한 물가불안으로 나타나는 인플레이션과 디플레이션이 경제에 많은 문제를 일으키기 때문에 이러한 문제들이 발생하지 않도록 하는 것이 물가안정의 목적이다.

인플레이션과 디플레이션이 나타나지 않는 물가안정은 제로인플레이션을 의미한다. 그러나 실제로는 각국의 중앙은행이 제로인플레이션을 목표로 하지 않고 양(+)의 인플레이션을 목표로 하고 있다. 그것은 제로인플레이션이 바람직하기는 하지만 임금의 하방경직성과 같은 경제의 구조적 문제들로 인해 어느 정도 인플레이션은 불가피하고 물가상승률을 과도하게 낮추려는 것이 오히려 성장을 저해하는 등 높은 비용을 치른다는 논거에 근거한다. 또 기술진보에 따른 가격하락으로 제로인플레이션을 목표로 하는 것은 실제로는 디플레이션이 초래될 수 있으므로 어느 정도 인플레이션을 용인해야 한다는 논거에 근거한다.

이러한 물가안정 목표는 구체적으로 특정 물가지수를 대상으로 하며, 국가에 따라 그 목표율이 각각 다르다.[11] 예를 들어, 유럽중앙은행(ECB)은 2% 이내, 영국은 2%, 캐나다와 뉴질랜드는 1~3%, 한국은 2.5~3.5%를 물가안정의 기준으로 삼고 있다. 각국이 인플레이션 목표제를 채택한 이후 물가가 상당히 안정된 것은 사실이다.

---

10) 중앙은행이 통화정책의 최종목표로 삼는 것에는 물가안정 이외에도 높은 고용수준, 경제성장, 이자율 안정, 금융시장의 안정, 외환시장의 안정 등 여러 가지가 있다. 이러한 목표들은 시대에 따라 변화했다. 최근에는 대부분의 중앙은행들이 물가안정을 최우선으로 하고 있다.

11) 대부분의 국가가 소비자 물가지수를 기준으로 하고 있으며 일부 근원물가지수를 기준으로 하고 있다. 근원물가지수는 한국은 1998년부터 인플레이션 목표제를 실시하면서 근원물가지수를 사용하다가 2006년에 소비자 물가지수로 바꾸었다.

그러나 물가안정 목표는 이론적으로나 실제에서 심각한 결점을 갖고 있다. 경제상황을 전혀 고려하지 않고 무조건적으로 물가를 안정시키는 것은 경제를 교란시키는 요인이 된다. 그러한 교란이 양의 인플레이션을 목표로 삼아서가 아니라 제로인플레이션을 목표로 하더라도 인위적으로 물가를 안정시키는 것은 경제의 자연스러운 흐름을 방해하는 것이다.

물가안정 목표제는 어떠한 경우에도 물가를 일정수준으로 유지해야 한다는 정책이다. 그러나 이것은 경제변화의 중요한 요소를 무시하는 정책이다. 기술진보에 따른 생산성 증가의 경우를 보자. 생산성이 증가하면 생산량이 증가하여 물가가 자연히 하락하게 된다. 물가안정 목표제에 따르면 이 경우에 물가를 안정시키기 위해 통화량을 증가시켜야 한다. 그러나 이러한 정책은 경제를 안정화시키는 것이 아니라 오히려 불안정하게 만든다. 왜냐하면 통화당국이 통화량을 증가시킴으로써 균형에 있던 화폐시장을 불균형으로 만들기 때문이다. 화폐가 불균형이 되면 앞 장에서 설명한 것과 같은 경제교란 효과가 나타나게 된다. 따라서 물가안정 목표제는 실제로는 경제를 안정시키는 것이 아니라 경제를 불안정하게 만드는 정책이다.

일반적으로 물가안정 목표제를 주장하는 사람들은 물가하락으로 인한 디플레이션이 사회적 후생을 떨어뜨린다고 생각한다. 물가하락으로 인한 디플레이션이 우려되는 것은 가동되지 않는 시설과 설비가 쌓이고 실업이 발생하는 경우다. 그러나 만약 물가가 하락하더라도 유휴설비가 없고 실업이 발생하지 않는다면 그것은 우려할 일이 아니다. 더구나 물가가 하락하면서 고용이 증가하고 생산이 증가한다면 오히려 사회적 후생이 증가하게 된다. 생산성 증가에 따른 물가하락이 바로 이러한 경우이다. 그러므로 생산성 증가에 따른 물가하락이 있을 경우 물가를 안정시킨다는 목표하에 통화량을 증가시킨다면 그것은 오히려 사회적 후생을 감소시키는 것이 된다.[12] 따라서 경제에서의 물가안정 목표제가 통화정책의 바람직한 목표가 될 수 없다.

물가하락에 따른 디플레이션 우려로 물가안정 목표제를 고집하는 것은 화폐수요의 개념에 대한 혼동에서 비롯된다.[13] 화폐수요가 변하는 경우에는 두 가지가 있다. 하나는 소득에 대한 상대적 화폐수요, 즉 화폐의 소득 유통속도가 변하는 경우이고, 다른 하나는 절대적 화폐수요가 변하는 경우다. 미래의 불확실성이 증가하여 사람들이 주어진 소득에 비해 상대적으로 화폐보유를 많이 함으로써 화폐의 소득 유통속도가 하락하는 경우가 전자의 좋은 예이다. 그리고 후자는 기술진보에 따른 생산성 증가로 소득이 증가하여 화폐의 절대보유량이 증가하는 경우다. 이것을 구별하는 것은 매우 중요하다. 어떤 화폐수요가 변하든, 즉 화폐의 소득 유통속도가 변하든, 화폐의 절대수요가 변하든 변화가 있을 경우 화폐균형을 이루기 위해서는 실질화폐잔고의 변화가 필요하다. 그러나 소득 유통속도의 변화가 있을 경우 화폐균형을 이루기 위해서는 명목 화폐공급량을 변화시키는 것이 바람직하고, 절대 화폐수요가 변하는 경우에는 재화들의 가격변화에 의해 화폐균형이 이루어지도록 놓아두는 것이 바람직하다.

상대적 화폐수요든 절대적 화폐수요든 화폐수요가 증가하면 물가하락의 압력이 나타난다. 상대적 화폐수요가 증가하여 소득 유통속도가 하락할 때 물가가 하락하게 된다. 이것은 화폐의 교환방정식으로 설명된다. MV=PY에서 좌변의 유통속도 V가 하락하면 주어진 통화량 M과 생산량 Y에서 우변의 물가 P가 하락함을 쉽게 알 수 있다. 여기에서 만약 재화의 가격들이 하방경직적이라면 수량조절이

---

12) 생산성 기준에 의한 통화정책과 제로인플레이션 통화정책 간의 경제학설적 논쟁에 대해서는 Selgin (1996: 163~189) 을 참조하기 바란다.

13) 이에 대한 자세한 논의는 Horwitz (2000: 157~158) 를 참조하기 바란다.

일어난다. 즉, 재고가 쌓이고 유휴설비가 늘어나며 실업이 증가한다. 이러한 경우 통화공급량을 증가시키면 물가를 안정시킬 수 있고, 디플레이션 문제를 피할 수 있다. 이러한 경우에는 물가안정 목표가 의미가 있다.

그러나 생산성 변화로 인한 소득변화로부터 결과하는 절대 화폐수요가 변하는 경우는 이와는 다르다. 예를 들면, 한 기업가가 제품을 생산하는 데 보다 효율적인 기계를 개발하였다고 하자. 그 기업은 단위당 생산비용이 줄기 때문에 제품가격을 인하한다. 가격을 인하하더라도 생산비용이 하락하였으므로 기업의 이윤은 증가하고, 가격인하로 기업의 판매량이 증가한다. 뿐만 아니라 이 가격하락은 그 제품을 사는 사람의 소득증가를 의미한다. 이러한 소득증가는 화폐의 실질잔고에 대한 수요를 증가시키지만, 이 수요증가는 바로 충족된다. 모든 다른 가격이 변하지 않는다면 문제의 재화의 가격하락은 물가수준을 하락시키고, 하락한 물가는 주어진 명목화폐량에서 실질화폐잔고를 늘린다. 그러한 생산성 이익이 확산될수록 소득과 화폐수요는 더욱 오를 것이다. 그러나 물가가 역시 더욱 하락할 것이고, 자동적으로 실질잔고에 대한 수요의 증가를 만족시킬 것이다.

이것 역시 교환방정식을 이용하여 설명할 수 있다. MV=PY에서 생산성 증가로 생산량 Y가 증가하면 물가 P가 하락한다. 좌변인 화폐시장에는 아무런 변화가 없다. 즉, 명목화폐량 M에 전혀 변화가 없고, 다른 충격이 없는 상태이기 때문에 유통속도 V도 변하지 않는다. 이 상태에서 소득이 증가하여 화폐수요가 증가하더라도 물가하락으로 실질화폐잔고가 증가하여 화폐시장이 균형을 이루게 된다. 따라서 생산성 증가에 따른 물가하락이 있더라도 물가를 안정시키기 위해 통화량을 늘릴 이유가 하나도 없는 것이다. 만약 여기에서 물가를 안정시킨다는 목적하에 통화량을 증가시키면 화폐시장에 불균형이 생긴다. 화폐의 초과공급이 발생하여 상대가격이 왜곡된다. 앞 장에서 설명한 상대가격 왜곡으로 인한 폐해가 나타난다. 생산성 증가와 같은 요인으로 물가가 하락한다면 그것은 자연스러운 것이므로 물가를 안정시키기 위하여 통화량을 늘리기보다는 물가가 하락하도록 놔두는 것이 바람직하다.[14] 그러므로 물가안정 목표제는 통화정책의 바람직한 목표가 될 수 없다.[15]

화폐수요에 따른 물가하락의 결과는 상대적 화폐수요의 경우나 절대적 화폐수요의 경우나 마찬가지다. 비록 결과는 같을지 모르지만 물가가 하락하는 과정이 전혀 다를 뿐만 아니라 그 의미 또한 다르다. 전자의 경우는 화폐 측면의 변화로 물가가 변하는 것이다. 다시 말하면 화폐의 유통속도가 하락하면 화폐시장에 화폐의 초과수요가 발생하게 된다. 이것은 곧 사람들이 지출을 줄인다는 의미로 재화시장에서 수요감소로 나타난다. 그래서 팔리지 않는 물건이 생기게 되고, 생산자들이 이를 처리하기 위해서는 어쩔 수 없이 가격을 낮추어야 하는 것이다. 다시 말하면 가격하락이 생산자들의 자발적 행위의 결과가 아니라는 점이다. 그러나 후자의 경우는 다르다. 이는 재화생산 측면의 변화로 물가가 변하는 것으로 기업 스스로의 결정에 의하여 물가가 하락하는 것이다. 생산성이 증가하면 단위당 생산비용이 하락하기 때문에 가격을 낮추어도 이윤이 생기므로 기업은 가격을 낮출 유인을 갖고 있다. 거기에다 판매량을 늘리려는 욕망 때문에 기업은 기꺼이 가격을 인하한다. 이처럼 후자의 경우는 전자의 경우와는 달리 물가하락이 기업의 자발적 행위의 결과라는 점이다.

---

14) Selgin (1997)과 Horwitz (2000: 157~159)를 참조하기 바란다.

15) Leijonhufvud (2007)는 "현재 상황에서 인플레이션 목표제의 문제는 일정한 인플레이션율이 통화정책이 옳은지의 여부에 대한 정보를 결코 주지 않는다는 점"이라고 주장한다.

무조건적 물가안정 목표는 이러한 점들을 무시한다. 무조건적으로 물가를 안정시키는 것은 시장참가자들의 자발적 행위를 방해하는 것이다. 시장참가자들의 자발적 행위를 방해할 때 나타나는 문제들은 제 2장에서 설명한 것처럼 가격의 정보전달 기능을 떨어뜨려 시장참가자들의 경제적 계산을 왜곡시켜 교환을 방해하고 시장경제를 교란시키는 것이다. 따라서 기술진보에 따른 가격하락으로 제로인플레이션을 목표로 하는 것은 실제로는 디플레이션이 초래될 수 있으므로 어느 정도 인플레이션을 용인해야 한다는 논거는 잘못된 것으로 물가안정정책은 적정치 못한 통화목표이다.

물가안정 목표제의 또 다른 문제점은 특정 물가지수, 즉 소비자 물가지수(CPI)를 대상으로 한다는 점이다.[16] 제 4장에서 본 것처럼 CPI를 산정할 때 포함되는 재화의 범위가 한정되어 있다. 화폐량 변동에 따른 재화의 가격변동은 CPI에 포함되는 재화에만 국한되는 것이 아니다. 그 범위가 매우 넓다. 만약 통화량 변동에 따라 CPI에 포함되지 않는 재화의 가격을 심각하게 변동시켜 사람들의 생활에 크게 영향을 미친다면 CPI를 대상으로 한 물가안정정책은 잘못일 수 있다.

예를 들어, 〈그림 6-1〉에서 보는 바와 같이 CPI를 대상으로 한 물가안정 목표를 달성하였다고 할지라도 부동산과 같은 자산가격이 폭등하였다면 그것은 제대로 된 물가안정 목표를 성취했다고 볼 수 없

16) 물가안정의 이론적 개념에 상응하는 딱 맞는 물가지수는 없다. 재화의 가격을 안정시키는 것이 결코 경제활동을 안정시키는 것이 아니다. 성장하는 경제에서 소비자 물가지수를 안정시키는 통화정책은 시간이 흐르면서 자원배분을 방해한다. 예를 들어, 소비자 물가지수를 바탕으로 물가안정 목표에 따라 이자율을 낮추면 자본재 혹은 주택과 같은 장기자산의 가격들이 올라가게 된다. 다시 말하면 소비재와 용역의 가격을 안정시키는 것은 자산버블을 야기할 수 있다. 이에 대한 자세한 논의는 Mises〔1980(1912)〕와 Hayek(1935)를 참조하기 바란다.

다. 〈그림 6-1〉에서 보면 우리나라의 소비자 물가지수가 상당히 안정적으로 보이지만 2002~2003년과 2005~2006년 주택가격이 크게 상승했음을 알 수 있다. CPI형의 물가안정 목표제는 버블성향이 있는 중앙은행의 부주의를 악화시킬 수 있다. 실제로 미국에서 1929년에 터진 자산가격의 버블과 최근 미국의 서브프라임 모기지 사태 등은 CPI의 안정성을 추구한 신용확장에 그 원인이 있다. 따라서 CPI와 같은 특정 물가지수에 국한되어 목표를 정하는 것은 통화정책 전달과정에 비추어 볼 때 위험성이 있다. 따라서 물가안정 목표제를 굳이 실행해야 한다면 보다 나은 목표대상을 정하는 것이 바람직하다. 예를 들어, 자산가격을 포함시키는 목표제, 투입재 가격(임금과 원자재 가격) 목표제, 1인당 명목지출 목표제 등을 고려하는 것이다.

〈그림 6-1〉 한국의 소비자 물가지수 상승률과 주택가격 상승률 대비

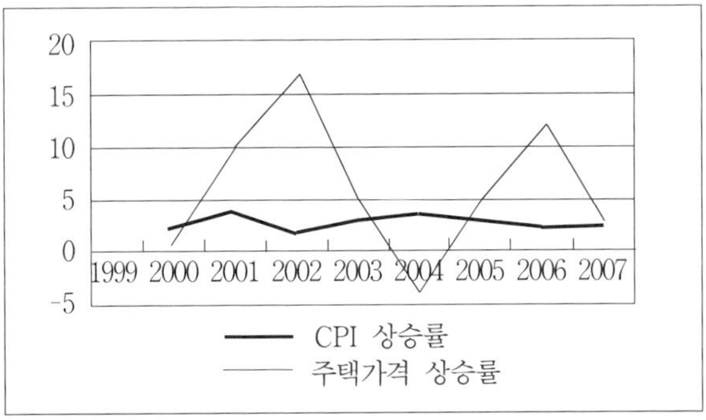

자료: 통계청의 소비자 물가지수와 국민은행의 주택가격 지수.

5. 중앙은행제도의 성과

오늘날 중앙은행이 보편적이지만, 중앙은행제도가 도입된 것은 20세기에 들어와서이며, 특히 개발도상국가에서는 20세기 후반의 일들이다. 중앙은행제도가 도입되고 1970년대까지는 개발도상국가의 중앙은행은 다른 화폐제도보다 나쁘지 않았으며 선진국의 중앙은행보다 나쁘지 않았다.[17] 중앙은행의 성과가 그리 나쁘지 않았던 것은 여러 가지 형태의 금본위나 은본위가 내부통제가 약한 국가에 대해서도 인플레이션에 대한 규율을 가했기 때문이다. 1946년에서 1973년까지 유지되었던 금본위제도의 가장 약한 형태인 브레턴우즈 체제하에서도 마찬가지였다. 그러나 브레턴우즈 체제의 붕괴로 인플레이션에 대한 외부통제가 사라지자 중앙은행의 성과는 매우 나빠졌다.

1973년 이후 주요 국가들은 자유변동환율제를 실시하였다. 개발도상국가는 자유변동제를 채택하지 않고 자신들의 통화를 다른 국가의 통화에 고정시키든가 연계시켰다. 그러나 시간이 흐름에 따라 점점 자유변동제도로 바꾸거나 자주 화폐가치를 변화시키면서 연계하였다. 그 결과는 높은 인플레이션이었다. 1973년부터 1982년까지 선진국이든 개발도상국가이든 인플레이션율이 두 자리 수에 달했다. 그러나 1982년 이후 대부분의 선진국은 낮은 한 자리 수의 인플레이션으로 되돌아왔지만, 중앙은행을 가지고 있는 많은 개발도상국가들은 높은 인플레이션을 경험하였다. 그에 비하여 중앙은행이 없는 개발도상국가들의 인플레이션은 선진국들과 비슷하였다.

〈표 6-1〉을 보면 중앙은행이 없는 개발도상국가의 평균 경제성장

---

17) Schuler(1996: 13) 참조.

률이 1.8%였던 반면, 중앙은행을 가지고 있는 개발도상국가의 경제성장률은 1.1%였다. 한편 중앙은행이 없는 개발도상국가의 미디안 인플레이션율은 8.7%였고, 중앙은행을 갖고 있는 개발도상국가의 인플레이션은 10.8%였다. 에콰도르, 엘살바도르, 괌, 과테말라, 파나마, 푸에르토리코, 사모아, 그리고 버진아일랜드와 같은 중앙은행이 없는 개발도상국가들은 동일한 기간에 하이퍼인플레이션을 전혀 경험하지 않았다. 그에 반해 중앙은행을 가지고 있는 개발도상국가

〈표 6-1〉 전 세계 화폐가치의 변동

	중앙은행이 있는 선진국	중앙은행이 있는 개발도상국가	중앙은행이 없는 개발도상국가
연평균 인플레이션(소비자 물가), 1971~1998			
평균(%)	8.9	79.7	11.8
미디안(%)	5.4	10.8	8.7
표준편차(%)	19.7	702.4	17.4
연 20% 이상 인플레이션을 경험한 국가	16%	59%	13%
1971~2000	(8/36)	(86/145)	(8/64)
연 100% 인플레이션을 경험한 국가	0%	22%	0%
1971~2000	(0/36)	(32/145)	(0/64)
경상수지거래에 대한 외환통제를 한 IMF회원국	18%	67%	20%
1999년 말	(6/34)	(91/136)	(3/15)
미 달러나 공식고정통화에 대해 평가절하한	72%	94%	3%
환율 1971년 초~2000년 말	(26/36)	(133/141)	(1/31)
1인당 국민소득 연 증가율 1971~1998			
평균(%)	2.1	1.1	1.8
미디안(%)	2.3	1.6	1.9
표준편차(%)	6.1	7.0	6.6

자료: Gwarteny et al. (2001).

의 약 ⅓이 하이퍼인플레이션을 경험했으며, 그 평균 인플레이션율이 선진국의 두 배에 달했다.

중앙은행의 통화정책으로는 화폐불균형의 문제를 해결할 수 없다. 그것은 중앙은행의 통화공급이 수요탄력적이지 않기 때문이다. 다시 말하면 중앙은행은 기본적으로 사람들이 원하는 화폐량에 꼭 맞추어 화폐를 공급할 수 없다. 따라서 중앙은행제도에서는 기본적으로 화폐불균형은 존재할 수밖에 없고, 그로 인한 화폐불균형으로 야기되는 문제 또한 존재할 수밖에 없다. 뿐만 아니라 인플레이션을 억제하는 데서도 중앙은행제도가 결코 우위에 있지 않다는 사실이 각국의 경험에 의해 증명되고 있다.

제 7 장

중앙은행제도의 대안 : 민간화폐제도

화폐가치가 안정되고 재화와 용역의 상대가격 변화를 왜곡시키지 않으려면 화폐공급이 화폐의 수요에 따라 이루어져야 한다. 그러나 현재의 중앙은행제도하에서는 정부에 의해 임의로 화폐공급이 이루어질 뿐만 아니라 지식의 문제로 중앙은행은 화폐수요의 변화에 맞게 화폐를 공급할 수 없는 근본적 문제점을 안고 있다. 따라서 현재의 중앙은행제도하에서는 화폐금융제도가 불안정할 수밖에 없는 한계가 있다.

화폐공급이 화폐수요의 변화에 따라 적절하게 이루어져 화폐균형이 일어날 수 있는 화폐금융제도가 바람직한 제도이다. 이러한 제도는 자유금융(*free banking*)의 민간화폐제도이다. 민간화폐제도는 민간은행에 의해 화폐가 경쟁적으로 발행되는 화폐금융제도이다. 실제 인류역사에서 18세기에서 20세기 초까지 약 3백 년 동안 60여 개 국가에서 민간화폐제도가 실시되었다. 민간화폐제도는 997년 중국 북송시대까지 거슬러 올라갈 수 있지만, 현대적 민간화폐제도의 기원은 스코틀랜드(1716~1844)이다.[1] 정부의 규제가 최소였던 국가에서

1) 제 3장 각주 20에서 언급한 997년 중국 북송시대 지금의 사천에서 발행된

부터 가장 규제가 많았던 국가에 이르기까지 정도가 약간씩 다른 다양한 민간화폐제도가 존재하였다. 벨기에, 프랑스의 혁명정부, 볼리비아, 그리고 로디지아(짐바브웨) 등은 규제가 없었던 국가들이었으며, 민간화폐제도로 가장 많이 연구되는 스코틀랜드는 규제가 거의 없었다.

민간화폐제도는 매우 안정적이었다. 1791~1821년의 기간 동안 잉글랜드는 3백 개 이상의 은행실패를 경험하였지만 동일한 기간 동안 민간화폐제도를 실시하고 있었던 스코틀랜드는 단 하나의 은행실패도 없었다는 사실이 이것을 증명해준다.[2] 뿐만 아니라 미국의 연준이 설립된 후 1931~1933년 9천여 개의 미국 은행들이 실패하였는데, 이것은 중앙은행이 없었던 그 이전의 어떤 시기보다 심각하였던 것이었다.[3] 그리고 동일한 기간에 캐나다의 금융제도는 은행공황(*bank panic*)을 전혀 경험하지 않았다는 사실은 민간화폐제도가 안정적인 화폐금융제도임을 보여주는 실례이다.[4]

이렇듯 민간화폐제도가 안정적이고 비교적 광범위하게 채택되었지만 1935년 중앙은행 모형으로 대체되면서 민간화폐제도는 현대 경제학에서 사라졌다. 1920년대 이후 중앙은행의 출현과 민간화폐제도의

예탁증서 형태인 '교자'는 민간이 경쟁적으로 발행한 은행권으로 출발하였다. 일본에서는 은행권과 같은 어음이 1600년 말에 유통되었다. 나중에 중앙은행이 되었지만, 1656년 스웨덴의 민간은행이 유럽 최초의 대규모 은행권 발행기관으로서 설립되었다. 주화 이외의 유통수단에 대한 수요를 충족시키기 위해 임시방편적인 상인들의 증서(*scrip*)가 여러 국가에서 간헐적으로 발행되었다. 그러나 증서발행자들은 대규모 대출이나 요구불예금을 받는 것과 같은 은행기능을 하지 않았다.

2) Dowd(1992: 181) 참조.

3) Mishkin(2007: 249) 참조.

4) Dowd(1992: 89) 참조.

소멸은 정치적 동기와 역사적 사건이 결합된 결과였다. 제 1차 세계대전으로 각국의 정부는 통화발행을 늘려 전쟁자금을 조달하고자 하였으며, 대공황으로부터 경제를 부흥시켜야 한다는 이유로 정부가 화폐공급을 독점하고자 하였다. 제 1차 세계대전과 대공황으로 은행제도의 중앙통제를 선호하는 세력이 형성되었고, 그러한 세력은 중앙은행이 경제와 화폐의 안정성을 촉진할 것이라는 이데올로기에 의해 지지를 받았다. 예를 들면, 캐나다의 경우 1930년대 대공황 기간에 민간화폐제도로 은행공황을 전혀 경험하지 않았음에도 불구하고 제 3장에서 설명한 바와 같이 디플레이션에서 경제를 팽창시켜야 한다는 정치적 동기에 의해 1935년 중앙은행을 설립하였다. 현재 널리 채택된 중앙은행은 시장에서 진화한 것이 아니라 이러한 정치적 힘의 결과였으며, 그에 따라 성공적이고 안정적이었던 민간화폐제도가 사라졌다. 지금부터 민간화폐제도가 어떻게 작동하는지를 이론적으로 살펴보고, 각국의 역사적 경험을 살펴보기로 한다. 이의 내용이 〈표 7-1〉에 요약되어 있다.

1. 민간화폐제도의 작동원리

상환매개체와 지준금

민간화폐제도는 민간은행에 의해 화폐가 공급되는 제도를 말한다. 즉, 정부가 독점적으로 발행하는 정부화폐가 아닌 민간화폐가 사용되는 제도다. 이 제도에서는 민간은행이 예금화폐뿐만 아니라 현금으로 쓸 수 있는 지폐(은행권)를 직접 발행한다. 은행이 다른 기업들과 다르게 취급되지 않는다. 즉, 식당 혹은 백화점이 지리적 위치에 아무런 제한도 없고 판매할 수 있는 제품의 종류에 대한 제한이 없는 것과 마찬가지로 은행들이 고객들에게 시장수요에 따라 현금과 예금을 자유롭게 제공한다. 오늘날 일반은행과 기업들이 발행하는 현금카드, 스마트카드, 선불카드 등이 민간화폐의 일종으로 재화와 용역을 구매하는 데 많이 통용되고 있어 민간화폐가 정부화폐를 상당히 대체하고 있다. 그렇지만 자유금융의 민간화폐제도가 목표로 하는 것은 모든 통용되는 화폐의 민간발행이다.

먼저 민간화폐제도에서 필요한 것은 은행들이 발행한 현금을 상환할 수 있는 지준매개체이다. 역사적으로 정화(正貨), 즉 금화나 은화가 은행이 발행한 현금을 상환하는 데 사용되었다. 그러나 지준매개체가 반드시 금과 은처럼 금속일 필요는 없다. 여러 재화로 구성된 바스켓이나 일정량으로 동결된 중앙은행권도 지준매개체로 사용될

〈표 7-1〉 중앙은행제도와 민간화폐제도의 비교

	중앙은행제도	민간화폐제도
현금공급	정부독점	민간은행들의 경쟁
통화량 조절	중앙은행 통화정책	결제소의 역청산
통화공급의 정치적 개입	많음	없음
최후대부자	중앙은행	결제소
화폐수요에 탄력적 통화공급	어려움	쉬움
도덕적 해이	많음	거의 없음
금융제도의 안정성	불안정	안정
역사적 경험	1659년 영란은행이 효시 20세기에 들어와 보편화 현재 대부분의 국가에서 실시	18세기와 20세기에 걸쳐 약 3백 년 동안 스코틀랜드, 캐나다, 스웨덴 등 60여 개 국가에서 실시

수 있다. 민간의 은행권 발행에 특정 정화본위가 필요한 것은 아니며, 계산의 단위와 상환수단의 기능을 하는 법정불환지폐하에서도 가능하다. 따라서 현재 사용되는 중앙은행권을 일정량으로 고정시키고 그것을 단지 지준매개체로 사용하는 것도 한 가지 방법이다. 그러므로 어떤 것이 지준매개체로 사용되느냐는 것은 별개의 문제이고 중요한 것은 민간화폐제도하의 은행권은 예금과 마찬가지로 은행의 부채가 되며, 은행은 예금처럼 그에 대한 지준을 보유한다.

각 은행은 자유롭게 자신이 가장 적당하다고 생각하는 지준보유량을 결정하여 보유한다.[5] 은행의 지준금은 결제소에 예치한 상환매개체(*redeemable medium*), 즉 지준화폐뿐만 아니라 은행 내의 금고에 보관하는 상환매개체를 포함한다.[6] 결제소에 예치된 상환매개체는 은행간 채무를 청산하는 데 사용된다. 예를 들면, A은행권을 사용하는 사람들이 그 은행권을 다른 은행, 즉 B은행에 예금하면 B은행은 결제소에서 A은행권을 발행은행인 A은행에 청구하게 되는데, 이때 A은행은 결제소에 예치된 지준금을 사용하여 B은행에 지급한다. 이러한 방식의 예치금 잔고의 조정으로 은행간 채무가 청산된다. 명문화된 최저 지준금이 없어도 각 은행은 자유롭게 자신이 생각하기에 안

5) 금이 지준매개체로 사용되는 경우 금의 구매력이 곧 화폐의 구매력이 된다. 금의 수요와 공급이 금의 구매력을 결정한다. 금에 대한 화폐적 수요는 지준매개체에 대한 은행의 수요와 화폐로 은행권만이 사용되지 않는 경우 존재하게 되는 일반사람들의 금화에 대한 수요를 합친 것이 된다. 개방경제일 경우 금의 구매력은 세계시장에서 결정된다. 한 국가의 은행제도는 국제금본위제도의 아주 작은 부분에 해당하여 금의 국제수요에서 차지하는 부분이 무시할 만큼 작다. 그러면 그 은행제도가 직면하는 금의 장기 공급곡선은 수평이다. 그리하여 금의 구매력은 세계 금시장에서 외생적으로 결정된다. 동결된 법정불환지폐제도와 같은 폐쇄경제에서는 화폐의 구매력은 외생적으로 주어질 수 없고 은행 지준의 수요에 의해 결정된다.

6) 이것은 곧 시재금이다.

전한 지준금을 보유한다. 이러한 지준보유 결정의 기본원리는 지준금을 적게 보유할 때 발생할 위험과 지준으로 묶어 놓을 경우 포기해야 하는 이자 간에 존재하는 상충관계에 있다. 지준금을 적게 보유하면 유동성 위험에 직면할 수 있다. 만약 B은행이 고객이 예치한 A은행권을 A은행에 제시하며 상환을 요구할 때 A은행이 충분한 지준금을 가지고 있지 않으면 상환의무를 지키지 못해 파산할 수도 있다. 한편 너무 많은 지준금을 보유하면 그만큼 대출규모가 적어져 이자수입이 적어진다. 따라서 각 은행은 이러한 상충관계를 고려하여 유동성 비용과 포기되는 이자비용을 최소화하는 수준의 지준금을 결정한다.

원하는 지준율을 선택한 은행들은 그에 따라 자산과 부채비율을 정할 것이다. 자산에서는 대출할 것인지 아니면 증권을 구입할 것인지를 결정하고, 부채에서는 현금과 예금의 규모를 결정할 것이다. 현금과 예금 규모의 결정은 현금발행의 한계비용과 예금발행의 한계비용을 고려하여 그것들이 서로 같은 지점에서 결정할 것이다.

개별은행이 과잉발행하는 경우

〈그림 7-1〉에서 보는 바와 같이 어떤 은행이 현금공급을 사람들이 보유하고자 하는 양보다 더 많이 하면 사람들이 보유하기를 원하지 않는 화폐는 상환과정을 통해 발행은행으로 보내진다. 왜냐하면 사람들이 보유하기를 원하지 않는 양이므로 지출하게 되고 사람들이 지출한 현금은 결제소를 통해 발행은행으로 되돌아가기 때문이다. 예를 들어, 사람들이 보유하고자 하는 화폐량과 실제로 보유하는 화폐량이 일치하는 균형상태에서 A은행이 현금을 더 발행하여 P라는 사람에게 대출해주었다고 하자. 차입자 P는 A은행으로부터 받은 은행권(현금)을 어딘가에 지출할 것이다. 차입자 P에게 물건을 팔고 A

은행권을 받게 된 사람들은 자신들이 원하는 수준보다 더 많은 화폐를 보유하게 됨을 인식하게 된다. 그래서 원하는 양 이상으로 보유하게 된 현금을 처분하려고 한다.

원하는 이상으로 보유하게 된 현금은 보통 세 가지 경로를 통해서 처분된다. 첫째, 발행은행인 A은행에 직접 가서 기초화폐로 상환하는 것이다. 일반사람들이 기초화폐를 거의 보유하지 않는 발전된 제도하에서는 이러한 경우가 잘 일어나지 않겠지만, 분명한 것은 이 경우에 A은행의 지준금이 감소하고 A은행의 현금발행량이 감소한다는 사실이다. 두 번째 경우는 발행은행이 아닌 다른 은행에 그 현금을 예금하는 것이다. 이것이 보다 일반적인 경우일 것이다. 예금을 받은 은행은 결제소를 통해 발행은행인 A은행에 청구함에 따라 A은행의 예치금(지준금)이 하락하고 A은행권의 유통량이 감소하게 된다. 끝으로 원하는 이상으로 A은행권을 보유하게 된 사람들이 그것을 지출

〈그림 7-1〉 민간화폐제도에서의 화폐공급과정

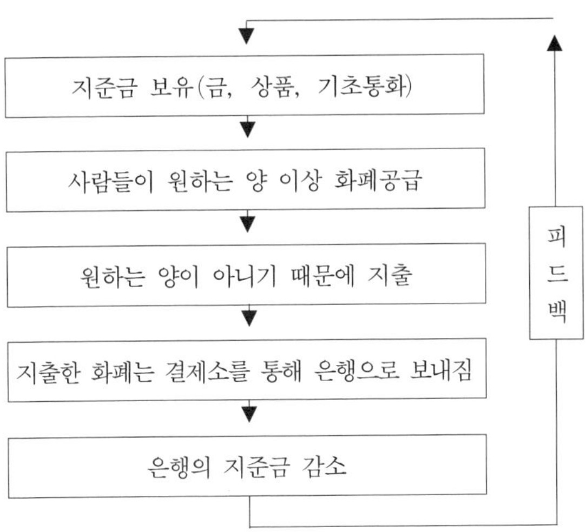

하는 경우다. 지출자에게 물건을 팔고 그 A은행권을 받은 사람들이 선택할 수 있는 방법은 처음에 A은행권을 초과로 보유한 사람들이 직면한 것과 동일한 세 가지 방법이다. 발행은행에 가서 직접 기초화폐로 상환하든가, 발행은행이 아닌 자신의 거래은행에 예금하든가, 다른 사람으로부터 재화와 용역을 구입하는 데 지출하는 것이다. 대부분의 기업들이 은행제도를 통해 운영하기 때문에 이러한 지출은 판매자의 은행계좌로 들어가게 될 것이고, 직접 예치되는 경우와 동일한 은행간 청산과정이 일어나게 된다.

지준금이 감소함에 따라 A은행은 지준금이 원하는 수준 이하로 하락함을 알게 된다. 이제 지준금을 보유하는 한계순이익이 대출을 하거나 증권을 보유함으로써 얻는 한계순수입을 초과하게 된다. A은행은 보유하는 증권을 팔거나 만기가 된 대출에 대해 만기연장(*rollover*)을 하지 않음으로써 지준금을 늘려 원하는 수준을 유지하게 된다.

한편 어떤 은행이 충분히 화폐를 공급하지 않았을 때는 앞 경우의 반대과정이 일어난다. 고객이 자신의 은행권을 보다 더 많이 얻으려고 하기 때문에 다른 은행의 은행권에 비하여 상대적으로 자신의 은행권 상환이 적다는 것을 발견할 것이다. 그에 따라 지준금이 증가하게 됨을 알게 될 것이다. 지준금이 원하는 수준 이상으로 증가할 것이다. 그러면 은행은 이전에 생각했던 것보다 더 많이 대출하면서 현금발행액을 늘린다. 은행이 대중이 보유하고자 하는 것과 동일한 예금과 화폐를 생산할 때만 은행의 지준금 변화가 없을 것이다. 이와 같이 민간화폐제도하에서 화폐공급과 화폐수요가 균형을 이루는 것은 과잉발행한 은행이 직면하는 역청산(*reverse clearing*)이다. 경쟁자와 비교하여 과잉공급한 은행은 다른 은행 것들을 되돌려 보낸 것보다 자신의 부채가 더 많이 되돌아오는 것을 알게 될 것이다.

모든 은행이 동시에 과잉발행하는 경우

만약 모든 은행들이 동시에 현금공급을 확대하는 경우 위의 과정이 잘 작동하지 않는다. 왜냐하면 각 은행의 상대적 부채공급이 변하지 않아 어느 은행도 역청산에 직면하지 않게 되기 때문이다. 그러나 이러한 일은 발생하기 어렵다. 은행들은 자신들이 필요로 하는 평균 지준금 수준뿐만이 아니라 매일 청산금액의 변화를 관찰하여 총지준보유 수준을 결정한다. 총보유지준에는 어떤 날의 청산금액이 평균으로부터 상당히 괴리될지 모른다는 사실에 대비하여 준비되는 양이 포함되어 있다. 다시 말하면 총보유지준의 일부는 예비적(*precautionary*) 지분보유다. 만약 모든 은행이 한꺼번에 현금공급량을 확대하면 각 은행의 평균 일일 순 청산금액은 다르지 않을지 모르지만, 총청산금액은 증가하게 되어 예비적 지준금의 증가가 발생한다. 모든 은행이 한꺼번에 현금공급량을 확대하면 총청산금액이 증가하고, 그에 따라 평균 분산이 증가하게 된다. 평균 분산의 증가는 그만큼 위험성이 커졌다는 것을 의미하고 이로 인해 예비적 지준금의 증가에 대한 필요성이 대두된다. 모든 은행이 한꺼번에 확장을 시도할 경우 자신들이 원하는 지준율을 유지하고 유동성 위험을 회피하기 위해서 추가적 지준을 청산과정에 내놓아야 할 필요성을 발견할 것이다. 이와 같은 문제로 은행들이 한꺼번에 화폐를 확대하는 일은 발생하지 않는다.[7)]

---

7) 보다 자세한 것은 Selgin(1988)을 참조하기 바란다.

예금과 현금 간의 이동

일반사람들이 예금에서 현금으로 전환하든가, 아니면 현금을 예금으로 전환하는 것과 같이 은행의 부채구성의 변화가 지준금에 미치는 영향을 생각해볼 수 있다. 예금과 현금의 한계유동화 비용이 같다면 사람들이 예금과 현금의 구성을 변화시킨다고 해도 그것은 은행이 원하는 지준금 수준을 전혀 변화시키지 않는다. 은행은 적정 지준금을 유지하며 총부채량을 변화시킬 이유가 없다. 따라서 현금과 예금 간의 이동은 화폐량에 아무런 변화를 일으키지 않는다.

민간화폐제도와는 달리 은행이 지준금으로 사용하는 기초화폐가 현금으로 사용되고 그것을 일반사람들이 보유하는 현재와 같은 중앙은행제도에서는 예금과 현금 간의 이동은 통화량을 변화시킨다. 만약 예금에서 현금보유로 이동이 생긴다면 은행의 지준금이 감소하고 통화량의 승수적 감소가 일어나게 된다. 반대로 현금에서 예금보유로 이동한다면 은행의 지준금이 증가하고 통화량의 승수적 팽창이 일어난다.

은행이 현금과 예금을 모두 발행하는 제도에서 예금에서 현금으로 이동할 때 승수적 감소가 일어나는 경우는 오직 사람들이 은행발행 현금보다 지준화폐를 더 많이 보유하려는 경우이다. 사람들이 사용하는 현금이 오늘날과 같이 중앙은행의 은행권인 법정불환지폐제도에서는 현금과 예금의 비율이 변화하면 통화량이 변하게 된다. 그러한 변화를 막기 위해서 중앙은행은 본원통화를 적기에 정확히 늘리거나 줄여야만 한다. 현금발행을 독점하는 중앙은행제도에서는 통화정책이 훨씬 복잡하고 어려워진다. 자유금융에 의한 민간화폐제도로 되돌아가면 통화정책은 아주 간편해진다.

2. 민간화폐제도의 안정성

정화나 기초화폐가 은행들이 발행한 화폐, 즉 현금과 요구불 예금에 비해 훨씬 적은 민간화폐제도에서는 사람들이 화폐를 정화, 혹은 기초(지준)화폐로 바꾸려는 은행 런이 일어난다면 은행은 그러한 요구를 충족시킬 수 없기 때문에 민간화폐제도는 근본적으로 불안정하다는 비판이 있다.[8] 그러나 부분지준제도하에서는 민간화폐제도든 중앙은행제도든 은행 런(예금인출사태)이 발생하는 경우에 은행이 사람들의 요구를 충족시킬 수 없는 것은 마찬가지다. 은행 런이 발생했을 때 중앙은행제도는 안정적이고 민간화폐제도는 불안정하다고 주장하는 이유는 중앙은행제도에서는 중앙은행이 최후대부자로서 은행에 대출해주어 유동성 위기에 직면한 은행을 구출할 수 있는 반면, 민간화폐제도에서는 그러한 기능이 없다고 생각하기 때문이다.[9]

그러나 그러한 생각은 잘못이다. 민간화폐제도에서도 그러한 기능이 있으며, 제3장에서 설명한 바와 같이 결제소가 그 기능을 한다. 결제소는 은행들의 연합체로 회원은행이 갑작스런 지준화폐 요구와 같은 유동성 위기에 직면했을 때 그 은행에 지준화폐를 대출해주는 최후대부자 기능을 한다. 실제로 미국에서 중앙은행인 연방준비은행이 설립되기 전 1857년~1907년의 은행공황 시기에 많은 도시의 결제소들이 유동성 위기에 직면한 은행들에게 대출해주는 민간 최후대

---

8) Diamond and Dyvbig(1983)와 Bordo(1990)는 자유금융제도는 은행 런에 아주 취약함을 보이고 안정성이 없기 때문에 최후대부자로서 기능할 수 있는 정부 통화당국의 역할을 강조한다.

9) 중앙은행의 은행의 은행과 최후대부자의 역할에 대해서는 Goodhart(1988)를 참조하기 바란다.

부자 역할을 했었다.[10]

중앙은행의 최후대부자 기능은 은행들이 과도한 위험을 추구하는 도덕적 해이를 야기하는 것에 비해 민간화폐제도에서 민간결제소는 최후대부자 기능을 수행하면서 도덕적 해이를 막는 장치를 사용한다. 중앙은행제도에서 문제가 발생할 때 은행들이 중앙은행으로부터 항상 대출받을 수 있다고 믿고 위험이 높은 행동을 한다.[11] 이러한 도덕적 해이(*moral hazard*) 문제는 특히 대형 은행에서 더욱 심각하게 나타난다. 대형 은행들은 자신들의 파산은 은행공황을 야기할 수 있으므로 문제가 발생할 때 중앙은행이 이른바 "대마불사"(*too big to fail*) 정책을 쓸 것이라고 믿기 때문이다. 최후대부자 기능은 금융산업의 안정성이 크게 위협받는 경우로 한정되어야 하고 지불불능 은행의 파산은 허용하면서 지불능력이 있는 은행들에게만 유동성을 보장해야 하는 것이 원칙이다. 그러나 이 원칙을 지켜온 중앙은행은 지금까지 거의 없었다. 많은 국가의 경험에 의하면 중앙은행의 최후대부자 기능은 금융시장의 문제를 해결하기보다는 오히려 이를 더 악화시켰다.[12]

은행 런이 발생하는 원인은 은행에 대한 신뢰의 상실에 있다. 어떤 개별은행의 재무상태가 불안정하다는 것이 드러나면 그 은행의 화폐(현금과 예금)를 보유하는 사람들은 재산의 손실을 회피하기 위해 자신들이 가지고 있는 은행권과 예금을 기초화폐로 상환하려고 한다. 이러한 행위는 자연스러운 것이며 합리적이다. 또한 잘못 운영한 은

10) 자세한 것은 Timberlake(1984)와 Gorton(1985)을 참조하기 바란다.

11) 도덕적 해이 문제를 막는 방법은 지불능력은 있지만, 유동성이 부족한 은행에게 대출해주는 것이며, 대출해줄 때 차입은행이 대출을 필요로 하는 처지에 놓인 것을 후회할 만큼의 높은 페널티 금리를 부과하는 것이다(Bagehot, 1873: 57~71).

12) Schuler(1996: 42) 참조.

행을 막고 보호해주는 것이 반드시 합리적인 것은 아니다. 파산된 은행이 공중분해되기보다는 다른 은행으로 흡수되는 경향이 있어서 파산한 은행의 고객이 지불하는 비용은 그리 크지 않다. 파산한 은행들의 자산이 다른 은행으로 이전될 때까지 약간의 지연이나 어떤 불편을 겪는 정도다. 따라서 그들의 손실은 비교적 작다. 반면에 잘못 운영한 은행을 파산케 하는 경쟁적 퇴출제도는 은행에게 잘 운영하도록 하는 압력을 가하여 고객들에게 보다 나은 서비스, 즉 화폐를 잘 공급하게 하는 방법이 된다. 그러므로 개별은행에 대한 은행 런을 무조건적으로 막는 것은 바람직하지 않다.

또한 보험제도를 이용하면 은행이 파산했을 때 은행의 화폐(현금과 예금)를 보유하는 사람들을 보호할 수 있다. 민간화폐제도에서는 정부의 예금보험이 아닌 민간보험을 선호한다. 경쟁에 의해 제공되는 민간보험은 정부의 예금보험보다 훨씬 우위에 있기 때문이다. 정부의 예금보험은 은행의 위험 정도와는 관계없이 일률적인 보험 프리미엄을 책정한다. 이러한 프리미엄 책정은 위험이 낮은 금융기관에게는 부담으로 작용한다. 그러므로 은행들은 높은 위험을 택할 유인을 갖게 되어 금융시장의 불안전성을 초래한다. 이와는 달리 프리미엄을 정확하게 책정할 때 이익을 얻고 잘못했을 때 손해를 보거나 파산하기 때문에 민간 보험업자는 은행의 위험을 반영하는 프리미엄을 책정하려고 한다. 뿐만 아니라 사전에 정보가 불충분하여 위험에 따른 정확한 프리미엄 책정이 되지 않는다고 하여도 사후에 프리미엄이 계속 재산정된다. 따라서 정부의 예금보험보다 민간보험이 은행의 도덕적 해이를 줄여 금융시장의 안정성을 훨씬 더 잘 보장한다.

문제는 은행 런에 직면한 은행의 보유자산이 충분히 유동적이고 부채보다 자산이 많아 지불능력이 있는 경우다. 사람들이 갑작스럽게 상환을 요청해 와서 단지 기초화폐가 부족하다는 이유로 은행을 파산시킨다는 것은 고객의 입장에서도 바람직하지 않을 수 있다. 급히 자산을 팔아야 하고 그리하여 실제가치보다 적게 실현된다거나 문을 닫는다면 고객에게 손해일 수 있다. 그러한 경우 문제은행은 제 3장에서 설명한 바와 같이 최후대부자 기능을 하는 결제소를 통하여 도움을 청하든가, 다른 은행들로부터 직접 긴급자금을 빌릴 수 있다. 다른 은행들은 담보만 확보된다면 대출해줌으로써 이익을 얻을 수 있기 때문에 문제은행에 긴급대출을 해줄 유인이 있다.[13]

이처럼 개별은행에 대한 은행 런은 크게 문제될 것이 없다. 우리가 우려해야 하는 것은 개별은행에 대한 은행 런이 아니라 은행권 전체 혹은 대부분의 은행에 대한 은행 런이다. 다수의 은행에 동시다발적으로 은행 런이 일어난다면 화폐금융제도 전체가 붕괴하는 은행공황(*bank panic*)이 일어나기 때문이다. 민간화폐제도를 비판하는 사람들은 한 은행이 도산했을 때 다른 은행들에 대한 사람들의 신뢰가 악화되어 많은 은행들에 은행 런이 일어나 은행권 전체의 위기로 확산될 수 있다고 주장하는 것이다.

결국 중요한 논점은 개별은행의 파산이 있을 때 그 파산이 다른 은행들로 확산되는 전염효과가 있느냐 하는 것이다. 전염효과에 의한 은행공황은 특정 은행에 대한 정보가 부족하기 때문에 발생한다. 예

---

13) 이외에도 개별 은행 런을 해결할 수 있는 다양한 방법이 있을 수 있다. 예를 들면, 스코틀랜드 자유은행제도에서 실시되었던 옵션도 하나의 방법이다. 은행이 은행권을 발행할 때 옵션조항을 두는 것이다. 은행권 소지자가 기초화폐로 상환을 요구할 때 바로 상환해주던가, 아니면 상환을 요구한 날로부터 일정기간(예를 들어 6개월) 안에 상환하는 조건을 둔다. 물론 연기한 기간 만큼에 대해서는 이자를 지급한다. 이러한 옵션으로 유동성 위험에 직면한 은행이 고객에게 지불하는 것을 일정기간 유예하여 충분한 시간을 갖고 대출과 자산을 처분할 수 있기 때문에 다른 은행으로부터 긴급하게 자금을 빌리는 비용을 피할 수 있다.

를 들면, 대기업이 망하는 사건이 일어나 한 은행이 파산했다고 하자. 만약 자신들이 거래하는 은행이 그러한 사건으로 전혀 영향받지 않는다는 것을 안다면 자신의 잔고의 안정성을 의심하여 은행으로 달려가는 일은 없을 것이다. 그러나 그러한 사실을 정확히 모를 때 혹시 자신이 거래하는 은행도 그 사건에 영향받을지 모른다는 생각으로 은행으로 달려갈 것이다. 이것이 전염효과이고, 이 전염효과에 의해 은행공황이 일어나는 것이다. 그러나 설령 자신들의 은행들에 대한 정확한 정보가 없다고 하더라도 앞에서 설명한 결제소의 최후대부자 기능과 사적 보험제도와 같은 제도에 의해서 자신들의 잔고가 보호된다고 하면 은행고객들이 거래 은행에 달려갈 이유가 없다. 따라서 민간화폐제도에서 결제소의 최후대부자 기능과 사적 보험제도가 갖추어져 있으므로 실제로는 민간화폐제도에서 전염효과가 없고 그로 인한 은행공황도 일어나지 않는다. 뿐만 아니라 민간화폐제도에서 은행권 유통시장이 발달하고 은행권 딜러들이 특정 은행의 위험에 대한 정보를 제공할 수 있기 때문에 전염효과에 의한 은행공황이 일어나지 않을 수 있다.[14] 고객들은 그러한 정보를 언론매체를 통해 접한 후 자신이 보유하는 은행권을 급히 상환할 필요성을 느끼지 못할 것이다. 그리하여 자유금융제도에서 정보의 비대칭으로 인한 전염효과와 같은 것은 일어나지 않는다.

민간화폐제도에서 전염효과에 의한 은행공황이 일어나지 않았다는 사실은 실제 역사에서도 확인된다. 스코틀랜드의 민간화폐제도에서, 그리고 은행의 은행권 발행이 거의 규제되지 않았던 시기의 캐나다에서 개별은행에 대한 런이 일반적 런으로 확대되지 않았다. 또한 남북전쟁 이전 미국의 자유은행제도는 은행의 예금인출사태에 아무런 전

14) 이에 대한 자세한 내용은 Gorton(1985) 참조.

염효과가 없었음을 확인시켜준다.[15] 국법은행 기간(1863~1913)의 1878년, 1893년, 그리고 1908년의 공황에서 1893년을 제외하고는 전국적인 전염효과가 없었다.[16] 1930~1933년의 대공황 시기에도 전염효과는 지역적으로 극히 제한되었었지만,[17] 1932년 미국의 금융공황에 결정적 역할을 한 것은 정부가 은행휴일(*bank holiday*)을 선언한 것이었다.[18] 정부가 은행휴일을 선언함으로써 공황에 대한 우려가 쉽게 자기실현예측(*self-fulfilling prophesy*)으로 되어 오히려 공황이 전반적으로 확산되었다.

정부가 개입할 때보다는 시장에 맡겨졌을 때 금융시장이 훨씬 더 안정적이었다는 증거들은 많다. 18세기에서 19세기 초까지의 스코틀랜드 금융제도는 통화정책과 중앙은행이 없었고 은행산업에 거의 법적 규제를 받지 않았지만 매우 안정적이었음을 역사는 보여 주고 있다. 미국에서 연준 할인창구의 최후대부자 장치와 1934년 예금보험공사가 설립된 이후 시장규율이 크게 감소했으며, 그 결과 은행의 자본비율이 감소했고 자산과 부채의 위험노출이 증가하였다.[19] 은행파산의 연평균율은 중앙은행과 같은 정부의 안전망이 도입되기 전보다도 1914년 안전망을 도입한 후에 더 높았고 대형 은행의 파산은 1980년대에서만 일어났다.[20] 캐나다에서도 1967년 정부의 예금보험이 도입된 이후에 은행제도가 더 불안정해졌다.[21]

---

15) Rolnick, Weber(1984) 참조.
16) Kaufman(1988).
17) Wicker(1980).
18) Selgin(1994).
19) Kaufman(1991)과 Kane(1989).
20) Kaufman(1996).
21) Carr et al.(1995).

3. 민간화폐제도의 화폐균형

민간화폐제도에서는 화폐공급이 정부에 의해 이루어지지는 것이 아니라 시장에 의해 이루어지기 때문에 중앙은행제도에서보다 훨씬 화폐균형을 잘 이룬다. 우선 민간화폐제도는 중앙은행제도와는 달리 통화정책에 정치적 개입의 가능성을 제거할 수 있다. 은행제도가 정부개입과 완전히 분리되고 화폐공급이 시장에서 결정되기 때문에 화폐공급의 정치적 결정이 완전히 배제된다. 그렇게 함으로써 정부가 은행제도를 재정수입의 원천으로서 사용할 능력을 무력화할 수 있다. 정부부채를 늘리고 정부채를 화폐화할 능력이 없다면 적자를 운영하고 부채를 늘리는 정부의 능력은 제한받게 될 것이다. 결과적으로 민간화폐제도는 정부의 지출지향 성향을 제어할 수 있는 효과적 제도일 수 있다. 화폐공급 과정에서 정치적 영향을 제거할 수 있는 점에서 민간화폐제도가 재량적인 중앙은행보다 훨씬 우위에 있다.[22]

둘째, 중앙은행의 재량적 통화정책 수행에서 존재하는 시차문제가 민간화폐제도에서는 존재하지 않는다. 중앙은행이 통화가 과잉공급되었는지를 알 수 있는 방법은 물가가 오른 후인 반면, 민간화폐제도에서는 지준금의 변화만을 관찰하면 화폐가 과잉공급되었는지 과소공급되었는지를 판단할 수 있다. 예를 들어, 한 자유은행이 3%의 지준율을 원한다고 하자. 어떤 날에 은행의 지준율이 3% 이하로 떨

---

22) Dwyer(1996)는 미국의 자유금융 시기를 다시 연구한 결과 그 당시의 금융제도가 불안정하다는 증거가 없다는 결론을 내리며 민간화폐제도의 우위성을 주장하고 있다. 18세기에서 19세기 초까지의 스코틀랜드 금융제도는 통화정책과 중앙은행이 없었고 은행산업에 거의 법적 규제를 받지 않았지만 매우 안정적이었음을 역사는 보여 주고 있다(White, 1995).

어진다면 그 은행은 다른 은행의 화폐를 되돌려 보낸 것보다 자신의 화폐가 더 많이 되돌아 온 것을 발견하게 된다. 그리하여 은행이 사람들이 원하는 것보다 더 많은 화폐를 발행한 것임을 깨닫게 된다. 그런데 그 신호가 거의 즉각적이다. 은행은 자신의 지준화폐 보유를 아주 쉽게 모니터할 수 있고 결제소 계좌의 현재 잔고를 컴퓨터를 통해 쉽게 접근할 수 있다. 민간화폐제도하에서 은행은 경쟁적 청산과정을 통해 지준금의 유입과 유출에 의해 생성된 지식신호를 이용하고, 그러한 정보를 정확하게 이용할 인센티브를 갖고 있다. 은행의 경영자들은 중앙은행이 필요로 하는 데이터를 수집할 필요가 없고, 중앙은행의 어려움인 인식시차(*recognizing lag*)에 직면하지 않는다. 게다가 은행경영자가 지준에 즉각적으로 접근할 수 있는 데이터에 기초하여 매일 혹은 매시간 대출에 대한 결정을 할 수 있기 때문에 중앙은행이 직면하는 이행시차(*implementation lag*)도 없다. 은행들이 공개시장과 같은 우회적 경로를 통하지 않고 화폐를 수요하는 사람들의 손에 직접 화폐공급을 하기 때문에 효과시차(*effectiveness lag*)도 중앙은행제도하에서보다 민간화폐제도하에서 훨씬 더 짧다.

셋째, 민간화폐제도하에서 은행들이 유동성과 이자비용을 최소화하려는 이윤극대화 결정 때문에 사람들이 보유하고 싶어하는 은행부채의 양이 창출된다. 즉, 화폐균형이 유지된다.[23] 민간화폐제도에서 화폐의 정확한 양이 공급되기 때문에 준칙에 의한 통화정책이 갖는 유통속도의 단기적 변화에 따른 화폐불균형의 문제가 존재하지 않는다. 뿐만 아니라 생산성이 변화할 때 물가를 안정시키기 위해 화폐공급량을 변화시키는 물가안정제가 야기하는 상대적 가격의 왜곡과 경제적 계산의 왜곡문제가 발생하지 않는다. 민간화폐제도에서 화폐의

23) 민간화폐제도의 화폐균형에 대한 수학적 모형은 이 장의 부록을 참고하기 바란다.

정확한 양이 공급되는 것은 앞에서 언급한 바와 같이 개별은행에 의한 의도적 정책으로서가 아니라 오히려 적절한 제도적 틀 안에서 이윤을 극대화하고자 하는 은행들의 행위에 따른 의도하지 않은 결과인 것이다. 민간화폐제도는 화폐생산을 '보이지 않는 손'에 의존하는 것이다. 이러한 점에서 민간화폐제도하의 화폐공급은 자생적 질서의 연장이다.

4. 주요 국가 민간화폐제도의 역사적 경험[24)]

스코틀랜드

스코틀랜드는 매우 발전된 화폐금융제도를 가지고 있었던 국가로 18세기와 19세기 초에 걸쳐 놀라운 화폐제도의 안정을 이루었다. 당시에 스코틀랜드는 통화정책과 중앙은행이 없었으며, 은행산업에 대한 법적 규제가 거의 없었다. 진입이 자유로웠고 은행권 발행의 권리가 보편화되어 있었다. 스코틀랜드의 자유금융제도의 시기는 스코틀랜드 경제의 눈부신 발전 시기와 일치한다. 1844년 이전 스코틀랜드의 경제성장은 잉글랜드보다 빨랐다.[25)] 1750년에 스코틀랜드의 1인당 국민소득은 잉글랜드의 절반 정도에 불과하였지만 1845년에는 잉글랜드와 거의 같았다. 담배생산이 주였던 낙후된 농업 및 가계경제에서 발전된 산업국가로 변모하였다. 선도산업은 목화생산, 철강생산, 기계 및 조선 등이었다. 스코틀랜드의 부족한 자원환경에서 그렇게 고소득 국가가 된 것은 놀라운 일이었다. 스코틀랜드의 경제발전

24) 이것의 많은 내용은 Dowd (1992) 와 Selgin (1988) 에서 발췌한 것이다.
25) 잉글랜드는 지금의 영국(영연방)이 아니라 잉글랜드 지역을 의미한다.

의 주요한 역할을 한 것이 바로 스코틀랜드의 은행제도이다.

스코틀랜드은행(the Bank of Scotland)은 스코틀랜드 의회법(*the Act of Scotland Parliament*)에 의해 영란은행보다 1년 뒤인 1695년에 설립되었다. 영란은행을 본떠 은행권 발행의 독점권이 주어졌다. 그러나 다른 유럽의 은행들과는 달리 스코틀랜드은행은 국가 은행이 아니었다. 정부는 스코틀랜드은행과 아무런 거래도 하지 않았고 그에 대한 규제도 하지 않았다. 법에 의해 스코틀랜드은행이 스코틀랜드 정부에 대출해주는 것은 금지되었다. 게다가 1716년 재인가를 받을 때 스코틀랜드은행은 은행권 발행의 독점권을 잃었다. 스코틀랜드은행이 영국 왕위에 제임스 2세파를 지원하고 있다는 의회의 의심을 받았기 때문이다. 1727년 스코틀랜드은행이 스코틀랜드로열은행(the Royal Bank of Scotland)의 인가에 대해 반대의견을 냈지만 받아들여지지 않아 경쟁 은행이 생겨났고, 1746년에 세 번째 은행인 브리티시 리넨 컴패니(British Linen Company)가 인가를 받았다.

1750년경부터 인가받지 않은 무한책임의 은행들이 나타나 은행권을 발행하기 시작하였다. 위 세 은행들이 이러한 은행들을 불법적인 것이라고 주장하였지만 의회는 전혀 귀를 기울이지 않았다. 그리하여 잉글랜드와는 달리 스코틀랜드에서는 은행권 발행에 대한 은행간의 경쟁이 확립되었고, 은행의 주주 수에 대한 제한이 없게 되었다. 이러한 환경으로 인해 자본화가 잘 이루어진 대형 은행이 생겨났으며, 이들 은행들은 지점을 늘려 지역적 분산화를 할 수 있었다. 스코틀랜드의 자유경쟁적 화폐금융제도는 1845년 이후에 쇠퇴하기 시작하였다. 그 이유는 자유경쟁의 화폐금융제도에 문제가 있어서가 아니라 은행권 발행에 대한 신규진입을 막는 1845년 스코틀랜드 은행법(*Scottish Bank Act*) 때문이었다.

스코틀랜드에는 법화가 없었다. 주요 스코틀랜드 은행들의 은행권들이 전국에 걸쳐 통용되었다. 대형거래에 주로 사용되는 1파운드짜리 은행권뿐만 아니라 소액은행권 역시 발행되었다. 이 점은 은행권 발행의 제한으로 소액 은행권이 발행되지 않았던 잉글랜드와는 확연히 다른 점이다. 또 잉글랜드의 지방 은행권과는 달리 가치가 안정적이었으며 다른 은행들에 의해서도 받아들여졌다.

자본에 대한 법적 제한이 있고 그로 인해 포트폴리오의 분산과 지점을 통해 위험을 분산하는 능력이 제한되었기 때문에 잉글랜드의 지방은행들은 도산하는 경향이 많았다. 지방은행의 도산은 결국 은행에 대한 신뢰를 잃게 하여 은행권 상환에 대한 갑작스런 런이 일어나는 경우가 많아 잉글랜드의 은행제도는 매우 불안하였다. 이에 비해 스코틀랜드의 은행제도는 매우 안정적이었으며 경쟁력이 있었다. 잉글랜드의 지방은행들은 매우 취약하였기 때문에 호황 때에도 도산하는 경우가 많아서 약간의 의심이라도 생기면 지방은행으로의 런이 촉발되었다. 은행 런이 발생하는 경우 서로 의지하며 금융지원을 할 수 없었을 뿐만 아니라 워낙 취약하여 영란은행조차 인수하려고도 하지 않았다. 이에 비하여 스코틀랜드은행들은 단기적 교란이 있는 경우 서로 유동자금을 빌려주었기 때문에 은행 도산이 거의 없었고 그에 따라 은행에 대한 신뢰가 형성되어 스코틀랜드에서는 은행 런이 잘 일어나지 않았다. 프랑스로부터 전쟁위험이 있었던 1793년 초 영국에서 현금에 대한 수요가 촉발하였다. 이 위기는 잉글랜드에서 아주 심했다. 잉글랜드와 웨일즈의 은행 중 백 개 이상이 도산했다.[26] 물론 스코틀랜드에도 현금에 대한 수요가 급증했다. 그러나 단지 스코틀랜드의 글래스고(Glasgow)에서 은행 중 두 개의 은행만이 어려움을 겪었지만 도산하지는 않았다.

---

26) Dowd(1992: 180).

훨씬 더 큰 위기가 1797년에 발생하였다. 1795년 금의 계속적 유출을 막기 위해 영란은행은 할인대출을 제한하였다. 이러한 조치는 일시적으로 금의 외부유출을 막았지만 내부유출(은행에 대한 신뢰성 상실에 기인하는 금을 보유하려는 국내수요의 증가에 따르는 사람들의 은행권 상환)은 그 다음 해인 1796년에 아주 심각해졌다. 1797년 2월 웨일즈 지방의 한 작은 어촌 피시가드를 프랑스군이 점령했다는 소식이 전해지자 그 유출이 가속화되었고 마침내 영란은행은 의회의 허가를 얻어 은행권 상환을 중지하였다.[27] 은행권 상환중지는 1821년까지 지속되었다. 이에 비하여 스코틀랜드 은행들은 아주 경미한 내부유출을 경험했을 뿐이다. 1821년까지 30년 동안 3백 개의 잉글랜드 은행들의 파산이 있었던 것에 비하여 스코틀랜드는 40년 동안 합자은행의 도산이 전혀 없었다.[28]

그리고 잉글랜드에서는 심각한 위폐문제를 겪었던 반면 스코틀랜드에서는 위폐문제가 거의 없었다. 위폐의 발생은 발행은행에 되돌아오기까지 걸리는 유통기간과 밀접하게 관계가 있다. 스코틀랜드 은행권들의 평균 유통기간이 매우 짧았다. 왜냐하면 다른 은행들이 발행한 은행권을 금고에 넣어놓지 않고 결제소를 통해 그것들을 돌려보내기 때문이었다. 이에 비해 영란은행의 은행권은 그렇지가 않아 유통기간이 훨씬 길었다. 그로 인해 오히려 영란은행의 은행권에 대한 위폐가 훨씬 많았다.

27) 이 사건은 주민들의 자체 방어로 프랑스 군을 몰아냄으로써 작은 해프닝으로 끝났다.

28) Dowd(1992: 181).

스웨덴[29)]

스웨덴의 민간화폐제도의 시기는 1831년부터 1902년까지의 기간이다. 이 시기가 거의 끝나갈 무렵에 총 157개의 지점과 26개의 은행권을 발행하는 민간은행들이 존재하였다. 민간은행권에 대한 제약과 조세, 그리고 릭스뱅크(Riksbank, 스웨덴 중앙은행)의 은행권만이 법화였음에도 불구하고 민간은행들의 은행권은 릭스뱅크의 은행권과 성공적으로 경쟁하였다.

금융위기시에 민간은행들을 구제해주지 않는다는 명시적 정부정책이 있었지만 민간은행권을 발행하는 은행들 중 실패한 은행은 하나도 없었다. 스웨덴의 민간화폐제도는 여러 은행들이 서로 은행권을 받아주는 은행권 교환시스템을 통하여 질서 있게 운영되었다. 이 같은 민간은행권 발행은 대부자금을 제공하고 스웨덴의 금융제도 발전을 촉진함으로써 19세기 후반 스웨덴이 급속한 경제성장을 이루는 데 크게 공헌하였다. 그러나 그러한 성공에도 불구하고 1901년 초에 민간화폐제도는 분해된다. 릭스뱅크 은행권의 유통이 감소함에 따라 국가재정 손실을 마땅치 않게 여긴 정부가 릭스뱅크의 은행권 발행의 독점을 회복하기 위해 보조금을 제공하고 민간은행권에 대해 규제했기 때문이다. 그러다가 1904년에 민간은행의 은행권 발행권이 공식적으로 폐지되었다.

---

29) Selgin(1988: 7) 참조.

캐나다

캐나다의 자유금융제도는 1817년 몬트리올 은행(the Bank of Montreal)으로부터 시작한다. 몬트리올 은행은 미국은행(the Bank of United States)을 모형으로 하여 세워졌지만 그에 대한 정부규제가 없었다. 캐나다는 은행들의 자유로운 은행권 발행과 지점설치를 허용하였다. 정교한 결제시스템의 발전으로 은행들은 다른 은행의 은행권을 받아주었으며 정기적으로 경쟁은행들과 은행권과 수표를 청산하였다. 1841년 이후에 자본과 은행권 발행에 관한 약간의 규제들이 가해졌다. 인가를 받고 유한책임의 지위를 얻기 위해서는 은행의 납입자본금이 50만 달러(캐나다 달러) 이상 되어야 했다. 은행권 발행은 납입자본금 한도 내에서 제한되었다. 그러나 이 제약은 1907년 심각한 현금유출이 있기까지 은행에 아무런 영향을 미치지 못했다.

1867년부터 1914년까지가 캐나다의 자유금융의 전성기다. 1867년에 캐나다, 노바스코샤, 뉴브런즈윅 주들이 병합하여 캐나다 자치령(*the Dominion of Canada*)을 형성함에 따라 연방정부가 은행과 화폐에 대한 배타적 권한을 갖게 되었다. 연방정부는 은행들이 타주에서의 지점설치를 허용하였다. 그 결과 1870년대와 1880년대 동안 캐나다 은행들은 캐나다 전역에 널리 분포하게 되었다. 1867년 37개였던 은행이 1874년 최고 51개까지 늘어났고, 그후 흡수합병으로 은행수가 줄었지만, 대부분은 전국적 지점망을 갖춘 대형 은행들이 되었다. 그리하여 1914년 은행수가 단지 24개에 불과하였지만 지점수는 1869년 약 150개에서 1919년 4천 개 이상으로 늘어났다.[30)]

지점 설치와 은행권 발행에 대해 규제하였던 미국은 19세기 후반에 몇 번의 금융위기를 겪었던 반면 캐나다는 금융위기를 거의 겪지

---

30) Dowd(1992: 87).

않았다. 농부들에게 곡물대금을 현금으로 지불해야 했기 때문에 매년 가을 수확철이 되면 은행권과 주화에 대한 수요가 증가하였다. 미국에서는 은행권 발행에 대한 제한 때문에 이러한 수요증가를 충족시킬 수 있을 만큼 충분한 은행권이 유통되지 못했다. 그 반면에 캐나다에서는 은행권의 수요가 낮은 겨울에 비해 20% 가량 많은 은행권이 가을에 유통되었다. 따라서 캐나다에서는 통화량이 계절적으로 변동하여 공급됨으로써 이자율의 계절적 변동이 없었던 반면, 미국에서는 통화량이 계절적으로 변동할 수 없었기 때문에 이자율의 계절적 변동이 심했다. 그리하여 일반적으로 심각한 금융압박 기간에 캐나다의 은행권들이 뉴욕의 금융시장에서 많이 유통되었다. 특히 1893년과 1907년의 금융위기시에 캐나다의 은행권이 미국에서 대규모로 유통되었다.

1907년 심각한 현금유출로 모든 캐나다 은행들이 다소 불안하게 되자 1908년 법이 개정되어 곡물운송 시기에는 자본금의 15%까지 초과하는 긴급 은행권 발행을 허용하였다. 또한 정부가 5달러 이하의 소액 은행권 발행에 대해서는 독점권을 가졌다. 그러나 정부의 은행권 발행은 필은행조례 이후에 전형화된 100% 한계지준금의 제약을 받았다. 이러한 이유로 정부의 은행권 발행은 캐나다가 영국과 그 영연방국가에 합류하여 금본위제를 버렸던 제 1차 세계대전 전까지 인플레이션을 유발하는 원인이 되지 않았다.

1914년 캐나다가 전쟁에 참여하고 금본위를 중지할 것을 우려한 은행들의 고객들이 대규모의 은행권과 예금을 금으로 상환하기 시작하였다. 그러자 정부는 금 태환을 정지하는 긴급조치를 취하였다. 한편 정부는 정부가 발행한 지폐를 법화로 만들었으며 인가은행들이 고액권을 발행하여 결제청산에 사용하도록 하였다. 정부와 은행이 발행한 화폐의 금 태환이 정지되었기 때문에 이것은 캐나다의 재정부가 기초화폐의 발행자로서 행동하는 사실상 불환지폐 중앙은행제도나 다름없었다. 전쟁이 끝난 이후에도 정부는 고액 은행권을 퇴출시키지 않았을 뿐만 아니라 기초화폐를 만들었던 법화의 법을 폐기하지도 않았다. 그래서 재정부가 통화공급을 조절하는 힘을 쥐게 되었다.

캐나다는 1922년에 비공식적으로 캐나다 달러의 금 태환을 복구시켰으며, 1926년에 공식적으로 금본위제도로 돌아갔다. 그러나 캐나다의 화폐금융제도는 전쟁 전의 자유금융제도와는 판이하게 달랐다. 전쟁 전의 자유금융시스템하에 존재하였던 자동적인 금 태환도 없었고, 당시 중앙은행과 비슷했던 캐나다의 재정부가 어떤 정해진 정책을 바탕으로 통화량을 조절하였던 것도 아니었다. 누구도 금 태환에 대해서 신경을 쓰지 않았다. 1928년 11월과 12월 사이에 금 보유량이 1억 9백만 달러에서 5천 9백만 달러로 하락하자 1929년 1월에 캐나다 정부는 금 태환을 정지시켰다.

그리고 1929년 말에 시작된 대공황은 미국과 마찬가지로 캐나다의 경제에 심각한 영향을 주었다. 두 국가에서 GNP가 거의 비슷하게 하락하였고 은행점포의 수가 거의 비슷한 비율로 감소하였다. 그러나 캐나다 은행들은 미국 은행들보다 대공황을 잘 극복하였다. 파산한 은행이 하나도 없었으며, 은행 런도 없었고 은행 휴일(*bank holidays*)도 선포되지 않았다.[31] 캐나다 은행의 광범위한 지점망 때문에 은행의 포트폴리오가 위험 분산되었기 때문이다. 그에 비해 미국에서는 1920년대와 1930년대에 수천 개의 은행이 도산하였다. 이처럼 캐나다의 자유금융에 의한 민간화폐제도가 훌륭한 성과를 보였음에도 불구하고 제 3장에서 설명한 바와 같이 캐나다는 정치적 이유로 1935년 캐나다은행을 설립하여 중앙은행제도를 채택하였다.

---

31) Dowd(1992: 90~91).

미 국

자유금융제도의 관점에서 미국의 화폐금융제도만큼 잘못 이해되는 것은 없다. 왜냐하면 미국의 자유금융 시기의 경험을 자유금융제도의 대표적인 역사적 실패사례로 들고 있기 때문이다. 그러나 미국의 '자유금융'은 자유방임의 원리가 적용된 자유금융이 아닌 정부규제가 아주 많았던 화폐금융제도였다. 미국에서 '자유금융'이라는 용어를 사용했기 때문에 이것을 자유금융으로 오해한 데서 비롯된 것이다. 따라서 미국의 경험이 규제되지 않는 자유금융제도의 실패를 나타낸다고 볼 수 없다. 미국 역사상 자유방임 원리를 금융에 적용한 적이 없다. 많은 은행권 발행 은행들이 설립되었지만 모든 은행들은 인가해주는 주정부의 규제를 많이 받았으며, 은행업에 대한 진입이 엄격하게 통제되었다. 위스콘신, 아이오와, 오리건, 아칸소, 그리고 텍사스 등의 많은 주들은 상당 기간 동안 은행권 발행을 허용하지 않았다. 단 하나의 기업에 은행업을 할 수 있는 특혜를 준 주들도 많았다. 그리고 대부분의 주에서 지점이 법적으로 금지되어 있었다.[32]

사람들이 은행 설립인가와 관련된 부정부패에 불만이 고조되자 1837년 미시간과 뉴욕에서 "자유금융법"(*free banking law*)을 채택하였다. 은행업에 대한 진입의 자유를 허용했지만 많은 제약을 두었다. 은행의 최소 자본금이 10만 달러여야 했으며, 은행권에 대해 12.5%의 정화지준금을 보유하도록 했다. 뿐만 아니라 은행권의 안정성을 위한다는 명목으로 주정부에 정부채권들을 예치하도록 하였다. 그 이유는 자신들이 특혜를 주었던 은행들로부터 수년 동안 금융지원을 받았던 주정부들이 그러한 지원을 포기하고 싶지 않았기 때문이다. 그래서 은행의 진입자유를 허용하되 자유금융법에 "채권예치"(*bond-*

---

32) 제 3장 각주 33을 참조하기 바란다.

deposit) 조항을 집어넣었다.

이러한 법이 제정되자 많은 이른바 '자유은행'들이 설립되었다. 뉴욕 주에서 법이 제정되자마자 바로 50개가 설립되었고, 2년 동안에 120개가 설립되었다. 뉴욕 주는 '자유금융'의 초기인 1830년대 말과 1840년대 초에 금융위기를 경험하였다. 그리고 남부 주들이 부도를 내거나 그 주정부들의 채권가격이 폭락했을 때 많은 은행들이 도산하였다. 1841년 1월부터 1842년 4월까지 도산했던 17개 은행들은 포트폴리오의 95%는 파산한 주들이 발행한 채권의 형태였었다.[33] 초기에 불안한 출발을 했지만 뉴욕 은행제도는 그후 20년 동안 안정적으로 성장했다. 1845년부터 1863년까지 기간 동안 뉴욕의 1인당 은행화폐는 연평균 4.41%씩 증가하였으며, 은행권 소지자들이 초기에 겪었던 손해가 크게 줄었다.[34] 1842년 10월부터 1862년 9월까지 연평균 손해는 약 0.04%에 불과하였다.[35] 따라서 뉴욕의 자유금융은 성공적이었다고 평가된다. 뉴욕의 은행은 건전하였으며, 만족스럽고 안전한 화폐가 발행되었다.

뉴욕의 '자유금융법'은 많은 주에 의해 모방되어 1860년에 뉴욕 법과 유사한 법을 제정한 주는 18개에 달했다.[36] 그 중 미시간이 '자유금융법'을 실시하여 무책임하고 신용할 수 없는 은행, 이른바 와일드캣 은행(*wildcat bank*)들이 난립되어 많은 사람들이 피해를 입었다. 이것이 자유금융제도의 대표적 실패사례로 거론된다. 그러나 이러한 실패의 가장 중요한 원인은 시장이 아니라 정부의 규제에 있었다. 당시 미시간 주정부는 '자유금융법'을 제정하고 3개월 후에 또 다른 법

---

33) Dowd〔1992: 208(Rolnick and Weber, 1985: 8)〕.

34) Dowd〔1992: 208(Rockoff, 1975: 162~163)〕.

35) Dowd〔1992: 209(King, 1983: 148)〕.

36) Dowd(1992: 209).

을 제정하여 모든 은행들에게 정화지급을 중지할 수 있는 권한을 부여하였다. 이 법은 은행권의 과잉발행을 제한하는 메커니즘을 제거해버렸다. 은행권이 태환되면 은행은 정화에 대한 요구가 있을 시 그것을 상환해줄 법적 의무가 있기 때문에 은행권 발행을 제한하는데, 태환정지법은 은행권 발행의 효과적 견제장치를 제거해버린 것이다. 일리노이 주와 위스콘신의 자유금융이 실패한 요인은 주정부의 채권가격 폭락 때문이었다. 일리노이 은행권의 66%와 위스콘신 은행권의 48.8%가 미주리 주의 채권에 의해 보증되고 있었는데, 남북전쟁 발발 후 미주리 주의 채권이 폭락하자 이들 은행들도 도산하였다. 이와 같이 정부의 채권에 많이 노출된 다른 주들도 비슷한 양상을 보였다. 따라서 미국 '자유금융'의 실패를 은행업에 대한 규제가 없는 자유시장의 결과로 볼 수 없다.

남북전쟁 이전인 자유금융 시기의 미국 은행업과 관련하여 은행업에는 전염효과가 있어 하나의 은행이 도산하면 다른 은행까지 영향을 미쳐 은행들이 연쇄도산하는 불안정성이 내재해 있으므로 정부의 규제가 필수적이라는 주장이 많다. 그러나 남북전쟁 이전의 뉴욕, 인디애나, 미네소타, 위스콘신의 데이터를 분석한 실증분석에 의하면 전염효과는 없는 것으로 나타난다. 1841~1842년 뉴욕 주, 1854년 인디애나 주, 1859년 미네소타 주, 그리고 1860~1861년 위스콘신 주에서 일어난 은행의 실패들은 특정 은행집단에 한정된 충격과 연관되어 있다. 앞에서 설명한 바로 은행이 예치한 특정 주의 채권가격이 폭락하였기 때문이었다. 주와 주 사이뿐만 아니라 주 내에서의 전염효과도 없는 것으로 나타났다.

미국은 비슷한 시기에 다소 규제가 없고 은행권 발행이 자유로웠던 은행제도의 역사적 경험을 갖고 있다. 회원은행들간에 서로 돕고 자율규제를 하였던 사적 은행업 제도인 뉴잉글랜드의 서포크(*Suffolk*) 제도가 그것이다. 보스턴의 서포크은행(the Suffolk Bank of Boston)은 보스턴에서 유통되는 지방은행의 은행권들을 할인된 가격에 사서 발행자들에게 제시하며 상환을 요청하는 방법으로 지방은행의 은행권이 보스턴에서 유통되는 것을 줄이고 자신의 은행권 유통을 늘리는 전략을 취했다. 그러면서 서포크제도는 점점 회원제 결제제도로 발전했다. 회원이 되기 위해서는 서포크은행에 영구 예금을 유지하는 의무를 부과하였고, 대신 회원은행들은 신용이 좋다는 대중적 평가를 받을 수 있었으며, 서포크가 제공하는 신용시설을 이용할 수 있었다. 대부분의 은행들은 회원이 되는 비용에 비하여 이익이 크다고 판단하였다. 그리하여 서포크시스템은 점점 뉴잉글랜드 지방으로 확산되었다.

이 제도는 여러 가지 면에서 성공적이었다. 첫째, 서포크시스템은 처음에는 회원은행들의 은행권이 할인되는 것을 감소시키다가 결국에는 그것마저 제거했다. 그리하여 여러 은행권 발행자들이 제공하는 화폐를 통일하는 데 일조하였다. 둘째, 값싸고 효과적인 결제제도를 제공하였으며, 은행권과 수표가 발행자에게 신속하게 되돌아가게 하였다. 셋째, 감시비용을 절감하였다. 일반사람들이 각 은행을 스스로 감시해야만 하는 대신에 대부분의 감시는 서포크에게 위임되었으며, 일반사람들은 서포크를 모니터하고 있다가 어떤 은행이 서포크시스템에서 제명되는지를 주목하기만 하면 되었다. 넷째, 회원은행들에게 긴급자금을 제공하였다. 은행들을 계속 모니터링하고 있었기 때문에 그 일을 수행하는 데 수월하였다.

서포크제도의 단점은 많은 은행들이 원하는 것보다 권위적인 조직이었다. 서포크의 독재적 태도는 회원은행들의 불만요소가 되었다. 마침내 몇몇 은행들이 연합하여 서포크은행과 경쟁할 수 있는 은행인 BMR(*the Bank of Mutual Redemption*)을 설립하고 인가를 얻는 데 성공하여 1858년 서포크시스템이 권위적 요소가 덜한 BMR에 의해 대체되었다. 이 새로운 시스템이 유지되다가 1863년 국법은행법(*National Bank Act*)에 의해 은행권 발행을 제한하는 국법은행제도(*National Banking System*)에 의해 사라졌다.

국법은행제도는 은행들이 발행하는 은행권에 대해서 연방정부의 채권을 담보로 보유하도록 제한하였다. 결과적으로 은행들은 계절적이나 순환적으로 증가하는 현금수요를 충족시킬 만큼 현금을 공급할 수 없었다. 유동성이 부족할 때 이웃 국가인 캐나다 은행들의 은행권을 가져다 쓰는 경우가 많았다. 여하튼 화폐수요를 충족시킬 만큼 현금을 공급할 수 없어서 미국에서 유동성 부족에 따른 금융위기가 자주 일어났다. 그 중 제일 심한 것이 1907년 금융위기다. 이것은 캐나다의 경우에서 설명한 것처럼 캐나다의 심각한 유동성 유출을 야기하여 캐나다에까지 영향을 미친 위기다.

1907년 패닉(금융위기)은 뉴욕에서 세 번째로 큰 신탁회사였던 니커보커신탁회사(Knickerbocker Trust Company)가 파산하면서 표면화되었다.[37] 니커보커신탁회사의 파산은 은행에까지 영향을 미쳤다.

---

37) 유동성 부족 외에 거대한 부(富)의 해악을 질타하며 추진한 시어도어 루즈벨트의 재벌개혁, 구리와 광산, 철도 종목에 대한 투기 등도 1907년 패닉의 요인들이다. 이러한 상황에서 당시 미국 금융시스템 가운데 가장 약한 고리인 신탁회사가 무너지면서 표면화된 것이다. 1900년대 미국의 시중은행은 신탁자금을 유치해 운용하는 것이 법적으로 금지되어 있었다. 그래서 유산과 부동산 등을 가진 고객은 신탁회사를 찾아갈 수밖에 없었다. 1907년 미국 신탁회사들은 법의 허점을 이용하여 사실상 투기행위를 벌였다. 위험한 벤처에 자금을 투입하기 위해 터무니없는 이자소득을 약속하고 돈을 끌어들였다. 신탁자산 운용자들은 증권시장 호황에 취해 주식과 채권을 담보로 엄청난 거금을 대출해주었다. 신탁회사는 은행만큼 현금을 보유하고 있지 않았기 때문에 만약 증권시장이 폭락하면 속수무책일수밖에 없었다. 마침내 1907년 3월 증권시장이 폭락하자 니커보커신탁회사가 파산하

자신의 예금을 잃어버릴지도 모른다는 우려 때문에 예금을 인출하려는 쇄도현상이 발생하였다. 그 때문에 전국의 은행들이 현금으로의 태환을 정지할 수밖에 없었던 이른바 금융공황이 야기되었다. 은행들은 영업을 계속하였지만 제 기능을 수행하지 못했다. 사람들은 은행에 가서 수표를 제시하고서도 그것을 현금화, 즉 그 당시에 통용되던 금, 지폐 또는 은행권으로 태환할 수 없었다. 모건이 월스트리트에 긴급자금을 투입하여 이 위기를 극복해 낼 수 있도록 하였다.[38] 2~3개월 후 커다란 후유증을 남긴 채 은행들에 대한 신뢰가 다시 회복되었고, 태환성에 대한 의혹이 사라졌으며 은행파산이 점차 사라져갔다. 그래서 1907년 금융위기는 경제공황으로 번지지 않고 진화되었고, 다시 호황이 도래했다.

1907년의 공황 후 그에 대한 국회조사가 시작되었다.[39] 1907년 금융위기는 패닉 순간 월스트리트 거물 금융가들에게 도움의 손길을 요청해야만 하는데 자존심이 상한 정부관료들이 그러한 사태의 재현을 막기 위한 중앙은행이 필요하다고 역설하였다. 또 정부가 유럽의 중앙은행들을 모방하여 보다 적극적인 정부 통화정책을 수행할 기관을 원했다. 그러한 배경으로 1914년 연방준비제도가 설립되었다. 그러나 실제로 연방준비제도는 1929년부터 1933년 사이에 일어난 은행파산사태를 막지 못하였을 뿐만 아니라 오히려 그 원인을 제공하는 역기능적 현상까지 초래하였다.[40] 연준이 설립된 초기에는 은행들의 은행권 발행이 허용되었지만, 은행권 발행권은 곧바로 연준이 독점

였다.

38) 이에 대한 자세한 내용은 Chernow〔2007(1990) : 185~254〕 참조.

39) 이것을 위해 1912년 푸조(Pujo) 위원회가 조직되었다.

40) 이 기간 동안 약 9천 개의 미국 은행들이 파산하였다(Mishkin, 2007: 249). 역기능을 초래한 것에 대해서는 제3장 각주 45를 참조하기 바란다.

하게 되어 미국에서의 민간화폐 발행이 사라지게 된다.

그러나 제 3장에서 본 바와 같이 중앙은행이 없었을 때 민간결제소가 은행의 은행과 최후대부자의 역할을 하고, 은행의 안전과 건전성을 위해 회원들에 대해 규제하면서 유동성 위기를 잘 다루고 있었다. 연준이 은행의 은행과 최후대부자 역할을 하고 은행을 규제하는 것은 민간결제소가 하던 역할을 가져 간 것뿐이다. 달리 말하면 연준은 민간결제소를 국유화한 것이나 다름없는 것이다.

미국에서 1907년과 같은 금융위기를 겪은 근본적 이유는 화폐공급이 비탄력적이었기 때문이었는데, 화폐공급이 비탄력적이었던 이유는 바로 은행권 발행에 대한 채권담보 규제 때문이었다. 따라서 이에 대한 보다 바람직한 해결책은 중앙은행을 설립하는 것이 아니라 규제를 완화하여 자연적으로 치유하게 하는 것이었다. 국법은행법에서 기원하는 채권담보 요구조건은 연방정부 부채를 은행제도에 강제로 주입하는 방법이었다. 채권담보 규제를 폐지할 경우 연방정부가 차입하는 데 지불해야 하는 금리가 상승하게 되므로 그것의 폐지는 정부에게 재정적으로 불리한 것이었다. 따라서 정부는 규제를 완화하는 방법을 사용하지 않고 중앙은행을 설립하는 방법을 선택한 것이다.

중 국[41]

중국의 민간화폐제도는 중국 푸젠성〔福建省〕 수도인 푸저우〔福州〕에서 발생했다. 세계 최초의 지폐인 교자가 정부의 손으로 넘어간 이후부터 중국은 정부의 무모한 지폐발행으로 발생하는 비참한 경험을 무수히 많이 겪었다. 청나라(1644~1911)가 들어서면서 정부가 발행하여 실패하였던 1650년대와 1850년대를 제외하곤 화폐발행은 전적

41) Dowd(1992: 103~122) 참조.

으로 민간에 맡겨졌다. 청나라는 민간으로 하여금 동전으로 상환하는 은행권을 발행하게 하고 은행에 대해 정부가 전혀 규제하지 않았다. 그러자 푸저우에서 지방은행들이 번성하였다.

정부의 발행과는 달리 민간 지폐의 중요성은 커졌고 19세기 동안 크게 성공하였다. 특히 그것의 가치는 절하되지 않았으며, 사람들은 부피가 크고 균질하지 않은 동전보다 민간이 발행한 지폐를 더 선호하였다. 효율적인 은행권 결제소 덕분에 대형 은행들의 은행권들은 액면에서 통용되었다. 작은 은행들이 가끔 도산하는 경우가 있었지만 대형 은행의 도산은 당시의 역사에서 단 한 건뿐이었다. 대형 은행들은 매우 높은 대중의 신뢰와 존경을 받았다.

1911년 공화당 혁명 이후 푸저우의 자유금융은 쇠퇴하였다. 새로운 중앙정부의 제한적 규제 때문이었다. 새 정부는 혁명가에게 금융지원을 한 몇몇 대형 은행에게 특혜를 주었다. 그리고 1927년 국민당이 들어섰는데, 동전발행을 금지함으로써 자신들이 권력을 잡을 때 많은 금융지원을 해주었던 은화발행 은행들에게 혜택을 주었다. 그러다가 1935년 국민당 정부는 가장 큰 3개 은행의 은행권을 법화로 만들었다. 결국 정부는 가장 큰 금융지원자였던 중국중앙은행에 은행권 발행의 독점권을 주었다. 그러나 1937년 일본이 침략하자 재정자금을 마련하기 위해 중국 정부는 법화발행을 엄청나게 늘렸다. 결과는 인플레이션이었으며, 중국 정부가 발행한 지폐가 또 다시 아무 쓸모없게 되어버린 역사를 만들었다.

최종적으로 중국에서의 은행권 발행 중앙집권화는 1950년대에 공산당 정부에 의해 이루어졌다. 인민은행을 설립하여 남아 있던 많은 지방은행들뿐만 아니라 중국중앙은행의 지점들을 인수하였다. 전쟁 후 중국은 감추어진 인플레이션을 겪는다. 인민은행에 의해 많은 통화가 발행되면서 정부가 모든 재화와 용역의 가격을 통제하는 전반적인 공정가격제도을 실시하였기 때문이다. 화폐량 공급이 아주 많았음에도 불구하고 중국은 교환수단의 부족을 겪었다. 자유금융 시기 동안 푸저우에서 잘 공급되었던 편리한 교환수단이 사라졌다.

〈부록〉 민간화폐제도에서의 화폐균형 모형[42]

중앙은행이 아닌 일반은행들이 은행권을 발행하는 민간화폐제도에서는 일반사람들이 원하는 현금과 요구불예금의 비율이 변했을 경우 은행들이 단순히 은행권과 예금의 구성비율을 변경함으로써 화폐균형이 이루어진다. 이것을 보기 위해 경제 내에서 기초화폐는 현금으로 사용되지 않고 단지 결제수단으로 사용되며, 은행권만이 현금으로 사용된다고 가정한다. 그리고 다음과 같이 정의한다.

B=기초화폐량(본원통화량)
R=은행의 지준금
M=화폐량
D=요구불예금
N=은행권 발행량

그러면 민간화폐제도에서는 은행들이 기초화폐로 지준금을 보유하므로 기초화폐량과 은행지준금 양이 같다.

(A1) B=R

그리고 요구불예금과 은행권이 화폐로 사용되기 때문에 통화량은

42) 이 부분은 Selgin(1994)에서 요약한 것이다.

요구불예금과 은행권 발행량이 된다.

(A2) M=D+N

균형을 이루기 위해서는 실제 지준금과 원하는 지준금이 같아야 한다.

(A3) R=r(D+N)

여기서 r=R/M으로서 은행이 원하는 지준율이다.
(A1)과 (A2)를 (A3)에 대입하면 통화승수를 얻을 수 있다.

(A4) k=M/B=1/r

이것에서 제 4장에서 설명한 중앙은행의 통화승수와는 달리 민간화폐제도에서의 통화승수는 일반사람들의 현금과 요구불예금의 비율에 독립적임을 알 수 있다. 다시 말하면 통화승수가 사람들이 보유하고자 하는 현금과 요구불예금의 비율에 영향받지 않는다. 따라서 중앙은행의 제도에서와는 달리 균형화폐량을 공급하는 데 정보문제가 존재하지 않는다. 사람들이 현금과 요구불예금의 비율을 변경할 경우 은행들은 단순히 은행권과 예금의 구성비율을 변경하기만 하면 화폐균형이 이루어진다. 뿐만 아니라 기초화폐가 동결되어 있으므로 화폐량은 전적으로 은행이 원하는 지준율에 달려 있다. 그러므로 원하는 지준율이 변하지 않으면 통화량이 변하지 않는다.

r은 각 은행의 최적화 행동에 의해 결정된다. 각 은행은 은행권을 발행하고 결제소에서 은행간 결제의무를 충족시키기 위해 일정 지준금을 보유하는데, 지준금을 보유하는 한계비용(이자에 대한 기회비용)

과 한계수익(결제의무의 부도확률 감소)이 일치하는 수준에서 지준량이 결정된다. 수학적으로 보면,

$$\text{(A5)} \quad r = p\int_{R_j}^{\infty} f(X)dX$$

여기서 R_j는 은행 j가 보유하는 지준금, r은 지준보유의 기회비용, p는 지준 적자의 조정비용, X는 은행 j의 지준감소, 그리고 f(x)는 X의 밀도함수를 나타낸다.

보다 면밀한 분석을 위해 다음과 같이 정의하자. $X_i \sim (0, \sigma_{x_i})$ 를 하나의 거래가 총은행지준금 R에서 은행 j의 몫에 미치는 효과를 나타낸다고 하자. 여기서 거래로 은행 j로부터 인출이 발생하면 $X_i = 1$ 화폐단위, 은행 j에 예치가 생기면 $X_i = -1$ 화폐단위, 그리고 다른 경우(즉, 예치도 없고 인출도 없는 경우)에는 $X_i = 0$ 이다.

$X \sim (0, \sigma) = \sum_{i=1}^{T} X_i$ 는 T의 거래가 일어나는 계획기간 동안에서의 은행 지준금의 감소를 나타낸다. X가 대체적으로 정상분포를 한다면 최적화로 다음과 같이 된다.

$$\text{(A6)} \quad R_j = b\sigma = b\sigma_{x_i}(T)^{\frac{1}{2}}$$

여기서 b=p/r이다. 각 거래를 화폐 1단위가 아닌 P단위로 확대하면, (A6)은 다음과 같이 된다.

$$\text{(A6)}' \quad R_j = Pb\sigma_{x_i}(T)^{\frac{1}{2}}$$

P를 물가수준으로 해석하면 우리는 (A6)′의 최적지준조건을 교환방정식으로 주어지는 전체적인 화폐균형의 조건과 연결시킬 수 있다.

(A7) $MV_T = PT$

여기서 M은 은행화폐의 총스톡, V_T는 화폐의 거래속도, T는 계획기간 동안의 거래수를 나타낸다. (A6)′의 P를 (A7)에 대입하면 다음과 같은 식을 얻는다.

(A8) $R_j = b\sigma_{x_i} MV_T (T)^{\frac{1}{2}}$

여기서 우리는 V_T와 T(즉, 사람들의 실질화폐수요), 그리고 b를 일정하다고 하면 M이 증가할 때 은행의 지준수요가 비례적으로 증가함을 알 수 있다. 따라서 일정 지준금하에서 은행화폐의 유일한 균형화폐량이 존재하게 된다.

민간화폐제도는 국민소득의 흐름을 안정화시키는 경향이 있다. y=kT, 그리고 V=kV_T라고 하자. 여기서 y는 국민소득, V는 화폐의 소득속도, k(0<k, 1)는 거래에서 실질소득이 차지하는 비중을 나타낸다. 그러면 (A8)을 다음과 같이 쓸 수 있다.

(A8)′ $R_j = b\sigma_{x_i} MVy^{\frac{1}{2}} k^{-\frac{3}{2}}$

여기서 주어진 y, k, R에 대해서 V가 변화하면 지준의 수요와 공급의 균형을 유지하기 위해 M이 반대방향으로 변화함을 알 수 있다.

예를 들면, 유통속도의 하락은 결제시스템을 통하여 은행권 흐름을 감소시키고, 그리하여 예비적 지준수요를 감소시키기 때문에 유통속도의 하락은 통화승수를 증가시키며 따라서 화폐량을 증가시킨다. 그러므로 은행화폐가 퇴장된다 하더라도 일반적 중앙은행제도에서 일어나는 디플레이션 결과가 나타나지 않는다. 주어진 가격에서 보다 많은 화폐량이 사람들에 의해 보유될 때 시장의 힘은 은행으로 하여금 화폐를 더 발행하도록 하고, 그리하여 총수요를 안정시킨다.

제8장

화폐금융제도의 개혁방향

1. 민간화폐제도로의 개혁

지금까지 살펴본 바에 의하면 은행권을 자유롭게 발행하는 민간화폐제도가 은행권 발행을 독점하는 중앙은행제도보다 효율적이고 매우 안정적이며 훨씬 우월하다. 통화발행의 독점권을 갖고 통화정책을 통하여 통화공급을 조절하는 중앙은행제도는 사람들이 원하는 화폐수요에 맞춰 정확히 공급할 수 없을 뿐만 아니라 상대가격을 변화시켜 교환활동을 왜곡시키는 근본적 문제를 가지고 있다. 이에 비해 민간화폐제도는 사람들이 원하는 화폐수요에 맞추어 화폐를 공급하며 상대가격을 변화시키는 문제를 야기하지 않는다. 뿐만 아니라 역사적으로나 실증적으로 보나 중앙은행제도보다 은행권을 자유롭게 발행하는 민간화폐제도가 훨씬 안정적이다. 따라서 은행권 발행을 정부가 독점하고 중앙에서 통제하는 현 제도를 민간은행의 자유경쟁에 의해 은행권이 발행되는 민간화폐제도로 개혁하는 것이 바람직하다. 이 장에서는 현재의 중앙은행제도를 민간화폐제도로 개혁하는 구체적 방향을 제시하려고 한다.[1)]

첫째, 현재 중앙은행권을 기초화폐로 하여 중앙은행권을 일정량으로 고정시키는 방향을 정한다. 기초화폐로 중앙은행권을 사용하는 것은 이미 이것이 교환의 매개수단으로 사용되고 있기 때문에 다른 정화로 대체하는 데는 비용이 든다. 장기적으로 기초화폐가 정해지는 것은 시장에 맡기고, 당장은 중앙은행권을 사용하는 것이 편리하다.

둘째, 은행에 가해지는 법정지준금, 진입규제 등의 불필요한 각종 규제를 제거해야 한다.[2] 법정지준금은 은행이 강제로 이자가 발생하지 않는 무수익 자산을 중앙은행에 예치하는 것이다. 이것은 은행이 사실상 무이자로 그만큼을 중앙은행에 대여해주는 것과 같다. 다른 곳에 대여해주었으면 수익을 올릴 수 있었던 것을 중앙은행에 무이자로 대여해주기 때문에 그만큼 은행의 수익이 감소한다. 그래서 지준금제도는 사실상 은행에 대한 일종의 세금이다. 뿐만 아니라 법정지준금이 존재하면 사람들이 은행부채(은행권과 예금)에 대한 수요를 변화시켰을 때 그에 대해 적절히 대응하는 능력을 제한하게 된다. 따라서 이를 폐지할 필요가 있다. 그러나 법정지준을 폐지하면 은행들의 대출이 증가하게 되어 신용화폐 증가로 인플레이션 문제가 발생할 수 있다. 그래서 법정지준제도를 폐지하면서 대신에 은행들이 적정초과 지준금을 보유할 수 있도록 중앙은행이 더 이상 재할인 대출을 하지 않음을 선언한다. 그리고 법정지준금은 유동성이 좋은 채권으로 전환되도록 한다.

진입규제는 은행간의 경쟁을 제한하는 규제다. 자유금융제도에서는 은행권의 경쟁적 발행을 기본으로 한다. 따라서 진입규제와 같은 경쟁을 제한하는 규제를 제거하여 은행간의 경쟁을 유도하는 것이 중

---

1) 여기에서 제시하는 방안은 Selgin(1985)에서 대부분 발췌한 것이다.

2) 현재에도 법정지급준비금을 폐지하거나 지급준비율을 크게 줄이는 방향에 대한 논의가 있다. 뿐만 아니라 뉴질랜드는 법정지준금제도를 폐지하였다.

요하다.

셋째, 이러한 규제완화를 추진하는 한편, 모든 일반은행이 자신의 은행권을 발행할 수 있는 권리를 갖는 법을 제정한다. 중요한 것은 은행권 발행에 대해 어떠한 제약이 있어서는 안 된다. 은행의 자유의사에 맡겨야 한다. 그러면 현재 요구불예금, 자기앞 수표, 여행자 수표를 제공하듯이 은행들이 은행권을 자체 제작하여 공급할 것이다. 시간이 경과하면서 은행들은 자신들 은행권의 신뢰성을 구축할 것이다.

넷째, 경쟁적으로 발행된 은행권이 유통과정에서 기초화폐로 사용되는 현재의 중앙은행권을 완전히 대체하기 위해서는 사람들이 편리하게 사용할 수 있게 하는 전략적 접근이 필요하다. 예를 들면, 기초화폐로 쓰일 중앙은행권의 모양과 크기를 변경하여 지갑에 잘 맞지 않는 지폐로 대체하는 반면 은행권은 현재의 중앙은행권의 크기로 만든다. 혹은 기초화폐는 사용에 불편한 액면가로 만들고 은행권은 고객들이 가장 원하는 액면으로 발행하게 한다. 한편 ATM 기계에 은행권만을 넣어놓을 뿐만 아니라 은행에서는 현금을 원하는 예금자에게 은행권만을 지급하게 한다. 또는 매주 혹은 매달 추첨을 통해 당첨된 번호의 은행권을 가지고 있는 사람에게 경품을 주는 것도 하나의 방법이다. 그리고 요구불예금에 대해 이자를 지불하는 것처럼 은행권을 소지한 사람들에게 이자를 지급하는 것도 하나의 방법일 수 있다. 이러한 방법들을 사용하면 사람들은 현재의 중앙은행권보다는 새로 만들어진 은행권을 많이 사용할 것이다.

다섯째, 이러한 여러 가지 방법을 통해 현재의 중앙은행권 사용이 은행권으로 거의 대체되면 기초화폐의 공급을 동결하는 조치를 취한다. 이 시점에서 중앙은행의 예금신용은 기초화폐로 전환하고 중앙은행에 예치한 은행은 잔고를 기초화폐로 받는다. 그리고 중앙은행은 화폐창출의 활동을 중지한다.

여섯째, 결제기능을 민영화한다. 동결된 기초화폐는 민영화된 결제소에 보관한다. 기초화폐 증서나 결제소 계좌로 은행간 결제를 하여 기초화폐가 낡아 닳아 훼손되는 것을 막는다. 혹시 있을지 모를 기초화폐를 요구하는 고객을 위해 은행은 아주 적은 양의 기초화폐를 보유한다. 만약에 기초화폐에 대한 런이 있어서 충분한 기초화폐를 보유하고 있지 않은 은행은 결제소를 통해 다른 은행들부터 도움을 받을 수 있을 것이다. 그리고 건전하고 보수적으로 은행이 운영되는 자유금융의 민간화폐제도에서는 반드시 보험이 필요하지 않지만 은행권과 예금에 대한 보험을 유지한다. 단 그 보험은 민간이 담당하도록 한다.

개혁이 진행되는 동안 중앙은행권 이외의 기초화폐의 사용, 즉 금이나 은, 혹은 기타 화폐가 기초화폐로 사용될 수 있는 가능성을 열어 놓는다. 그렇게 하면 다른 정부나 민간이 발행한 불환지폐를 사용하는 것이 이익이라면 그것들이 현재의 기초화폐를 대체할 수 있고, 금본위와 같은 상품화폐본위로 되돌아 갈 수도 있다. 잘 작동하는 민간화폐제도는 사람들이 선택하는 기초화폐의 바탕 위에 성장할 수 있다. 기초화폐 공급의 경쟁은 은행부채 공급의 경쟁만큼이나 바람직하다.[3] 많은 사람들이 원하는 것이 기초화폐가 될 수 있을 뿐만 아니라 많은 사람들이 원하는 은행권이 통용되도록 하는 것이 중요하다. 이러한 개혁으로 우리는 안정적이며, 동시에 정부의 개입으로부터 완전히 자유로운 화폐금융제도를 확립할 수 있을 것이다.

---

3) Hayek(1976)는 민간화폐의 경쟁이 안정적 화폐를 공급할 수 있다고 주장하였다. 민간기업과 은행들이 자신만의 기초화폐를 발행할 수 있다. 각 기초화폐는 선택된 물품 바스켓과 연계시켜 자신의 화폐가치를 유지하도록 통제될 것이다. 이러한 기초화폐간의 자유경쟁은 불안정한 화폐를 시장에서 몰아 낼 것이다.

2. 다른 대안들과의 비교

현재 중앙은행제도의 대안으로 일부 개발도상국가에서 실시되는 통화위원회(*Currency Board*)와 달러화(*Dollarlization*)가 있다. 제 6장의 중앙은행의 성과에서 본 바와 같이 이들은 중앙은행제도보다 더 나은 성과를 보였다. 중앙은행제도의 대안으로 현재 실시되는 통화위원회와 달러화를 민간화폐제도와 비교하여 어느 것이 더 바람직한 화폐금융제도인지를 밝혀보기로 한다.

통화위원회

현재 중앙은행의 대안으로 가장 많이 사용되는 화폐금융제도가 통화위원회제도다. 통화위원회는 지폐, 주화 등 국내화폐를 발행하는 통화기관이다. 통화위원회는 공적 기관이지만 법에 의해 정부와 독립적으로 분리된다. 통화위원회는 화폐제도의 중심이며, 상업은행과 저축은행과 같은 다른 금융기관을 포함하는 전체 금융제도의 일부이다. 통화위원회는 은행, 금융기관, 그리고 정부와의 관계에 관한 일련의 행동규칙에 의해 통제되고 화폐발행, 환율, 태환, 그리고 정부채의 구매 등이 법에 의해 정해진다.

법에 의해 통화위원회가 발행하는 자국화폐는 고정된 환율로 준비통화인 외화(미국 달러나 유로 등)로 완전 태환되며 국내통화의 가치에 상응하는 외화준비자산을 100% 이상 보유한다.[4] 따라서 통화위

4) 미국 달러를 지준화폐로 사용하는 화폐는 홍콩 달러, 버뮤다 달러, 케이만 아일랜드 달러, 그리고 이스트캐리비안 달러 등이고, 유로를 지준화폐로 사용하는 화폐는 불가리아 리브(*lev*), 에스토니아 크룬(*kroon*), 보스니아

원회에 의해 발행된 화폐는 100% 보증(*backing*)된다. 지준화폐를 가지고 있는 사람은 누구나 고정률에서 통화위원회가 발행한 국내화폐와 교환할 수 있다. 반대의 경우도 성립한다. 그러나 통화위원회는 금융기관(은행 포함)의 예금은 통화위원회의 지폐와 주화로 태환되는 것을 보장하지 않는다. 다시 말하면, 전체 통화량은 일반인이 보유하는 지폐와 주화, 그리고 은행 및 금융기관의 예금으로 구성되는데, 총통화량은 지준화폐에 의해 보증되지 않고, 단지 본원통화(통화위원회에서 발행한 지폐와 주화)만이 지준화폐로 보증되고 태환된다.

통화위원회제도에서 통화위원회는 일반대중에게 은행서비스를 제공하지 않고 예금도 받지 않으며, 금융기관들은 지금의 중앙은행과는 달리 통화위원회에 지준금을 예치하지 않는다. 대신에 금융기관들은 지준금으로 지준화폐 자산을 보유하고, 그것을 고객들에게 제공하기 위해 통화위원회에 가서 국내통화와 교환한다. 금융기관들은 요구불예금이나 저축성예금에서 지폐와 주화로 전환하는 예금자들의 요구를 추정하여 국내통화를 금고에 보유한다. 통화위원회의 운영비용은 지준화폐에서 얻는 시뇨로지와 화폐를 발행하고 유지하는 데 드는 비용간의 차이로부터 얻는 약간의 이윤을 이용하여 자체 조달된다.[5)]

통화위원회제도에서 통화량은 국제수지에 의해 결정된다. 이것은 전통적 금본위제도와 같은 과정이다. 사실 통화위원회제도는 금본위제도의 일종이라 할 수 있다. 금본위제도에서는 국내통화의 가치가

마르크(*mark*), 리투아니아 리타스(*litas*) 등이며, 파운드 스털링을 사용하는 화폐는 파크랜드 아일랜드 파운드, 지브롤터 파운드, 세인트헬레나 파운드 등이다.

5) 전형적인 통화위원회는 쉽게 터득되는 기계적 과정을 수행할 아주 소수의 인원만이 필요하다. 예를 들면, 1995년 Cayman Island의 통화위원회는 4명의 정규직 직원에 연간예산이 약 56만 달러에 불과했다. 그 비용의 약 ¼은 은행권 주화의 판매로 충당되었다.

금의 가치와 연계되어 있다고 한다면, 통화위원회제도에서는 국내통화의 가치가 외국통화에 연계되어 있다. 이러한 통화제도는 정부개입이나 관리 없이 작동한다는 점에서 자동적이다. 경제는 결국 국제수지에 자동적으로 조정된다.

금본위제도는 각국의 화폐가 금으로 직접 교환될 수 있는 화폐제도다. 그래서 각 국가의 화폐간의 환율은 자동적으로 고정된다. 예를 들면, 미국에서 1달러 지폐가 1/20온스의 금으로 태환되고, 영국에서는 1파운드 스털링을 1/4온스의 금으로 태환된다면 파운드와 달러의 환율은 실제로 파운드당 5달러로 고정된다. 여기서 영국 파운드가 5달러 이상으로 평가절상되었다고 하자. 그러면 백 파운드어치의 영국 옷감을 수입하는 미국인 수입업자가 달러로 지불할 경우 이전에 지불했던 5백 달러보다 더 많은 금액을 지불해야 한다. 그러나 미국인 수입업자는 영국의 옷감에 대해 달러를 파운드로 바꾸어 직접 지불하는 대신 금을 이용할 수 있다. 미국인 수입업자는 먼저 5백 달러를 금으로 교환한 다음 그 금을 영국으로 선적하여 백 파운드로 전환하여 지불하는 것이다. 따라서 영국 파운드의 가치가 5달러와 금의 선적비용의 합보다 높으면 금을 영국으로 선적하는 것이 비용이 적게 드는 방법이다.

금본위제도하에서 파운드의 평가절상은 영국의 대외준비자산인 금을 증가시키고, 미국의 대외준비자산인 금을 동일한 크기만큼 감소시킨다. 한 국가의 금의 양의 변화는 본원통화를 동일한 크기만큼 변화시키기 때문에, 미국에서 영국으로 금의 이동은 영국의 본원통화를 증가시키고 미국의 본원통화를 감소시킨다. 이에 따라 영국의 화폐공급 증가로 영국의 물가수준이 상승하는 한편 미국의 화폐공급 감소로 미국의 물가수준이 하락된다. 이와 같은 미국의 물가수준 대비 영국물가수준의 상대적 상승은 파운드를 평가절하시킨다. 이 과정은 파운드의 가치가 5달러로 하락할 때까지 계속된다. 금본위를 통화위원회로 대체하면 작동원리는 정확히 같다.

통화위원회제도는 중앙은행의 화폐금융제도와는 다르다. 통화위원회는 단지 외화준비자산과 1 대 1 교환에 의해서만 화폐를 발행할 수 있기 때문에 전통적 중앙은행처럼 신용을 확대함으로써 국내통화를 창출할 수 없다. 통화위원회는 정부재정적자를 보전할 수 없으며, 공개시장조작과 재할인을 통해 국내통화를 공급할 수 없다. 따라서 화폐발행에서 자연히 탈정치화가 이루어진다. 그래서 통화위원회는 인플레이션과 정부의 재정적자를 화폐발행으로 보전하는 것을 억제하는 장점을 가지고 있다. 통화위원회는 궁극적인 지준화폐를 조절할 수 없기 때문에 인플레이션을 창출할 수 없다. 본원통화의 증가는 통화당국 자체의 의지에 의한 것이 아니라 앞에서 언급한 것처럼 경제의 건강성을 반영하는 국제수지의 증가로 나타난다. 이것은 국제수지가 적자인 경우에서도 화폐를 발행할 수 있는 중앙은행제도와 아주 다른 점이다.

이렇듯 통화위원회는 개인과 기업에 공급하는 화폐의 양을 재량적으로 조절하지 않고, 사람들이 정상적인 금융과 상업활동에 따른 지폐와 주화에 대한 수요에 반응한다. 결과적으로 통화위원회는 경제의 총통화량을 조절하지 않는다. 위원회가 아닌 개인과 기업의 시장이 이것들을 정한다. 전형적 통화위원회제도는 위원회가 공급하는 지폐와 주화의 양을 결정하는 데 전적으로 시장에 의존하고, 총통화량의 다른 요소인 금융기관의 신용화폐도 시장에 의해 결정된다.

또한 통화위원회는 정부나 공기업에 대한 대출이 허용되지 않기 때문에 정부나 공기업에 자금을 대출 수 없다. 그리고 통화위원회는 최후의 대부자가 아니다. 통화위원회는 일반은행이나 다른 기업들의 파산을 구제하기 위해 대출해주지 않는다. 따라서 통화위원회제도에서는 정부는 재정균형을 이루어야 하며 차입을 극도로 제한하게 된다. 그리고 금융기관은 극도의 주의를 하여 정확한 신용평가에 의해 대출해야 하기 때문에 위험을 과도하게 취하는 도덕적 해이 문제가 사라지게 된다.

그러나 통화위원회제도는 간과할 수 없는 단점을 가지고 있다. 첫째, 지표국가의 화폐공급 충격을 크게 받는다는 점이다. 지표국가가 통화량을 늘리게 되면 지표국가의 화폐가치가 하락하게 되고 그에 따라 자국의 통화가치도 하락하게 된다. 반대로 지표국가가 통화량을 줄이면 지표국가의 화폐가치가 상승하게 되고 자국의 화폐가치도 상승하게 된다. 지표국가의 화폐가치가 불안정해지면 자국통화의 가치도 불안정해지는 문제가 있다. 물론 통화위원회제도는 고정환율제로서 두 국가의 환율은 변함없이 유지될 수 있다. 그러나 변동환율제의 세계에서 어느 한 국가에 대해 환율을 고정시킨다고 해서 다른 모든 국가에 대해서도 환율이 고정되는 것이 아니다. 여전히 나머지 국가의 통화에 대해서는 변동된다. 그에 따라 지표국가의 화폐가치에 따라 자국의 화폐가치도 변하게 되고 나머지 국가의 화폐에 대한 환율이 변하게 되어 수출입과 국내경제가 영향을 받게 된다. 통화위원회는 국내 통화공급 충격을 제거할 수는 있지만 지표국가로부터 오는 통화공급 충격은 제거되지 않는다.

따라서 이러한 문제는 지표통화를 바꾸어야 하는 문제를 야기한다. 실제로 1935년 홍콩은 영국 파운드로 보증되는 통화위원회를 실시하였지만, 1967년 파운드 가치가 하락하면서 불안정해지자 지표통화를 미국 달러화로 교체하였다. 그에 따라 통화위원회가 보유하고 있던 모든 파운드 자산을 달러 자산으로 바꾸어야 했다. 또한 1970년대 미국 달러에 대한 공격으로 미국이 변동환율제로 이행함에 따라 홍콩 역시 변동환율제를 따랐다. 홍콩이 통화위원회를 다시 시행한 것은 1983년 10월이다. 홍콩의 반환에 대한 영국과 중국 간의 협약이 임박해옴에 따라 홍콩 달러에 대한 투기가 일어나자 은행 런이 일어나 금융시스템의 붕괴를 우려한 홍콩 정부가 다시 미국 달러를 지표통화로 하는 통화위원회를 복귀시킨 것이다.

둘째, 통화위원회의 성격에 따라 화폐에 대한 투기적 공격(*speculative attack*)이 있을 수 있다. 통화위원회제도에서의 화폐에 대한 투기적 공격을 설명하기 전에 일반적인 투기적 공격이 어떻게 발생하는지를 살펴보기로 하자. 일반적인 투기적 공격은 중앙은행의 고정환율제에서 발생한다. 예를 들어, 독일과 영국이 협의하에 고정환율제를 실시하기로 하고 독일 마르크와 영국 파운드의 교환비율을 DM2 : £1로 정했다고 하자. 독일이 국내의 인플레이션 문제를 해결하기 위해 긴축통화정책을 쓰며 금리를 인상하면 독일 마르크의 가치는 상승하게 되고 영국 파운드의 가치는 하락하게 된다. 그래서 실질교환가치는 DM1.5 : £1이 된다고 하자. DM2 : £1의 고정환율을 유지하기 위해서는 독일이 금리를 낮추는 확대통화정책을 쓰든가, 혹은 영국이 금리를 올리는 긴축통화정책을 써야 한다. 그런데 양국의 경제상황이 허락하지 않아 당장 독일이 금리를 낮출 수 없고 영국이 금리를 올릴 수 없다면 투기자들은 가까운 미래에 중앙은행들이 환율조정을 할 것으로 예상한다. 그래서 독일 마르크의 가치는 오르고 영국 파운드 가치는 하락할 것으로 예상하여 독일 마르크를 대량으로 구매하든가 영국의 파운드를 대량으로 투매하게 된다. 이러한 투기적 공격으로 환율이 급격하게 변동하는 외환위기가 발생할 수 있는 것이다. 실제로 1992년 영국을 비롯한 유럽국가들의 외환위기는 이러한 과정에서 비롯된 것이다.

통화위원회제도에서 법에 의해 환율이 명시되어 이것이 변동될 가능성이 없다면 화폐에 대한 투기적 공격은 통화위원회제도에서는 발생하지 않는다. 그러나 환율을 조정할 수 있는 능력을 갖는 통화위원회제도에서는 투기적 공격이 일어난다. 지표국가의 통화가 하락하는 경우 투기자들은 그에 따라 통화위원회가 기존의 고정환율을 유지하지 않고 평가절하할 것이라 예상하여 그 화폐를 대량으로 투매하게 된다. 실제로 1997~1998년 홍콩이 통화위원회제도를 실시하고 있었음에도 불구하고 투기적 공격을 받은 것은 홍콩 통화당국이 외환시장에 개입하는 등의 행동으로 통화위원회에 대한 신뢰성을 상실했기 때문이다. 홍콩은 1992년 10월 홍콩통화당국(*Hong Kong Monetary Authority*, HKMA)을 설립하여 외환시장에 개입함은 물론 이자율 목표제를 실시하겠다고 천명하였다. 이것은 홍콩이 고정환율을 유지할 의사가 없다는 것으로 시장참가자들에게 비쳐졌었다.

달러화

달러화(*dollarization*)는 외국의 강한 화폐를 자국의 화폐로 채택하는 것이다. 달러화라고 해서 미국의 달러만을 채택하는 것이 아니고 유로나 다른 국가의 화폐들이 채택될 수 있다. 미국 달러를 법화로 채택하는 국가는 에콰도르, 엘살바도르, 브리티시 버진아일랜드, 마샬 아일랜드, 파나마 등이고, 유로를 채택하는 국가는 코소보, 모나코, 샌마리노, 몬테네그로 등이다. 그 밖에 아브하지아(Abkhazia), 남오세티아(South Ossetia) 등의 국가들이 러시아 루블을 채택하고 있고, 쿡 아일랜드, 니우에, 토켈라우 등의 국가들은 뉴질랜드 달러를 채택하고 있다.

달러화는 정부가 화폐발행을 통해 정부의 부채를 보전할 수 있는 방법을 원천적으로 봉쇄한다. 환율 측면에서 달러화는 통화위원회보다 더 강한 고정환율제도이다. 통화위원회는 화폐가치의 변화를 허용하면서 포기될 수도 있지만 달러화가 이루어지면 화폐가치의 변화는 불가능하기 때문이다. 달러화는 지표국가의 경제안정성을 수입함으로써 화폐와 물가안정을 촉진한다. 달러화의 가장 큰 장점은 정부가 인플레이션과 외환통제를 통해 민간의 부를 징수해가는 것을 차단하는 것이다. 또 다른 장점은 국내화폐가 존재하지 않기 때문에 국내화폐에 대한 투기적 공격을 완전히 피할 수 있다는 점이다. 이 점이 투기적 공격의 가능성에 노출되어 있는 통화위원회제도와 다른 점이다.

그러나 달러화에 대한 비용이 있다. 첫째는 통화위원회의 경우와 마찬가지로 지표국가의 화폐공급 충격을 받는다는 점이다. 둘째는 통화위원회의 경우와 달리 회계단위의 변화에 따른 경제조정 비용이 크다는 점이다. 자국의 화폐를 지표국가의 화폐로 바꾸어야 하기 때문에 그에 따른 회계단위 역시 바뀌어야 한다. 그러한 전환비용이 만만치 않을 것이다. 달러화를 채택한 국가의 경제가 채택된 통화와 다른 무역 파트너의 통화 간에 존재할 수 있는 관계변화에 적응해야 하는 문제가 있다. 따라서 다른 통화로 표시된 외채의 높은 비율을 가지고 있는 개발도상국가는 달러화 후에 상당한 조정문제에 직면할 수 있다. 강한 화폐를 채택하는 것은 국내 물가를 낮추게 되지만 그러한 조정이 신속하게 이루어지지 않는 비용을 치를 수 있다.

셋째, 시뇨로지의 상실이다. 달러화를 채택한 국가는 자국의 화폐가 없기 때문에 화폐를 발행함으로써 정부가 얻는 수입인 시뇨로지를 상실한다. 정부와 중앙은행은 자국의 화폐에 대해 이자를 지급하지 않기 때문에 화폐발행을 통해 채권과 같은 소득발생 자산을 구입함으로써 수입을 얻는다. 미국의 경우 시뇨로지 수입이 연간 3백억 달러에 이른다. 현금사용 비율이 비교적 높고 재정시스템이 잘 발달하지 못한 개발도상국가들에서 시뇨로지 상실로 전체 정부수입이 상당히 감소할 수 있다. 달러화하고 자국의 화폐를 포기할 경우 다른 방법으로 이와 같은 수입감소를 보충할 필요가 있지만, 후진국에서는 그것이 쉽지 않은 일이다. 그래서 시뇨로지 수입을 유지하려는 욕구가 있으며 그러한 욕구에 의해 자국화폐를 유지해야 한다는 주장이 나온다.[6)]

넷째, 자국의 화폐에 대해 국가적 긍지가 사라질 수 있다. 달러화로 자국화폐가 사라지면 국가적 긍지를 느낄 수 있는 하나의 상징물이 소멸될 수 있다. 물론 이것은 정치적 비용이다. 통신시스템이나 핸드폰 사양을 결정하는 데 국가 긍지를 내세우지 않듯 국내 화폐제도를 결정하는 데 국가 긍지를 내세우지 않는 것이 좋을 것이다. 그러나 많은 국가들이 자신의 국가 화폐를 주권의 상징처럼 여기는 것이 사실이다. 그래서 많은 사람들은 달러화를 국가 자긍심의 상실로 받아들이고 채택된 통화를 공급하는 국가로부터 주권을 빼앗긴 것으로 생각하는 경향이 많다.

다섯째, 화폐의 수출금지(*embargo*) 위험이다. 달러화로 화폐공급을 외국의 중앙은행에 의존할 경우 지표국가와 정치적 분쟁이 발생하면 지표국가가 화폐수출 금지를 취할 수 있다. 그렇게 되면 채택한 국가의 화폐가 부족하게 되어 심각한 경제적 어려움을 겪을 수 있다. 1980년대 말 파나마를 실질적으로 장악한 노리에가 장군과 미국과의 갈등으로 미국이 취한 경제적 제재조치 일환으로 화폐의 수출금지가 실례이다.

여섯째, 독립적 통화정책의 상실이다. 그러나 이러한 상실은 오히려 국가에 이익일 수 있다. 제 6장에서 본 중앙은행의 성과에서 알

---

6) 그러나 정부가 화폐를 발행함으로써 얻는 시뇨로지에는 드러나지 않는 정부의 비용과 드러나지 않는 인플레이션 조세를 이용한 자원에 대한 정부 통제력 증가가 내포되어 있기 때문에 이것은 경제 전체적으로 효율적이지 못하다. 따라서 달러화로 시뇨로지가 상실되는 것은 사실이지만 그 비용이 잘못 인식되어 있을 수 있고 과장되어 있을 수 있다.

수 있듯이 달러화나 통화위원회를 채택한 개발도상국가들이 중앙은행제도를 채택한 개발도상국가들보다 높은 성장률과 낮은 인플레이션을 경험했기 때문이다. 달러화를 채택한 파나마가 1961~2004년 연평균 2.7%의 인플레이션율을 경험했던 반면, 다른 라틴아메리카 국가들의 인플레이션율이 10% 이상 되었고, 아르헨티나와 브라질의 천% 이상이었던 사실에서도 통화정책의 상실이 반드시 비용일 수 없다고 하겠다. 인플레이션을 야기하는 재량적 통화정책과는 달리 달러화는 인플레이션 문제를 제거하는 한편 정부가 재정에 대한 책임의식을 갖도록 한다. 따라서 통화정책의 상실이 단점이라기보다는 장점이 될 수도 있다.

일곱째, 최후대부자의 상실이다. 통화정책의 상실과 마찬가지로 이것이 달러화한 경제에 비용이라고 하기에는 무리가 있다. 실패한 은행을 구제하기 위해 중앙은행이 치른 비용은 매우 크다. 한 예를 들면 아르헨티나가 1980~1982년 금융위기를 해결하는 데 든 비용이 GDP의 55% 정도나 되었다. 게다가 최후대부자의 존재가 은행 실패를 막지 못한 역사적 사례가 아주 많다. 뿐만 아니라 달러화로 중앙은행과 같은 공적 최후대부자가 상실되는 것이지 경제 내의 최후대부자가 없어지는 것은 아니다. 사적 최후대부자가 존재할 수 있다. 예를 들면, 국제금융제도가 최후대부자로서의 중앙은행을 대체할 수 있다. 실제로 1964, 1967~1969, 1973~1975, 1978~1980년 파나마가 경제위기에 직면했을 때 외국은행이 자신들의 현지영업을 지원하기 위해 많은 자금을 투입하였다. 외국은행들의 본사가 효과적으로 최후대부자로서 기능한 것이다.

민간화폐제도의 우위성[7)]

민간화폐제도에서는 통화위원회와 달러화와 마찬가지로 중앙은행이 없다. 민간화폐제도에서 중요한 것은 기초화폐(본원통화)인데, 앞에서 언급한 것처럼 금, 은, 상품 바스켓, 달러나 유로, 혹은 기존 중앙은행권이 기초화폐로 사용될 수 있다. 민간화폐제도가 달러화의 경우와 다른 점은 민간화폐제도에서는 국내 화폐단위를 버리지 않고 그대로 사용한다는 점이다. 그리고 일반은행으로 하여금 국내 화폐단위의 지폐를 발행하도록 하며, 발행한 지폐를 포함하여 예금과 같은 은행부채는 고객이 요구할 경우 반드시 결정된 환율에서 기초화폐로 상환해주도록 한다. 만약 달러를 기초화폐로 사용한다면 달러로 상환해주게 되고, 달러는 통화량으로 기능하기보다는 상환의 매개체(*medium of redemption*)로 기능한다. 국내 화폐단위를 버리지 않는다는 점은 통화위원회와 동일하며, 통화위원회와 다른 점은 통화위원회가 국내화폐를 독점적으로 공급하는 반면 민간화폐제도에서는 국내화폐가 은행들의 경쟁에 의해 공급된다.

▪ 투기적 공격 위험성

민간화폐제도는 기초화폐와 은행화폐 간의 고정환율제도이지만 외국통화와는 기본적으로 고정환율제도가 아니다. 따라서 국내화폐에 대한 투기적 공격의 위험이 없다. 다만 기초화폐를 달러로 사용한다면 달러와 고정환율제가 될 수 있다. 이 경우 통화위원회제도와 민간화폐제도 중 어떤 것이 더 투기적 위험이 높은가는 고정환율이 얼마

---

7) Selgin(2005)은 달러를 기초화폐로 사용하는 민간화폐제도의 분석을 통해 통화위원회와 달러화에 비해 민간화폐제도가 상대적으로 우위에 있음을 보이고 있다.

나 잘 지켜지는지에 대한 신뢰성에 달려 있다.

민간화폐제도와 통화위원회 간의 차이점은 민간화폐제도에서는 민간은행들만이 국내통화와 달러 간의 고정환율을 집행할 책임이 있다는 점이다. 즉, 달러화의 경우처럼 일방적으로 화폐가치를 절하할 공적 기구가 없다. 따라서 민간거래에서의 가치절하 위험은 달러화의 경우와 거의 비슷하며, 민간은행이 고객에게 달러로 100% 지불하지 못하는 지불불능사태가 발생하여 민간은행에 대한 런이 있는 경우에만 투기적 공격이 있을 수 있다.

그러나 국내통화에 대한 투기적 공격은 개별은행의 실패가 은행권 전체로 전염 확산되는 경우에 가능할 것이다. 그렇지 않고 개별은행에 대한 런에 국한된다면 국내화폐에 대한 투기적 공격은 없을 것이다. 그런데 제7장에서 본 바와 같이 개별은행에 대한 런은 전염효과가 없으며, 개별은행에 대한 런이 있다 하더라도 일시적 유동성 부족에 근거한 것이라면 그 은행을 구제해줄 사적 금융시스템이 작동하게 된다. 그리고 정말 운영을 잘못하여 망해야 하는 은행이라면 그런 은행은 퇴출되는 것이 경제 전체의 건강성을 위해서도 바람직하다. 뿐만 아니라 민간화폐제도에서 고정환율에 대한 약속을 이행하는 것은 정부정책이라기보다는 민간규율의 문제가 된다. 일반적으로 민간계약에 의해 만들어진 조건들이 정부 정책보다는 잘 바뀌지 않는다. 그리고 은행의 실패는 소유자와 관리자들에게는 비용이 많이 드는 것이므로 일반은행들은 정부의 통화당국보다는 자신이 발행한 은행권의 가치절하를 회피하려는 강한 유인을 갖고 있어 고정된 환율이 변경되는 일이 정부의 통화당국에 비해 잘 일어나지 않는다. 따라서 달러화에 비교하여 민간화폐제도에서는 투기적 공격의 가능성은 있지만 통화위원회에 비해서는 그 가능성이 매우 낮다.

▪ 시뇨로지

민간화폐제도에서는 자국화폐를 사용하기 때문에 통화위원회와 달러화처럼 해외로 내보내는 시뇨로지는 없다. 다만 기초화폐로 달러를 쓰는 경우에는 그에 대한 시뇨로지가 해외로 나간다. 민간화폐제도에서 일반은행들의 은행권들이 유통되면 미국의 중앙은행인 연준이 달러를 기초화폐로 사용한 국가로부터 얻는 시뇨로지의 크기는 감소한다. 일반 은행권만이 유통된다면 시료로지를 얻을 수 있는 기반은 기초화폐로 보유하는 달러 스톡에 국한된다. 그리고 그 스톡이 통화위원회에서 보유하는 양보다 많을 이유가 없다. 따라서 외국으로 내보내는 시뇨로지 비용의 크기는 달러를 직접 유통에 사용하는 달러화의 경우보다 훨씬 적고, 통화위원회의 경우와는 같거나 작다.

그러나 시뇨로지 측면에서 민간화폐제도와 통화위원회제도 간에 중요한 차이점이 있다. 통화위원회는 국내화폐를 독점적으로 발행한다. 그래서 달러화가 해외로 내보내는 시뇨로지 대신에 자신의 시뇨로지를 얻는다. 그러나 민간화폐제도에서는 유통되는 화폐를 은행들이 경쟁적으로 발행하기 때문에 생산자의 잉여인 시뇨로지를 소비자 잉여로 전환시킨다. 물론 유통되는 현금에 대해서 실질적으로 이자를 지불할 수 없기 때문에 은행들이 자신들의 은행권 시장을 확장하기 위해서 가격경쟁을 할 수는 없다. 그러나 대신에 은행들은 은행권의 질을 높인다든가 관련 서비스를 늘리는 등의 비가격경쟁을 하게 된다. 그러한 비가격경쟁으로 소비자 잉여가 증가될 수 있는 것이다. 이러한 점에서 민간화폐제도가 달러화와 통화위원회제도보다 훨씬 우위에 있다.

▪ 통화 수출금지 위험과 국가 자긍심

국내화폐가 유통되는 통화위원회제도처럼 민간화폐제도에서는 은행들이 발행한 현금이 실제로 유통되어 사용되기 때문에 달러화와 같은 통화 수출금지의 위험에 직면하지 않는다. 이러한 점에서는 민간화폐제도와 통화위원회제도는 달러화보다 낫다. 한편 비록 민간이 발행한 은행권이 중앙은행이 발행한 화폐와는 달리 주권의 상징과 같은 기능을 하지는 않겠지만 외국 중앙은행의 통화가 아니라는 점에서 민간은행권은 적어도 이 문제에 관한 한 중립적으로 인식될 것이다. 그래서 이 점에서 민간화폐제도가 적어도 달러화보다는 낫다고 할 수 있다.

▪ 기 타

위에서 언급한 것 이외에 민간화폐제도는 달러화와 통화위원회제도보다 화폐수요의 변화에 순응하여 안정적인 화폐공급을 할 수 있다. 달러화에서는 화폐공급이 외국 중앙은행 행위의 영향을 받을 수 있다. 민간화폐제도에서는 기초화폐(본원통화)량이 고정되어 있으므로 화폐수요가 변했을 경우, 은행들이 그에 따라 화폐를 공급하게 되면 경제 전체적으로 안정적인 화폐공급이 이루어진다. 반면 통화위원회제도에서는 화폐공급이 시장에서 이루어지긴 하지만 앞에서 언급한 바대로 국제수지에 따라 본원통화가 변동하며 그에 따라 은행의 신용화폐가 변하여 화폐가 공급된다. 따라서 화폐수요가 변해 그에 따라 은행들이 화폐를 공급했다고 할지라도 본원통화 쪽의 변동이 있을 수 있으므로 경제 전체적으로 상대적으로 화폐공급의 변동성이 크다. 따라서 민간화폐제도가 달러화 경제나 통화위원회를 갖는 경제보다 상대적으로 훨씬 안정적이다.

이상으로 세 가지의 제도를 비교해 본 결과 전반적으로 민간화폐제

〈표 8-1〉 중앙은행 대안제도들의 비교

	투기적 공격	시뇨로지	화폐단위 변경	통화수출 금지	국가 자긍심	기타
민간화폐제도	+	+	+	+	+	+
통화위원회	-	+	+	+	+	-
달러화	+	-	-	-	-	-

주: 1) 기타는 화폐공급의 안정성과 경제위기 및 경기변동에 대한 대응성에 대한 것임.
2) +는 상대적 우위, -는 상대적 열위를 나타냄.

도가 달러화와 통화위원회제보다 훨씬 우월함을 알 수 있다. 이에 대한 비교는 〈표 8-1〉에 요약되어 있다. 〈표 8-1〉에서 플러스(+)는 상대적 우위를 나타내고 마이너스(-)는 상대적 열위를 나타낸다. 뿐만 아니라 통화위원회와 달러화는 주로 개발도상국에 적용되는 화폐제도인 반면, 민간화폐제도는 개발도상국뿐만 아니라 선진국에도 적용되는 화폐제도이다. 따라서 민간화폐제도는 그 어떤 것보다 가장 바람직한 화폐금융제도라고 할 수 있다.

3. 민간화폐제도의 실현가능성

반대세력

가장 바람직한 화폐금융제도인 민간화폐제도는 기술적으로 실현 불가능한 제도가 아니며 성공적으로 실시되었던 역사적 경험도 있다. 뿐만 아니라 순수 민간화폐제도는 아니지만 현재 중앙은행이 아닌 일반은행이 발행한 은행권이 현금으로 통용되는 국가들이 있다. 홍콩이 대표적이다. 홍콩이 중국으로 반환된 이후 중국은행(Bank of China)이 은행권을 1994년부터 발행하고 있지만 여전히 HSBC와 Standard Chartered 은행이 발행한 은행권이 통용된다. 그리고 스코틀랜드에서는 스코틀랜드은행, 스코틀랜드왕립은행, 클라이드즈데일은행이 발행한 은행권과 북아일랜드에서는 아일랜드은행, 퍼스트트러스트은행, 노던은행, 얼스터은행이 발행한 은행권이 사용되고 있다. 따라서 일반은행이 발행한 은행권이 통용되는 민간화폐제도에 대해 의심할 이유가 하나도 없다.

다만 민간화폐제도의 실현가능성은 정치적 과정에 달려 있을 것이다. 지금의 화폐금융제도를 자유금융인 민간화폐제도로 개혁하려고 한다면 그에 대한 반대세력이 나타날 것이다. 그 첫 번째 반대세력은 권력상실감을 느끼고 자신들의 생활이 위협받을 것이라고 생각하는 중앙은행 직원들이 그것이다. 그러나 중앙은행과 관계된 사람들의 반대는 분명한 인센티브로 극복될 수 있다. 예를 들면, 중앙은행을 민영화하면서 이해관계자들을 민영화된 은행에서 계속 고용하거나 민영화된 은행의 소유주가 되게 하면 중앙은행의 민영화를 성취할 수 있을 것이다. 이것은 1980년대 영국의 공기업 민영화 경험에서 알 수 있다. 당시 적절한 인센티브로 영국 관리들이 민영화에 적극적으로 참여했다. 그래서 중앙은행의 이해당사자들의 반대는 적절한 인센티브가 주어지면 극복될 수 있다.

아마 민간화폐제도에 대한 가장 커다란 반대는 정부 자체로부터 나올 것이다. 민간화폐제도가 되면 시뇨로지를 얻고 통화정책에 영향력을 행사하여 정부의 적자를 보전하는 정부의 힘이 사라지기 때문이다. 정부는 정부의 이익을 위해 필요한 중앙은행이 없어지는 것을 누구보다 싫어할 것이다. 민간화폐제도가 중앙은행제도에 의해 사장되어버린 역사적 사실에서 알 수 있듯이 민간화폐제도의 부활에 대한 정부의 반대는 결코 작지 않을 것이다. 정부는 중앙은행의 존속에 필요한 논리와 주장에 대한 보고서를 만들 것이며, 중앙은행의 영향력을 보전할 수 있는 각종 규제를 만들고 대안들을 제시할 것이다.

지불제도의 새로운 변화[8)]

컴퓨터가 개발되고 인터넷이 확산됨에 따라 오늘날 재화와 용역에 대한 지불방법이 크게 변하였다. 우선 신용카드, 직불카드, 전신송금(*wire transfer*) 등의 전자지급 수단은 과거 지폐와 수표를 사용하는 것보다 거래비용을 크게 절감시켰다. 과거에는 거래의 대금지급을 위해 현금을 직접 전달하거나 수표를 우편으로 보내야 했다. 그러나 오늘날에는 은행들의 웹사이트를 이용하여 클릭 몇 번으로 지급액을 전송할 수 있다. 따라서 직접 찾아가야 하는 시간 및 교통비용과 우편요금을 절약하는 것은 물론 대금지급이 쉬워졌다. 더욱이 반복적으로 지급할 대금은 은행 웹사이트에 접속할 필요도 없이 자동으로 은행계좌에서 빠져나간다. 이러한 편리한 점 때문에 전자지급 수단은 지난 수십 년 동안 지폐와 수표를 대체했다.

게다가 전자화폐가 등장하여 수표뿐만 아니라 현금도 대체하고 있다. 오늘날 기업가들은 여러 가지 종류의 전자화폐를 선보이고 있다. 공통적 기술은 컴퓨터 칩이 내장된 플라스틱 카드인 "스마트카드"이다. 카드 발행자는 플라스틱 카드에 돈을 전자기호의 형태, 즉 디지털로 저장한다. 카드에 저장된 금액은 발행자가 상환해야 하는 발행자의 부채다. 그 카드를 소비자들이 구매해서 보유하고 있다가 카드

8) 지불제도의 변화에 대한 자세한 논의는 Friedman and Macintosh(2003)를 참조하기 바란다.

인식기를 설치하는 상인으로부터 재화와 용역을 구입할 수 있다. 카드인식기는 카드에 저장되어 있는 정보, 즉 금액 중 가격에 해당하는 것만큼만 끄집어내어 컴퓨터 메모리에 저장한다. 상인은 그 정보를 카드발행자에게 보내 청구하면 발행자는 그 금액만큼을 상인에게 지급한다.

스마트카드가 적용되는 범위는 매우 넓다. 예를 들어, 은행들은 고객들에게 서비스로 저축예금이나 요구불예금에서 돈이 저장될 수 있는 컴퓨터 칩이 들어 있는 스마트카드를 제공할 수 있다. 또는 금융회사들이 사전에 돈이 저장된 스마트카드를 팔 수 있다. 그리고 기업들이 자신의 프랜차이즈에서만 사용될 수 있는 로열티 프로그램 카드를 고객들에게 제공할 수 있다.

스마트카드는 실제공간과 버추얼 공간에서 사용되고 있다. 이미 컴퓨터 플로피디스크 드라이브와 연결될 수 있는 스마트카드 인식기를 개발한 기술개발회사들이 있다. 그리하여 카드 보유자는 온라인 은행계좌로부터 돈을 카드에 저장하고 인터넷 쇼핑을 즐긴다.

기존 스마트카드 시스템은 대부분 저장된 단위가 발행자에게 상환되기 전까지 단 한번만 소비될 수 있도록 디자인되어 있다. 그러나 최근 몬데스는 카드 소지자가 한 카드에서 다른 카드로 직접 돈을 이전하는 보다 다양한 기술을 내놓았다.

스마트카드의 대용으로 은행과 기업들은 발행자의 디지털 서명이 들어있는 전자화폐를 발행할 수 있다. 사람들이 그 전자화폐를 구입하여 자신의 컴퓨터 하드드라이브에 저장할 수 있다. 그리고 구매할 때 자신의 모뎀을 통해 그 화폐를 상인의 컴퓨터로 보낸다. 그러면 상인은 그 화폐를 발행자에게 보내 상환받는다.

뿐만 아니라 은행과 금융기관들은 스마트카드나 하드드라이브에 저장되는 전자 "은행권"을 발행할 수 있다. 고객은 실제세계나 버추

얼 세계에서 그 은행권을 쓴다. 그 은행권은 달러나 금과 같은 기초화폐로 상환될 수 있다. 저장된 가치를 한 카드에서 다른 카드로 이전할 수 있는 몬데스의 기술이 사용되면 이러한 은행권은 상환을 위해 발행자에게 되돌아오기 전까지 얼마의 기간 동안 유통도 된다.

그리고 은행과 금융회사들은 스마트카드나 하드드라이브에 저장되는 전자화폐에 브랜드 네임을 붙여 경쟁적으로 발행할 수 있다. 각 발행자는 자신의 전자화폐의 가치를 안정적으로 유지하기 위해 전자화폐의 양을 관리한다. 경쟁은 불안정한 화폐를 시장에서 몰아낼 것이다.

이처럼 정부화폐가 민간화폐로 점점 대체되고 있다. 인터넷을 통한 전자상거래의 확산으로 전자화폐의 사용은 더욱 일반화될 것이다. 사람들이 점점 거래에서 은행이나 비은행 기업의 디지털 화폐를 사용함에 따라 정부화폐에 대한 수요가 감소하고 있다. 그에 따라 정부의 시뇨로지 수입 역시 감소할 것이다. 지금 중앙은행으로 가는 시뇨로지가 민간은행과 기업들에게 갈 것이다. 실시간 전자결제와 여러 가지 디지털 화폐로 은행의 결제잔고에 대한 수요가 지속적으로 하락할 것이다. 따라서 중앙은행의 예치금 역시 상당히 줄어들 것이다. 또한 실시간으로 결제됨에 따라 지불부도와 사기의 위험이 감소하고 있다. 그리하여 규제와 감시에 대한 필요성이 또한 줄고 있다. 궁극적으로 중앙은행의 역할은 화폐단위를 정하는 것에 국한될 것이다. 따라서 정부화폐는 민간이 발행하는 화폐를 상환하는 기초화폐(*base money*) 또는 지준화폐(*reserve money*)로 사용되고 전자화폐가 일반적 지불수단으로 사용될 것이다.

당장 민간화폐제도로의 개혁을 하지 않는다고 할지라도 화폐금융제도가 민간화폐제도로 진화하는 것은 거스를 수 없는 추세일 것이다. 정부가 화폐제도의 진화에 방해만 하지 않는다면 민간화폐제도로의 진화는 시간문제다. 우려되는 것은 앞에서 언급한 바와 같이 민간화폐제도에 대한 정부의 반대가 심할 것이라는 점이다. 이것은 시장에서 주화가 출현했을 때 정부가 그것의 주조권을 몰수했고, 은행권이 나타나 정부의 주화에 대한 수요가 감소하자 은행을 규제하고 은행권을 정부독점으로 만들었으며, 안정적으로 잘 운영되던 민간화폐제도를 정치적 이유에서 중앙은행제도로 대체했던 역사를 돌이켜 보면 이 시점에서 정부가 전자화폐와 같은 민간화폐를 제한하고 규제할 가능성이 있다. 심지어는 정부가 직접 전자화폐를 발행하며 이를 독점하려 할지 모른다. 그러나 역사를 돌이켜 보면 정부가 화폐금융제도에 개입한 결과는 결코 성공적이지 못했고 경제의 불안정성이 증가하였다. 이 점을 인식하고 정부는 당장 민간화폐제도로의 개혁을 추진하지는 않더라도 시장의 힘에 의해 민간화폐제도로 진화하는 것을 방해하지는 말아야 할 것이다.[9]

---

9) Friedman and Schwartz(1986)는 20세기 화폐의 역사를 연구한 후 화폐금융제도를 시장에 맡기는 것이 정부 개입을 통해 얻는 것보다 더 만족스러운 결과를 낳을 것이라 하였다.

제9장

요약 및 결론

시장경제는 가격시스템에 의하여 움직인다. 가격시스템이 잘 작동하지 않으면 경제성장이 저하될 뿐만 아니라 경제가 불안정해진다. 가격시스템이 잘 작동하기 위한 조건은 사유재산권과 자유경쟁이다. 사유재산권이 잘 보장되지 않거나 자유경쟁이 훼손되면 가격시스템이 잘 작동하지 않아 경제발전에 문제가 생기고 경제 안정성이 훼손된다. 따라서 정부가 경제에서 할 역할은 시장경제가 잘 작동할 수 있도록 환경을 조성하는 일, 즉 사유재산권과 자유경쟁을 보호하는 일이다. 정부는 사유재산권을 보장하는 법과 규칙을 제정하고 이를 엄격히 집행해야 한다. 사기나 횡령을 엄격하게 처벌하고, 도둑과 강도로부터 시민의 재산을 보호해야 하며, 교환활동에서 발생하는 사람들간의 분쟁을 조정해야 한다. 그리고 경쟁을 제한하는 행위는 자원의 효율적 배분을 막아 사회의 발전을 저해하기 때문에 이를 엄격히 처벌해야 한다.

가격시스템이 제대로 작동하기 위한 또 다른 조건은 화폐가치의 안정이다. 모든 재화와 용역의 가격이 화폐로 표시되기 때문에 화폐가치가 안정되지 않으면 가격시스템에 왜곡이 생기고 그로 인해 경제발전과 경제의 안정성에 문제가 발생한다. 따라서 화폐가치의 안정을 유지하는 화폐금융제도가 매우 중요하다. 화폐가치 안정은 화폐공급이 화폐수요에 따라 적절하게 공급될 때 이루어진다. 그러므로 화폐가치가 안정적으로 유지되는 화폐금융제도는 화폐공급이 화폐수요에 따라 적절하게 이루어져 화폐균형이 유지되는 시스템이다.

화폐공급과 화폐수요가 균형을 이루면서 화폐가치가 안정되기 위해서는 화폐금융제도가 시장경제원리에 부합되어야 한다. 다시 말하면 일반 재화와 용역 시장에서 사유재산권이 훼손되지 않고 자유경쟁이 존재할 때 수요와 공급에 의해 잘 작동되듯이 화폐금융제도에서도 사유재산권과 자유경쟁이 잘 유지되어야 화폐의 공급과 수요가 적절하게 조화를 이루게 된다. 따라서 화폐금융제도에서도 마찬가지로 정부가 해야 할 일은 경제참가자들간에 분쟁이 발생했을 때 이를 조정하는 일이다. 다시 말하면, 도시의 상인이 일정 가격에 일정량의 쌀을 화폐로 구매하는 계약을 농부와 맺었는데, 농부가 쌀을 전달하고 구매자가 화폐를 전달하는 시점에서 둘 중 하나가 약속을 어기고 인도하지 않을 경우, 정부는 쌀이 계약상에 명시되어 있는 양과 질로 전달되었는지, 아니면 계약상에 지정한 화폐로 지불되었는지를 조사하여 판결내려야 한다. 정부는 단지 이러한 것들만 결정해야 했다.

그러나 화폐의 영역에서 정부의 역할은 여기에 그치지 않고 곧 확대되었다. 정부가 스스로의 이익을 위해 화폐를 직접 발행하고 거래에서 강제로 사람들에게 받아들이게 하였다. 또한 정부의 이익을 위해 특정 은행에 특혜를 주고 다른 은행에 대해서는 규제를 가하였다. 다시 말하면 사유재산권과 자유경쟁을 보호해야 할 정부가 오히려 사유재산을 침해하고 자유경쟁을 해치는 행위를 직접 하였다. 정부의 이러한 행위로 화폐가치가 불안정해지고, 경제가 불안정해졌다. 이것은 화폐금융의 변천과정에서 정부가 주화의 주조권을 몰수한 이후 지속되어온 문제다.

화폐가치가 불안하면 사람들은 자기가 제공하는 재화와 용역의 대가로 주는 화폐를 받으려고 하지 않게 된다. 또한 미래의 구매력을 위해 화폐를 보유하려고 하지도 않게 된다. 그리고 대차거래가 잘 이루어지지 않는다. 화폐가치의 불안정은 투자를 매우 위험하게 만든다. 물가가 안정되지 않고 계속 오를 경우, 투자를 착수한 시점에는 수익성이 높아 보였던 사업이 시간이 지나면서 손실을 초래하는 사업이 될 수가 있다. 인플레이션에 의해서 불확실성이 높아지면 투자를 포기하는 사례가 늘어난다. 저축하는 사람 역시 마찬가지다. 저축에 따른 위험이 크기 때문에 저축을 꺼리게 된다. 요컨대 돈을 빌리려는 사람도 돈을 빌려주는 사람도 없게 되어 금융시장이 붕괴된다.

통화팽창으로 인플레이션이 일어나 화폐의 기능이 상실될 경우 시장이 파괴되어 거래와 교환이 이루어지지 않는다. 교환은 상호이익의 증진을 통해서 경제성장을 촉진한다. 인플레이션으로 교환이 이루어지지 않으면 경제발전은 방해받게 된다. 또한 인플레이션이 만연되면 국민들은 생산에 전념하기보다 자신이 가진 기존의 재산을 보호하는 데에 시간과 에너지를 쓰게 된다. 물가상승률을 제대로 예측하는지의 여부에 따라 자신의 재산상태가 달라지기 때문에 사람들은 재화와 서비스를 생산하는 데에 투입해야 할 시간과 노력을 물가상승률을 예측하느라고 허비하게 된다. 기업의 경영에서도 싸고 좋은 제품을 만드는 능력보다는 물가상승률을 정확하게 예측하는 능력이 더 중요해지기 때문에 많은 시간과 노력을 물가상승률을 예측하는 데 허비하게 된다. 그리고 인플레이션은 불건전한 투자에 생산자원을 낭비한다. 투자자들은 자본을 건축물이나 기계나 연구개발 같은 데에 투자하기보다는 금이나 귀금속 같은 데에 투자하게 된다. 자원이 생산적 용도에서 비생산적 용도로 사용되면 경제발전이 저해된다.

통화팽창으로 야기되는 인플레이션의 또 다른 문제는 상대가격의 왜곡이다. 통화팽창이 경제에 파급되는 경로는 일률적이 아니라 비대칭적이다. 다시 말하면 통화팽창으로 모든 재화의 가격이 동일하게 상승하는 것이 아니라 어떤 재화의 가격은 크게 상승하고, 또 어떤 재화의 가격은 적게 상승하며, 가격이 전혀 상승하지 않은 재화도 있다. 이러한 상대가격의 왜곡은 부문간 소득 및 부의 차이를 발생시킬 뿐만 아니라 시장참가자들의 경제적 계산을 왜곡시켜 시장과정을 방해한다. 따라서 시장경제의 원활한 작동을 위해서는 화폐가치가 왜곡되지 않도록 하는 것이 중요하다.

그러나 현재와 같이 화폐(현금) 발행을 독점하는 중앙은행제도에서는 화폐가치가 왜곡되지 않도록 화폐가 공급되는 데 한계가 있다. 우선 정부가 중앙은행을 이용하여 화폐발행을 통해 정부지출을 보전하기 때문이다. 이 경우 화폐수요 변화와 관계없이 화폐공급이 이루어져 화폐불균형이 일어나고 화폐불균형에 따른 여러 가지 문제가 발생한다. 이러한 문제는 중앙은행을 정부로부터 독립하면 어느 정도 해결가능하다.

그러나 중앙은행을 정부로부터 독립시킨다고 하더라도 정보와 지식의 문제로 중앙은행은 화폐수요의 변화에 맞는 화폐공급을 할 수 없는 근본적 문제를 갖고 있다. 중앙은행에 의해 현금이 독점적으로 공급되는 시스템에서 은행들이 예금을 현금으로 전환할 수 있는 능력은 제한될 수밖에 없다. 은행이 독립적으로 현금수요를 충족시킬 수 없기 때문이다. 대중들의 현금수요가 있을 경우 은행들은 보유하는 중앙은행권을 줄 수밖에 없다. 그러면 은행의 본원통화 지준금이 감소하여 은행의 대출능력이 떨어져 은행의 신용화폐량이 감소한다. 단순히 대중이 화폐잔고의 보유형태를 바꾸었음에도 불구하고 경제내의 총화폐공급량은 변하여 화폐불균형이 야기된다. 이것을 조정할 수 있는 방법은 중앙은행이 예금은행들에게 지준금을 공급해주는 것이다. 그런데 이 과정에서 중앙은행은 화폐수요 변화를 정확하게 예측할 수 있는 정보와 메커니즘을 가지고 있지 않다. 따라서 현금이 독점적으로 공급되는 중앙은행시스템에서는 화폐불균형 문제가 상존할 수밖에 없기 때문에 중앙은행제도가 개혁될 필요가 있다.

현금을 중앙은행이 독점하지 않고 민간은행들이 경쟁적으로 공급하게 하는 자유금융(*free banking*)의 민간화폐제도를 도입하면 이러한 문제들이 사라진다. 민간화폐제도에서의 화폐균형은 은행권의 청산과정에 의해 이루어진다. 한 은행이 현금공급을 사람들이 보유하고자 하는 양보다 더 많이 하면 사람들이 보유하기를 원하지 않는 화폐는 결제소를 통해 발행은행으로 보내진다. 경쟁은행과 비교하여 과잉공급한 은행은 다른 은행들의 은행권을 되돌려 보낸 양보다 자신의 부채가 더 많이 되돌아오는 것을 알게 되어 자신이 화폐를 과잉공급한 것을 알고 화폐량을 조정한다. 이러한 방식으로 화폐공급과 수요가 균형을 이루게 된다.

이러한 민간화폐제도는 18세기에서 20세기 초까지 약 3백 년 동안 60여 개 국가에서 매우 안정적으로 시행된 적이 있다. 안정적이고 비교적 광범위하게 채택되었던 민간화폐제도가 20세기에 들어와 중앙은행 모형으로 대체되면서 사라졌다. 민간화폐제도가 소멸된 이유는 제1차 세계대전과 대공황 등의 역사적 사건을 빌미로 은행을 통제하여 정부의 영향력을 키우려는 정치적 동기 때문이었다.

현금발행을 정부가 독점하고 중앙에서 통제하는 현 제도를 민간은행들의 자유경쟁에 의해 은행권이 발행되는 민간화폐제도로 개혁하기 위해서는 먼저 현재 중앙은행권을 기초화폐로 정하고 중앙은행권을 일정량으로 동결시킬 필요가 있다. 그리고 은행에 가해지는 법정지준금, 진입규제 등의 불필요한 각종 규제를 제거해야 한다. 다음으로 모든 일반은행이 자신의 은행권을 발행할 수 있는 권리를 갖는 법을 제정한다. 결제기능도 민영화해야 한다.

자유금융의 민간화폐제도는 성공적으로 실시되었던 역사적 경험도 있기 때문에 기술적으로 실현 불가능한 제도가 아니다. 다만 그것을 시행하고자 할 때 현상유지를 원하는 기존집단들이 이것에 크게 반대할 것이다. 민간화폐제도의 도입에 대한 가장 강력한 반대는 정부로부터 나올 것이다. 민간화폐제도가 실시되면 시뇨로지를 잃고 통화정책에 대한 정부의 영향력이 사라지기 때문이다. 따라서 정부의 강력한 반대로 민간화폐제도의 시행은 당장은 매우 어려울 것이다.

그러나 민간화폐제도로의 이행은 시간문제다. 왜냐하면 컴퓨터가 개발되고 인터넷이 확산됨에 따라 오늘날 재화와 용역에 대한 지불방법이 크게 변하여 전자화폐의 발달로 정부화폐가 민간화폐로 점점 대체되고 있기 때문이다. 이러한 추세로 가면 궁극적으로 중앙은행의 역할은 화폐단위를 정하는 것에 국한될 것이다. 따라서 정부화폐는 민간이 발행하는 화폐를 상환하는 기초화폐 또는 지준화폐로 사용되고 전자화폐가 일반적 지불수단으로 사용될 것이다. 따라서 화폐금융제도가 중앙은행제도에서 민간화폐제도로 진화하는 것은 거스를 수 없는 추세일 것이다.

주화 주조권을 몰수하고, 은행을 규제하며 은행권을 독점하고, 안정적으로 잘 운영되던 민간화폐제도를 정치적 이유에서 중앙은행제도로 대체했던 역사를 돌이켜 보면서 한 가지 우려되는 점은 정부가 전자화폐와 같은 민간화폐를 제한하고 규제할 가능성이 있다는 점이다. 심지어는 정부가 직접 전자화폐를 발행하며 이를 독점하려 할지 모른다. 그러나 역사에서 눈여겨볼 것은 정부가 화폐금융제도에 개입한 결과는 결코 성공적이지 못했고 경제의 불안정성만 가중시켰다는 점이다. 따라서 정부가 민간화폐제도로 이행되는 과정을 중간에 방해한다면 이것은 참으로 불행한 일이다.

화폐는 원래부터 정부의 영역이 아니었고, 정부 없이도 아주 잘 작동한 역사도 있다. 지금 화폐금융제도가 정부의 손에서 다시 민간의 손으로 넘어가려는 과정에 있다. 정부는 당장 민간화폐제도로의 개혁을 추진하지는 않는다 하더라도 시장의 힘에 의해 민간화폐제도로 진화하는 것을 방해하지는 말아야 할 것이다.

한편 민간화폐제도로 이행되기까지의 중앙은행체제에서 화폐가치의 안정을 유지하고 화폐불균형을 최소화할 수 있는 방법은 중앙은행의 독립성과 준칙에 의한 통화정책이다. 따라서 중앙은행의 독립성을 유지할 수 있는 제도를 마련할 필요가 있고 프리드만의 k% 통화량 공급 준칙이나 명시적 인플레이션 목표제를 추진하는 것이 좋다. 인플레이션 목표제를 선택할 경우에는 현재의 소비자 물가지수를 대상으로 하기보다는 다른 재화나 자산을 포함시키는 지수를 개발하여 보다 넓은 물가지수를 사용하는 것이 바람직하다.

▪ 참고문헌

과트니 · 스트라웁(2004), 김정호 역, 《7천만의 시장경제이야기》, 자유기업원.

안재욱(2006), 《얽힌 실타래는 당기지 않는다 — 시장경제와 정부의 역할》, 삼성경제연구소.

이석륜(1984), 《한국화폐금융사연구》, 박영사.

Albanesi, S. (2007), "Inflation and Inequality," *Journal of Monetary Economics* 54(4), pp. 1088~1114.

Alesina, A. and Summers, L. H. (1993), "Central Bank Independence and Macroeconomic Performance: Some Comparative Evidence," *Journal of Money, Credit and Banking* 25(2), pp. 15~162.

Angel, Cynthia and Rowley, Clare D. (2006), "Breaking New Ground in U.S. Mortgage Lending," FDIC: Outlook Summer 2006 Federal Deposit Insurance Corporation.

Barro, R. J. (1997), *Determinants of Economic Growth; A Cross-Country Empirical Study*, Cambridge, Mass: MIT Press.

Baumol, W. (2002), *The Free-Market Innovation Machine: Analyzing the Growth Miracle of Capitalism*, Princeton, N. J.: Princeton University Press.

______(1952), "The Transaction Demand for Cash: An Inventory Theoretic Approach," *Quarterly Journal of Economics* 66(4), pp. 545~556.

Bordo, M. D. (1990), "The Lender of Last Resort: Alternative Views and Historical Experience," *Federal Reserve Bank of Richmond Economic Review* (January/February), pp. 18~29.

Burns, A. R. (1927), *Money and Monetary Policy in Early Times*, New York: Alfred E. Knopf.

Cagan, P. (1956), "The Monetary Dynamics of Hyperinflation," in M. Friedman(ed.), *Studies in the Quantity theory of Money*, Chicago: University of Chicago Press.

Cameron, R. and Neal, L. (2003), *A Concise Economic History of the World*,

4th ed. New York: Oxford university Press.

Capie, F. (1997), "The Evolution of Central Banking," in *Reforming the Financial System: Some Lessons from History*, Cambridge: Cambridge University Press.

Carr, J., Mathewson, F., and Quigney, N. (1995), "Stability in the Absence of Deposit Insurance: The Canadian Banking System, 1890~1966," *Journal of Money, Credit and Banking* 27(4), pp. 1137~1158 (http://www.cepr.org).

Cecchetti, S. G. (2008), "Monetary Policy and the Financial Crisis of 2007~2008," *Policy Insight* 21(April), pp. 1~17.

Chernow, R. [2007(1990)], *The House of Morgan*, 강남규 역, 프래닛.

Chu, K. H. (1996), "Is Free Banking More Prune to Bank Failures than Regulated Banking," *Cato Journal* 16(1).

Demianyk, Y. and van Hemert, O. (2007), "Understanding the Subprime Mortgage Crisis," Supervisory Policy Analysis Working Papers 2007-05, Federal Reserve Bank of St. Louis(http://stlouisfed.org).

Diamond D. W. and Dybvig, P. H. (1983), "Bank Runs, Deposit Insurance, and Liquidity," *Journal of Political Economy* 91(June), pp. 401~419.

Dowd, K. (1992), *The Experience of Free Banking*, London and New York: Routledge.

______(1989), *The State and the Monetary System*, Hertfordshire: Philip Allan.

Dwyer, G. P. Jr. (1996), "Wildcat Banking, Banking Panics, and Free Banking in the United States," *Economic Review*(December), Federal Reserve Bank of Atlanta.

Friedman, D. and Macintosh, K. (2003), "Technology and the Case for Free banking," in Fold vary and Klein(ed.), *The Half-Life of Policy Rationales: How New Technology Affects Old Policy Issues*, New York: New York University Press.

Friedman, M. (1982), "Monetary Policy: Theory and Practice," *Journal of Money, Credit and Banking* 14(1), pp. 98~118.

______(1968), "The Role of Monetary Policy," *American Economic Review*

58(1), pp. 1~17.

______(1960), *A Program for Monetary Stability*, New York: Fordham University Press.

Friedman, M. and Schwartz, A. (1986), "Has Government Any Role in Money?" *Journal of Monetary Economics* 17(1), pp. 37~62.

Glasner, D. (1998), "An Evolutionary Theory of the State Monopoly over Money," *Money and the Nation State*, New Brunswick(U. S. A.) and London(U. K.): Transaction Publishers.

Goodhart, C. (1988), *The Evolution of Central Banks*, Cambridge: MIT Press.

Gorton, G. (1985), "Clearinghouses and the Origin of Central Banking in the U. S.," *Journal of Economic History* 45(2) (June).

Gwartney, J., Schuler, K., and Stein, R. (2001), "Achieving Monetary Stability at Home and Abroad," *Cato Journal* 21(2), pp. 183~203.

Hayek, F. A. (1978), *Denationalization of Money*, 2nd ed., The Lancing, Sussex: Institute of Economic Affairs.

______(1945), "The Use of Knowledge in Society," in F. A. Hayek, *Individualism and Economic Order*, Chicago: University of Chicago Press.

______(1937), "Economics and Knowledge," in F. A. Hayek, *Individualism and Economic Order*, Chicago: University of Chicago Press.

______(1935), *Prices and Production*, 2nd ed., London: Routledge & Kegan Paul Ltd.

Horwitz, S. (2000), *Microfoundations and Macroeconomics*, New York, N. Y. : Routledge.

Greenspan, A. (1997), "Rules vs. Discretionary Monetary Policy," Remarks at the 15th Anniversary Conference of the Center for Economic Policy Research at stanford University(September 5) (http://www.federalrerserve.gov).

Kane, E. J. (1989), *The S&L Insurance Mess: How Did It Happen?* Washington, D. C.: Urban Institute Press.

Kaufman, G. G. (1996), "Bank Failures, Systemic Risk, and Bank Regulation," *Cato Journal* 16(1), pp. 17~45.

______(1991), "Capital in Banking: Past, Present, and Future," *Journal of Financial Services Research* 5, pp. 385~402.

______(1988), "The Truth about Bank Runs," in *The Financial Services Revolution: Policy Directions for the Future*, Chap. 2, Edited by Catherine England and Thomas Huertes, Boston: Kluwer Academic Publishers.

Kiff, J. and Mills, P. (2007), "Money for Nothing and Checks for Fee: Recent Development in U. S. Subprime Mortgage Market," IMF Working Paper.

King, R. C. (1983), "On the Economics or Private Money," *Journal of Monetary Economics* 12(1), pp. 127~158.

Kirzner, I. M. (1973), *Competition and Entrepreneurship*, Chicago: University of Chicago Press.

Krozner, R. S. (2003), "Currency Competition in the Digital Age," *Evolution and Procedures in Central Banking*(edited by Altig and Smith), Cambridge: Cambridge University Press.

Kydland, F. and Prescott, E. (1977), "Rules Rather than Discretion: The Inconsistency of Optimal Plans," *Journal of Political Economy* 85(3), pp. 473~491.

Landes, W. and Posner, R. (1981), "Market Power in Anti-Trust Cases," *Harvard Law Review* 94, pp. 937~996.

Lijonhufvud, A. (2007), "Monetary Policy and Financial Stability," *Policy Insight* 14(October), pp. 1~8(http://www. cepr. org).

Macey, J. R. and Millser, G. R. (1997), *Banking Law and Regulation*, 2nd ed., New York: Aspen Law & Business.

Matthews, L. "What Caused the Great Depression of the 1930's?"(http://www. shambhala. org).

McCulloch, J. H. (1982), Money and Inflation 2nd edition, New York: Academic Press.

______(forthcoming), *Money and Banking: A New Monetarist Approach*.

McCullum, B. T. (2006), "Misconceptions regarding Rules vs. Discretion for Monetary Policy," *Cato Journal* 23(3), pp. 365~372.

Mises, L. von[1996(1949)], *Human Action*, San Francisco: Fox & Wilkes.

______〔1980(1912)〕, *The Theory of Money and Credit*, Indianapolis: Liberty Press.

______(1920), "Archiv fur Sozialwissenschaft and Socialpolitik," 47: 80~121 (S. Adler 번역) in *Collectivist Economic Planning: Critical Studies of the Possibilities of Socialism*, ed., by F. A. Hayek, London: G. Routledge & Sons.

Mishkin, F. (2007), *The Economics of Money, Banking, and Financial Markets*, 8th ed., New York: Pearson Addison Wesley.

Norton, S. W. (1998), "Poverty, Property Right, and Human Well Being: A Cross national Study," *Cato Journal* 18(2), pp. 233~245.

Read, L. (1996), "I, Pencil," *The Freeman: Ideas on Liberty* 46(5) (http://www.fee.org) (이완재 역, 《나는 연필입니다》, 자유기업원).

Rockoff, H. (1975), *The Free Banking Era: A Re-Examination*, New York: Arno Press.

Rolnick, A. J. and Weber, W. E. (1985), "Banking Instability and Regulation in the US Free Banking Era," Federal Reserve Bank of Minneapolis, *Quarterly Review* (Summer), pp. 2~9.

______(1984), "The Causes of Free Bank Failures: A Detailed Examination," *Journal of Monetary Economics* 14(3), pp. 267~291.

Rothbard, M. (1990), *What Has Government Done to Our Money?* Ludwig von Mises Institute, Auburn University.

Schuler, K. (1996), *Should Developing Countries Have Central Banking?* Institute of Economic Affairs.

Selgin. G. (2005), "Currency Privatization As a Substitute for Currency Board and Dollarization," *Cato Journal* 25(1), pp. 141~151.

______(1997), *Less Than Zero: The Case for a Falling Price Level in a Growing Economy*, The Institute of Economic Affairs.

______(1996), *Bank Deregulation and Monetary Order*, New York, N.Y.: Routledge.

______(1994), "How would the Invisible Hand Handle Money?" *Journal of Economic Literature* 32(4), pp. 1718~1749.

______(1988), *The Theory of Free Banking*, Totowa, N. J.: Rowman &

Littlefield.

_____(1985), "The Case for free Banking: Then and Now," *Policy Analysis*, No. 60 (Oct. 21), CATO Institute.

Timberlake, R. H. Jr. (1984), "The Central Banking Role of Clearing-house Associations," *Journal of Money, Credit and Banking* 16(1), pp. 1~15.

White, L. (1999), *The Theory of Monetary Institutions*, Malden, MA: Blackwell Publishers.

_____(1995), *Free Banking in Britain: Theory, Experience, and Debate, 1800 ~1845*, 2nd ed. Institute of Economic Affairs.

_____(1989), *Competition and Currency*, New York: New York University Press.

Wicker, E. (1980), "A Reconsideration of the Causes of the Banking Panic of 1930," *Journal of Economic History* 40(September), pp. 571~583.

Woodford, M. (2003), *Interest and Prices*, Princeton: Princeton University Press.

찾아보기

(용 어)

ㄱ ~ ㄴ

ㅈ ~ ㅊ

기 타

저자 약력

안재욱(安在旭)은 경희대학교 경제학과를 졸업하고 미국 오하이오주립대학(The Ohio State University)에서 경제학 박사학위를 받았다. 현재 경희대학교 경제학부 교수로 재직중이다. 한국하이에크소사이어티 회장을 역임했으며, 한국은행 통화정책 자문위원으로 활동하였다.
주요 논문으로는 "Political Influence and the Banking Sector: Evidence from Korea," Oxford Bulletin of Economics and Statistics(공저, 2007)가 있고, 주요 저서로는 《한국의 사립대학교》(1997), 《이것이 시장경제다》(공저, 1997), 《지식인과 한국경제》(공저, 1999), 《은행민영화 방안》(2002), 《시장경제 바로알기》(2004), 《TV뉴스의 경제학적 분석》(2004), 《방송과 시장경제》(공저, 2006), 《얽힌 실타래는 당기지 않는다 — 시장경제와 정부의 역할》(2006), 《딱 맞게 풀어쓴 자유주의》(2007) 등이 있다. 그 밖에 《도덕감성》(공역), 《자유를 위한 계획》(공역), 《화려한 약속 우울한 성과》(공역) 등의 역서가 있다.

자유기업원 시리즈

2008

자유주의시리즈

01 규제와 재산권
김일중 저
02 자본주의 정신과 반자본주의 심리
미제스/김진혁 역
03 경쟁과 기업가정신
커즈너/이성순 역
04 사회주의와 자본주의
호페/이선환 역
05 자유주의
미제스/이지순 역
06 제도·제도변화·경제적 성과
노스/이병기 역
07 윤리와 경제진보
뷰캐넌/이필우 역
08 헌법적 질서의 경제학과 윤리학
뷰캐넌/공병호·조창훈 역
09 시장경제란 무엇인가
공병호 저
10 진화냐 창조냐
민경국 저
11 시장의 도덕
액튼/이종욱·유주현 역
12 경제행위와 제도
에거트슨/장현준 역
13 치명적 자만
하이에크/신중섭 역
14 시장경제와 그 적들
공병호 저
15 한국경제의 성장과 제도변화
전용덕·김영용·정기화 저
16 경제적 자유와 간섭주의 미제스
미제스/윤용준 역
17 시장경제의 법과 질서
민경국 저
18 자유헌정론 I
하이에크/김균 역
19 자유헌정론 II
하이에크/김균 역
20 도덕감성
윌슨/안재욱·이은영 역
21 법·입법 그리고 자유 II
하이에크/민경국 역
22 법
바스티아/김정호 역
23 법·입법 그리고 자유 III
하이에크/서병훈 역
24 경쟁과 독점
에티고 가즈노리/공병호 역
25 경제학적 사고방식
폴 하이네/주만수·한홍렬 역
26 애덤스미스의 지혜
벤자민·로지/박순성 역
27 개인주의와 경제질서
하이에크/박상수 역
28 기업가
공병호 저
29 철학, 누가 그것을 필요로 하는가
아인 랜드/이종욱·유주현 역
30 자본주의의 이상
아인 랜드/강기춘 역
31 선택받은 자들의 비전
소웰/노홍성 역
32 자유를 위한 계획
미제스/안재욱·이은영 역
33 한국 민주정치와 삼권분립
박효종 저
34 시장경제와 민주주의
공병호 저
35 경제학의 교훈
해즐릿/강기춘 역
36 자유시장경제를 위한 바른 길
바로/김동헌 역
37 집합행동과 자치제도
오스트롬/윤홍근 역
38 포퍼의 열린 사회와 그 적들
신중섭 저
39 노예의 길
하이에크/김영청 역
40 회사법의 경제학적 구조
이스터브룩·피셸/이문지 역
41 서구세계의 성장
노스·토마스/이상호 역
42 행동규칙과 자생적 시장질서
임일섭 저
43 감각적 질서
하이에크/민경국 역
44 자유와 법
레오니/정순훈 역
45 루드비히 폰 미제스
버틀러/김이석 역
46 근본자원 2-상
사이몬/조영일 역
47 근본자원 2-하
사이몬/조영일 역
48 국민경제학의 기본원리
칼 맹거/민경국·이상헌·김이석 역
49 애덤스미스의 법학강의-상
미크·라파엘·스테인/서진수 역
50 애덤스미스의 법학강의-하
미크·라파엘·스테인/서진수 역
51 법경제학-상
Richard A. Posner/정기화 역
52 법경제학-하
Richard A. Posner/정기화 역
53 통화제도론
Lawrence H. White/김한응 역
54 과학연구의 경제법칙
Terence Kealey/조영일 역
55 선택할 자유
밀튼·로즈·프리드만/민병균·서재명·한홍순 역
56* 민주주의는 실패한 신인가
한스헤르만 호페/박효종 역
57* 도시와 국가의 부
제인 제이콥스/서은경 역
58* 위기의 교육과 교육시장
앤드류 코울슨/서은경 역
59* 땅은 사유재산이다
김정호 저
60* 노예의 길
프리드리히 A. 하이에크/김이석 역
61* 여성과 자유
웬디 맥엘로이/서은경 역
62~63* 인간·경제·국가 ①, ②
머레이 N. 라스바드/전용덕·김이석 공역
64* 공공의료제도의 치명적 위험
리처드 A. 엡스타인/안진환 역
65* 부와 빈곤의 역사
존 P. 파월슨/권기대 역
66* 이념의 힘
복거일 저
67* 소유와 자유
리처드 파이프스/서은경 역
68* 시장경제와 화폐금융제도
안재욱 저

국제문제시리즈

01 강대국 국제정치의 비극
존 J. 미어셰이머/이춘근 역
02 남북경제통합론
박상봉 저
03 9·11의 충격과 미국의 거대전략
존 L. 개디스/강규형 역
04 김일성시대의 중소와 남북한
오진용 저
05 한국전쟁과 미국 외교정책
윌리엄 스툭/서은경 역
06 미국의 대전략
로버트 J. 아트/김동신·이석중 공역
07 새로운 제국-중국
로스 테릴/이춘근 역
08 일본의 국가전략과 안보전략
배정호 저
09 현실주의 국제정치학
이춘근 저

*01~55까지의 도서주문은 '자유기업원'으로, 56 이후의 책과 국제문제시리즈는 주) 나남으로 하시기 바랍니다.